Für alle Zugvögel

Das Buch

Als Anke Richter auf eine Kostümparty mit dem Motto »Luft-schlacht um England« eingeladen wird, ahnt sie: Kiwis und Kölner – dazwischen liegen Welten. Willkommen in Neuseeland – dem Land der Schafe, Hobbits und Verkleidungsfanatiker.

Eigentlich wollte sie mal Kriegsreporterin werden. Jetzt führt Anke Richter einen humoristischen Kampf gegen Goretex-Germanen und unausrottbare Klischees. Wie deutsch darf man als gute Deutsche sein? Sie sucht selbstironisch nach Antworten bei Surfern, Veganern, Vogelfreunden und Maori. Dort verordnet man ihr als Therapie: zu-rück zu den Wurzeln. Und sie gibt ihr Bestes, selbst bei einem Okto-berfest mit Engländern in Pickelhaube und der südlichsten Karnevals-sitzung der Welt. Fettnäpfchen und Verständigungspannen pflastern ihren Weg. Als deutsche Serienstars zwischen Südsee und Antarktis einfallen, tun sich ungeahnte Dimensionen des Fremdschämens auf. Schließlich knickt sie ein – und wird vom Kraut zur Kiwi.

Die Autorin

Anke Richter, in Singen geboren und in Köln aufgewachsen, absol-vierte ihre journalistische Ausbildung in den USA. Sie war Zeitungs-redakteurin, *Playboy*-Autorin und arbeitete für die Talkshows von Roger Willemsen und Reinhold Beckmann. Als freie Korresponden-tin und südlichstes Mitglied der Weltreporter schreibt sie unter an-derem für *Mare, Geo, SZ-Magazin* und die *Frankfurter Allgemeine Zeitung*. In der *taz* läuft ihre Kolumne »Neues aus Neuseeland«. Als Bücher erschienen »Aussteigen auf Zeit – das Sabbatical-Handbuch« und »Zweihundert Tage in Tokelau«. Anke Richter lebt mit ihrer Familie in Christchurch. Sie hat einen Hund, aber kein Schaf.

1294

ANKE RICHTER

Was scheren mich die Schafe

Unter Neuseeländern
Eine Verwandlung

Kiepenheuer
& Witsch

Verlag Kiepenheuer & Witsch, FSC®-N001512

2. Auflage 2012

© 2011, 2012, Verlag Kiepenheuer & Witsch, Köln
Alle Rechte vorbehalten. Kein Teil des Werkes darf in irgendeiner
Form (durch Fotografie, Mikrofilm oder ein anderes Verfahren) ohne
schriftliche Genehmigung des Verlages reproduziert
oder unter Verwendung elektronischer Systeme verarbeitet,
vervielfältigt oder verbreitet werden.
Umschlaggestaltung: Rudolf Linn, Köln
Umschlagillustration © Rudolf Linn, Köln
Gesetzt aus der Sabon und der Frutiger
Satz: Pinkuin Satz und Datentechnik, Berlin
Druck und Bindung: CPI books GmbH, Leck
ISBN 978-3-462-04453-9

Fremd ist der Fremde nur in der Fremde.

Karl Valentin

Liebe Freunde der Wahrheit,

was ich hier erzähle, basiert auf echten Schauplätzen,
Recherchen und Erlebnissen – aber nicht nur meinen eigenen.
Die Namen und Biografien aller Personen sind geändert.
Nur das Schaf heißt wirklich Millie.
Für die Entstehung dieses Buches wurden 3,4 kg Hartlakritze
vernichtet.

Anke Richter, Mai 2012

Wenn die bunten Fahnen wehen

»OH LORD, won't you buy me a Mercedes Benz«, röhrt Janis Joplin durch den Kinosaal. Ich greife in die Popcorntüte. Besser jetzt essen, bevor mir nachher der Appetit vergeht. Der ›Baader Meinhof Komplex‹ verschwindet als Schriftzug von der Leinwand. Die Musik spielt weiter. Lange habe ich auf diesen Film gewartet. Er beginnt mit einer Strandszene. Sylt im Sommer 1967. Sylt und FKK.

O Herr, kannst du mir statt eines Benz' nicht Handtücher kaufen, damit ich sie all den Nackedeis überwerfen kann – jetzt, sofort? Ich schaue links und rechts die Sitzreihen entlang, ob jemand kichert. Oder »typical Germans« murmelt. Alles ruhig. Nur Baxter, unser Freund und Lieblingssurfer, lächelt entspannt in sich hinein. Vielleicht wartet er darauf, dass David Hasselhoffs Name auf der Leinwand erscheint. Baxter behauptet, dass The Hoff der berühmteste Schauspieler in Deutschland sei. Er kennt bisher erst zwei Menschen aus diesem fernen Land, und die anständig bekleidet: Lukas und mich.

18 000 Kilometer vom Deutschen Herbst entfernt sitze ich im Kinosessel und mache mir mal wieder Sorgen, wie wir rüberkommen. Kollektivschämen nennt man das. Genauer: Immigrantenparanoia. Dabei sind Nudisten noch das harmloseste der Klischees, die mich verfolgen. Meine Sorgen sind diesmal unbegründet. 143 Minuten später, als Schleyers Leiche im Herbstlaub liegt und der Abspann beginnt, atme ich auf. Ob das Mammutwerk nur ein Abziehbild der deutschen Terrorjahre zeigt, darüber sollen sie sich in Kreuzberger Antifa-Gruppen den Kopf zerbrechen. Für mich zählt: Endlich sieht der am weitesten entfernte Rest der Welt, dass aus meinem

verspießerten Leberwurstland auch solche Typen kommen. Keine Lederhosen, keine Blasmusik, keine Befehle. Okay, Befehle dann doch ein paar. Schießbefehle.

Ich bin aufgewühlt, als ich ins Kinofoyer trete. Zwei Stunden lang war ich wieder in dem Land, aus dem ich Bundesrepublikflucht begangen habe. Baxter wippt in seinen Flipflops vom Ballen zur Ferse und sieht eher ratlos aus. Er zieht sich eine Wollmütze auf die vom Salzwasser gebleichten Haare. Auf seinem verwaschenen Rock-'n'-Roll-T-Shirt sind zwei kleine Fächerschwanzvögel über dem Schriftzug ›Fly My Pretties‹ abgebildet.

»Ganz schön viel Action«, sagt er zu Lukas, der sich in ein Cordjackett aus dem Second-Hand-Shop windet. Baxter überlegt. »Aber wer jetzt wer ist, und warum, hab ich dann am Ende nicht mehr kapiert. Das war alles zu schnell. Aber echt cool, die Leute.«

Er studiert den Flyer vom Christchurch Filmfestival.

»Was ich auch nicht verstehe«, sagt er, »RAF – das ist doch die Royal Airforce?«

Lukas erklärt die ›raff‹. Oder versucht es, mit radikalen Thesen im Taschenformat. Dabei lag mein Mann 1968 noch im Kinderwagen.

»Mhhm, interessant«, sagt Baxter und strebt dem Ausgang zu. »Klingt wie die IRA, aber mit mehr Sex. Lagen denn die Frauen wirklich nackt auf dem Dach in Palästina rum? Echt krass.«

Ich werde wieder rot. Er kratzt sich unter der Mütze.

»Und der Mauerfall damals, da war ja auch was los bei euch, oder?«

Baxter hat ›Das Leben der anderen‹ beim letzten Filmfestival gesehen und davor ›Der Untergang‹. Mit dieser Trilogie sind wir abgehandelt. Mehr verwirrt.

»Demnächst das italienische Filmfestival, okay? Ist vielleicht lustiger.« Lukas knufft ihn in die Schulter. Ich umarme Baxter zum Abschied, aber vorsichtig, denn ich fühle mich wie ein exotisches Tier aus dem Zoo. Bei dem weiß man auch nicht, ob es noch beißt.

Lukas ist im Auto stiller als sonst. Er lässt das Steuer mit einer Hand los und greift in die halb leere Popcorntüte auf meinem Schoß.

»Ach, Anke, bevor ich's vergesse«, sagt er und kaut, »sie machen bald schon wieder ein Fest.« Irgendwie klingt er belegt. Stuttgart-Stammheim kann daran aber nicht schuld sein.

»Eine Spätsommerparty.«

Ein Fest, wie nett. Immer gut drauf, diese Kiwis – besonders seine Kollegen. Das mag ich.

»Was ist denn diesmal das Motto?«

Ich bin bereits ein alter Hase. Seit unserer Ankunft jagt eine Motto-Party die nächste. Jedes Mal wird sich dafür so originell wie möglich kostümiert, das ist man der britischen Tradition schuldig. Auch wir scheuen keine Kosten und Mühen, um mitzuhalten. Die Second-Hand- und Scherzartikelläden der Stadt haben wir längst geplündert. Zu meinen ersten Anschaffungen als Neueinwanderin gehörten falsche Augenwimpern und Netzstrümpfe. Lukas war Tarzan, ich Jane, er Che Guevara, ich Frida Kahlo. Bei einer Geburtstagsfeier – Motto: ›Total daneben‹ – tanzten wir zwischen einem Aborigine, der an der Flasche hing, und einem Galeerensklaven, verkörpert von einem Afro-Amerikaner. Draußen auf der Terrasse hielt Mutter Teresa ein Feuerzeug an einen Bong.

Lukas greift das Lenkrad fester.

»Sie wollen ›The Battle of Britain‹ machen.«

»Wie – Zweiter Weltkrieg?«

Ich verschlucke mich fast an meinem Rest Popcorn. Lukas wirft mir einen entschuldigenden Seitenblick zu, dann starrt er wieder auf den Verkehr.

»Mmmh. Luftschlacht um England.«

Ich habe kein Problem mit dem Verkleiden, wirklich nicht. Schließlich wuchs ich im Kölner Karneval auf. Vor vielen Jahren ging ich auf die Faschingsfete eines Kollegen als Monica Lewinsky und verkleckerte vorher gezielt Joghurt auf meinem Blazer. Das ergab authentische Flecken. Mein Freund ging als Bill Clinton und ließ ein Wiener Würstchen aus der Hose baumeln. Bald darauf haben wir geheiratet. Lukas und ich sind beide nicht zimperlich und teilen einen ziemlich fragwürdigen Sinn für Humor.

Mein Mann ist Urologe. Spricht man es auf Englisch aus, was in letzter Zeit häufiger vorkommt, dann verstehen die meisten statt ›urologist‹ zuerst ›neurologist‹. Ehrfürchtiges Raunen, bewundernde Blicke. Nein, korrigiere ich stets, nix Gehirnchirurg. Er ist nur ein Nierenklempner. »Oh, really«, kommt es dann zurück, nicht mehr ganz so beeindruckt. Eher mitleidig. Mit einem Mann zu leben, der rein professionell den Finger in fremde Hintern steckt, um die Prostata zu ertasten, stellt man sich wohl nicht so schön vor.

Mich fasziniert dieser Beruf. Seit ich mit Lukas zusammen bin, ist mir nichts Menschliches mehr fremd. In den Anfangsjahren half ich ihm manchmal, Dias für Vorträge zu rahmen. Jetzt sind es medizinische Bilder auf seinem Laptop, die mich begeistern. Unvergessen bleibt das Röntgenbild mit der Sicherheitsnadel, die sich in die Harnröhre eines masochistischen Patienten verirrt hatte. Ein Poster für einen Kongress zeigte ein Peniskarzinom in zwanzigfacher Vergrößerung. Das sind Lichtblicke eines Ehelebens.

Jetzt also ein weiteres Highlight: Der Krieg um England. Auf diese Herausforderung ist unsere karnevalsgestählte Beziehung noch nicht vorbereitet. Dagegen verblasst die erste Grillparty von Ottos Klasse an Halloween, wo außer den Schülern auch die Eltern verkleidet kamen – bis auf uns. Wir waren damals noch Anfänger. Den Patzer versuchten wir bei Jakobs Schuldisco drei Wochen später durch besonderen Eifer wettzumachen. Lukas verkörperte John Travolta, ich eine etwas zu kurz geratene Grace Jones. Mir wurde heiß unter meinem Schoko-Make-up, als ich die Turnhalle betrat und die Gesichter der anderen Mütter sah. Außer den Kindern waren wir die einzigen im Kostüm. Diesmal möchte ich alles richtig machen.

Die Festivität der Urologen soll im Museum der Luftwaffe am anderen Ende von Christchurch stattfinden. Dort sind viele blank geputzte Flugzeuge aus dem Zweiten Weltkrieg ausgestellt.

»Sie haben sich auch schon die Tischdekoration überlegt.«
Lukas klingt immer gequälter. Er hält sich am Lenkrad fest
und schaut mich nicht mehr an. »Kerzen in Soldatenhelmen
und so.«

Das wird sicher saukomisch. Wenn da keine Stimmung auf-
kommt. Spätestens, wenn die Band einsetzt, wird sich irgendein betrunkener Pilot oder ein bestens gelaunter Offizier mit
Spielzeugorden und Mottenkugelgeruch zu unserem Tisch
durchkämpfen, eine Hand nach vorne reißen, zwei Finger unter die Nase halten und brüllen: »Hey, ihr zwei, Heil Hitler!
Ha ha!« Man darf dieser Frohnatur nicht mal böse sein. Denn
was schert es den gemeinen Neuseeländer, dass am anderen
Ende der Welt gerade der Befreiung von Auschwitz gedacht
wurde? Wahrscheinlich nicht mehr als den gemeinen Deutschen, nur fehlt dem bekannterweise der Humor. Schon blöd,
wenn man so wenig zu lachen hat, wenn's um die erste Hälfte
des vergangenen Jahrhunderts geht.

Also Augen zu und durch. Andere Länder, andere Sitten.
Wir müssen uns anpassen. Das geht schließlich allen so. Aber
mit Joghurt und Würstchen wird auf dieser Motto-Party nicht
viel zu reißen sein. Als den einzigen Deutschen dort eilt uns ein
Ruf voraus. Müssen wir den verteidigen?

»Bandagiertes Bombenopfer«, schlägt Lukas vor. Er parkt
das Auto in der Einfahrt und zieht den Schlüssel ab. »Ver-
bände kann ich aus dem Krankenhaus besorgen. Und dazu
mit einer weißen Fahne wedeln.«

»Passt gut. Ich habe in letzter Zeit viel Yoga gemacht. Jetzt
kann ich mein Bein so abknicken, dass es wie ein Stumpf aussieht.«

Ich steige aus dem Wagen und will ihm demonstrieren, wie
gut ich als lebendes Anti-Kriegs-Mahnmal ausschaue. Lukas
lächelt nicht, sondern bleibt im Auto sitzen. Er ist im Sitz in
sich zusammengekrochen. Selbst seine sonst so verstrubbelten
Haare hängen, als ob sie kapitulieren.

»Oder Flucht nach vorn. Irgendwas mit einem Hakenkreuz
drauf?«

Sag noch mal einer, wir Deutschen hätten keinen Humor.

»Hat Prinz Harry schon gemacht.«

Lukas stöhnt auf und öffnet die Fahrertür.

»Dann lieber gleich im gestreiften Pyjama, als KZ-Häftling.«

»Klar. Scherz muss sein.«

Die Schritte bis zur Haustür laufen wir wie zwei geprügelte Hunde. Wo sind wir bloß gelandet, und warum? Ich muss das Ruder rumreißen. Phönix aus der Asche, auferstanden aus Ruinen – das haben wir doch drauf. Historisch zumindest.

»Sprich es einfach an. Bei eurer nächsten Urologensitzung zum Beispiel.«

»Hmmm.« Phönix ist noch nicht aufgestiegen. »Vielleicht.«

Phönix hat es aber auch schwer. Unangenehmes offen anzusprechen ist in Neuseeland so verpönt wie Nacktbaden. Kritik läuft so ab: Pausenlos loben, bedanken, Nettigkeiten verteilen – und zwischen all den Schichten von Watte ganz, ganz vorsichtig den Missmut verpacken. Das Negative ist so gut versteckt, dass ein Neuankömmling wie Lukas es erst mal nicht kapiert. Bis er die Feinheiten endlich erkannt und seine Antennen auf Kiwi-Funk ausgerichtet hat, ist es längst zu spät. In der Zwischenzeit hat er mit seinem direkten Auftreten alle vor den Kopf gestoßen und dabei kein Fettnäpfchen ausgelassen. Aber das wiederum sagt ihm natürlich keiner. Denn das wäre ja, genau: zu direkt.

Ich bezahle die Babysitterin und laufe mit leisen Schritten durchs Haus, um die Jungen nicht zu wecken. Auf dem Küchentisch liegt der fotokopierte Zettel, mit dem Otto jede Woche sein Mittagessen in der Schule bestellt. ›Squizeed Orange Juice, $ 1.50‹ steht unter ›Muffins‹ und ›Käse-Toast‹. Gepresster Orangensaft zum Ankreuzen, leider falsch geschrieben. Er stößt mir Woche für Woche von Neuem auf.

Ich folge Lukas ins Bad.

»Wollen wir uns auf eurer Party nicht auch ein bisschen amüsieren?«

Er quetscht sich Zahnpasta auf die Zahnbürste. Auch quet-

schen heißt ›squeeze‹, nicht ›squizee‹. So schlecht ist mein Englisch wirklich nicht.

»Reicht schon, wenn niemand den Arm hochreißt, oder?«

Er spült um und spuckt ins Becken. Lukas' Zahnpflege in
allen Ehren – aber er ist dabei, seinen Biss zu verlieren. Auswandern macht bescheiden. Und unsicher. Und irgendwann
ungerecht.

Junge, komm bald wieder

WENN MIR JEMAND an meinem 30. Geburtstag prophezeit hätte, dass ich zehn Jahre später verheiratet mit Kindern am anderen Ende der Welt lebe, hätte ich ihm die Tarotkarten lachend vom Tisch gefegt. So viel Fantasie besitze ich als Journalistin nicht. Allerdings hätte ich auch nie geglaubt, dass ich mal in einen Handschuh pinkeln würde.

Ich habe an der Seite eines Urologen schon einiges mitgemacht. Als ich Lukas Körner kennenlernte, hatte ich ein paar Jahre beim Fernsehen auf dem Buckel und versuchte, Karriere zu machen. Er war Assistenzarzt in Kiel und hatte andere Pläne. Sechs Wochen ließ er sich für ›Ärzte für die Dritte Welt‹ freistellen. Er fuhr im Jeep durch entlegene Dörfer auf den Philippinen, in die nur alle paar Monate ein medizinisches Hilfsteam kommt, und lernte, im Schein der Taschenlampe zu operieren und improvisieren. Irgendwann reisten wir gemeinsam auf die Mentawai-Inseln vor Sumatra. Ich schrieb eine Reportage über eine Hilfsorganisation, für die sich Lukas engagieren wollte. Ein Surfer aus Neuseeland hatte sie gegründet. Am letzten Tag der Tour war unser Nachtquartier das Haus des Dorfvorstands.

»Your wife?«, fragte der alte Mann mit skeptischem Blick auf mich und zupfte an seinem Bart. Viel machte ich wohl nicht her mit meinen strähnigen Haaren, die seit Tagen keine Dusche mehr gesehen hatten.

»Meine Frau«, nickte Lukas gnädig, und ich durfte mit ins Gästezimmer. Das war das frei geräumte Schlafzimmer im ersten Stock. Das Haus war aus Brettern und geflochtenen Wänden gebaut und damit im Vergleich zum Rest der Hütten ringsherum ein Palast. Die gesamte Großfamilie schlief dem Doktor zu Ehren unten im Erdgeschoss auf dem Boden. Dort war kein Zentimeter mehr Platz. Oben war es heiß und stickig. Ich trank in einem Zug eine ganze Wasserflasche leer.

Als ich in den frühen Morgenstunden unterm gemeinsamen Moskitonetz aufwachte, platzte mir fast die Blase. Es gab keine Toilette. Es gab keinen Weg nach draußen, der nicht über sämtliche Schlafenden führte und sie aufgeweckt hätte. Lukas zeigte auf das offene Fenster, dessen Bambussims sehr niedrig war. Darunter sah man ein Kürbisbeet.

»Geh einfach in die Hocke. Ich schaue auch weg.«

Ich schüttelte den Kopf.

»Niemals. Gibt es keinen Eimer oder irgendwas?«

Er schüttelte den Kopf. Ich stöhnte. Dieser Druck! Lukas kramte in seiner Arzttasche und zog einen weißen OP-Handschuh hervor.

»Komm, keine Scheu, min Deern. Windeln habe ich nicht dabei.«

Und ich tat es. In meiner Not hielt ich mir den aufgeklemmten Latexhandschuh in den Schritt und ließ es hineinplätschern. Es hörte gar nicht mehr auf. Was für eine unglaubliche Erleichterung.

»Das ist ja fast ein Liter«, stellte Lukas fachmännisch fest. Die monströse Urinprobe spreizte wie eine Geisterhand alle Finger ab. Ich knotete sie zu und steckte sie in meine Umhängetasche neben Insektenspray und Notizblock, um sie später diskret zu entsorgen.

Nach unserer Rückkehr schenkte mir Lukas eine kleine Spitztüte aus beschichteter Pappe. ›Urinella‹ stand auf der Verpackung. Er hatte das Ding von einem Kongress. Hatte nicht Susan Stahnke mal für dieses Hilfsmittel geworben? »Damit können Frauen im Stehen pinkeln«, sagte Lukas, »auch aus dem Fenster.« Mein Einzug in die Urologenwelt war endgültig besiegelt. Was für andere ein Diamantring zur Verlobung ist, das war für mich eine Urinella.

Als ich das erste Mal im Land der langen weißen Wolke ankam, war ich hochschwanger mit unserem zweiten Sohn und entsprechend hormonell weichgespült. Ich wusste gar nicht, worüber ich mich am meisten freuen sollte. Besonders angetan war ich vom ersten Maori meines Lebens. Das war der korpulente Zollbeamte am Flughafen von Auckland. Er reichte mir meine Papiere mit dem Satz zurück: »Have a great time in New Zealand!« Sein Land sprach er »Nihsillin« aus, was es irgendwie noch netter machte. An keiner Passkontrolle der Welt wurde mir je ein freundlicheres Lächeln geschenkt, schon gar nicht von einem Ureinwohner persönlich. Der Gang zum Gepäckband führte unter einem Holzbogen durch, der mit Maori-Schnitzereien und Muschelstücken verziert war. Ich meinte, in der Ferne einen Wasserfall rauschen zu hören. Vielleicht kam der Sound vom Band. Ein Volk, das seine Grenzen mit so viel Herzlichkeit und Ästhetik bewacht, kann einem kaum Böses wollen, dachte ich. Hier wollten wir gerne drei Monate verbringen, inklusive Geburt.

Lukas ging vor Ottos Ankunft im Ozean vor Kaikoura mit den Delfinen schwimmen. Als Neuankömmling und Tourist brauchte er heilenden Tierkontakt. Grasen mit Schafen hat sich als Attraktion noch nicht so durchgesetzt, aber hätte bei deutlich angenehmeren Temperaturen und weniger Kosten vielleicht den gleichen Effekt erzielt. Ich passte im neunten Monat in keinen Neoprenanzug mehr, und ›Gebären mit Delfinen‹ stand nicht auf dem Programm. Damit die Haie mich nicht mit einer Robbe verwechselten, blieb ich mit Jakob an Land.

»War's toll?«, fragten wir Lukas hinterher. Natürlich waren wir neidisch. Mit Delfinfotos kleistert jeder ernst zu nehmende Backpacker heutzutage seine Facebook-Seite zu.

Er hatte blau gefrorene Lippen, aber die Augen strahlten.

»Allen war übel. Der Japaner an Bord hat dreimal gekotzt.«

»Und die Delfine? Konntest du sie anfassen?«

Der Rest fällt unter die ärztliche Schweigepflicht. Nur so viel: Auch bei Lukas machten sich hormonelle Umstellungen bemerkbar.

Unser jüngster Sohn hat das Ganze überlebt und wurde ohne sichtbare Schäden in Christchurch geboren. Das ist das Zentrum der Südinsel Neuseelands, das wiederum aus zwei großen Inseln besteht. Wellington ist die Hauptstadt, Auckland hoch im Norden aber Metropole – so ähnlich wie New York und Washington. Fast. Im Gegensatz zu Washington und New York weiß kaum jemand nördlich des Äquators, wo Wellington und Auckland überhaupt liegen. Geschweige denn Christchurch.

Es gab dort zwar keine anständige Lakritze, aber Lachgas, einen funktionierenden Tropf, sterile Laken und erfahrene Hebammen. Es sah schön aus und fühlte sich gut an, dieses Land. Genau die richtige Dosis an Zivilisation, dazu wilde Strände, einsame Natur, mildes Klima. Wir waren angefixt. Könnte man dort auch leben, zumindest für eine Weile? Wie würde das gehen? Mit oder ohne festen Job? Immerhin hatten wir einen gebürtigen Kiwi im Gepäck. Als wir wieder zu Hause waren und die Auszeit mit Baby lange vorbei, wurde in Christchurch eine Urologenstelle ausgeschrieben. Lukas bewarb sich. Er wurde genommen. Wir wanderten aus. Das ist natürlich die absolute Untertreibung. Zwischen ›bewarb sich‹ und ›wanderten aus‹ lag ein Entscheidungsdrama, das sich über Monate hinzog.

Für immer im Ausland leben – das klang für uns erst mal gut. Da schwang Verheißung mit. Die Hoffnung auf neue Impulse, mehr Toleranz und Großzügigkeit. All die Mankos von Deutschland wettmachen. Aber damit setzt man das arme Ausland ganz schön unter Druck. Was, wenn sich am Ende doch nur die Kulisse ändert, an der entlang man morgens zur Arbeit fährt? Wenn das Neue stinknormal wird und das Alte plötzlich fehlt?

Ein typischer Morgen in der heißen Phase begann so:

»Na, was sagt dein Bauch?«, fragte Lukas.

»Weiß nicht. Lass uns mal lieber hierbleiben.«

»Aber wir werden es ewig bereuen, wenn wir's nicht tun. Man lebt nur einmal.«

»Wir haben's doch echt gut hier. Und mehr Natur gibt's auch am Bodensee.«

Am nächsten Morgen dann:

»Bist du heute schlauer?«, fragte ich.

»Keine Ahnung. Kann mir das alles nicht vorstellen. Ist schließlich eine Entscheidung fürs Leben.«

»Komm, es wird schon gut gehen. Was Neues ist immer gut.«

»Hmm.«

Am dritten Tag:

»Überleg mal, all der Aufwand – was tun wir bloß uns und den Jungs damit an?« (Egal, wer das fragte.)

»Sieh es positiv. Die Kinder wachsen zweisprachig auf.«

»Aber ohne Großeltern.«

So ging das hin und her, mit vertauschten Rollen. Ich hätte am liebsten ein Orakel befragt, das für mich in die Zukunft guckt. In unserer Not machten wir schließlich einen Termin beim Astrologen. Die Not muss groß gewesen sein, denn wir kennen nicht mal verlässlich das Sternzeichen unserer Söhne, geschweige dass einer von uns Horoskope liest. »Wer hilft, hat recht«, dachte ich – alte Ärzteweisheit, immer wieder bestätigt. Einmal in die Sterne gucken kostete ja auch nur schlappe hundertzwanzig Euro. Ein Klacks, wenn man dafür mit klaren Antworten auf den weiteren Lebensweg geschickt wird. Als wir nach anderthalb Stunden Beratung die vertrauensbildend in Pastell und Kiefer gehaltene Wohnung des Astrologen verließen, brummte mir der Schädel von Aszendenten in Venusnähe und Sonnen im fünften Haus. Jetzt ging es darum, die Fülle an Informationen richtig zu interpretieren.

»Also, wenn man an all das glaubt«, sagte Lukas, der natürlich nicht an all das glaubte, »dann ist wohl klar, dass wir lieber nicht wegziehen sollten. Zu großes Risiko.«

»Komisch. Ich habe das jetzt genau andersherum verstanden. Dass nur Herausforderungen und neue Abenteuer dauerhaft Glück bringen. Oder so ähnlich.«

Die hundertzwanzig Euro hatten sich gelohnt. Wir fingen an, Pro- und Kontra-Listen zu erstellen.

Für Team Deutschland sprach:

👍 Kennen wir. Wissen, wie alles funktioniert.

👍 Freunde. Familie.

👍 Arbeit in sicheren Bahnen.

👍 Lakritze.

👍 Fällt man als Deutscher kaum auf.

Dagegen sprach:

👎 Kennen wir. Tapetenwechsel tut gut.

👎 Karriere samt Knick vorhersehbar.

👎 Zu viel Stress.

👎 Zu viele Inländer.

👎 Die Beamtin auf dem Einwohnermeldeamt, die mich an-
blaffte, weil der Rand des Passbildes einen Millimeter zu
breit war.

👎 Die beiden Sandkästen in unserem begrünten Hinterhof.
(Der eine war von Familie Herbst-Reifenbach für Anna-
Karenina aufgestellt worden. Weil aber Sebastian Schrumpf
aus dem dritten Stock manchmal beim Spielen die mit
›A.-K.H.-R.‹ beschriftete Plastikschaufel von Anna-Kareni-
na benutzte, diese eines Tages verschwunden war und Frau
Herbst-Reifenbach sich darüber bei Sebastians Mutter be-
schwerte, wurde von Familie Schrumpf ein zweiter Sandkasten aufgestellt. Die Förmchen und Schaufeln darin waren mit ›S.S.‹ beschriftet. Alles hatte fortan seine Ordnung.
In jedem Sandkasten saß ein Kind. Allein.)

Für Neuseeland sprach eigentlich eine ganze Menge. Hier eine
willkürliche Auswahl:

👍 Nur fünf Prozent der Bewohner Aotearoas sind Menschen,
und davon nur 0,25 Prozent Deutsche.

👍 Vor den Nachrichten sendet Radio New Zealand eine halbe
Minute lang den Bird Call. (Als der Nationalsender ankün-
digte, diese Einspielungen einheimischen Vogelgezwitschers
abzuschaffen, kam es fast zum Bürgerkrieg.)

👍 Es gibt pro Kopf mehr Dudelsackspieler als in Schottland.

👍 Dank des Politikers David Lange ist Aotearoa heute atom-

frei. (Als der unprätentiöse Premierminister beerdigt wurde, gab es Würstchen vom Grill.)
👆 Kinder spielen nicht in Sandkästen, sondern am Strand.

Gegen Neuseeland sprach:
👎 Es ist verdammt weit weg.

Das mit dem ›verdammt weit weg‹ hat sich schon bald nach der Ankunft gelegt. Eigentlich ist Europa verdammt weit weg. Dafür ist Sydney ziemlich nah. Und die Antarktis. Und Fidschi. Es ist alles relativ. Ich versuche, die Welt nicht mehr eurozentristisch zu sehen, auch wenn es schwerfällt. Der Nabel kann überall sein, schließlich ist die Erde rund.

Späßchen wie Delfine betatschen oder sich auf alten Autoreifen durch unterirdische Höhlen treiben zu lassen, in denen Glühwürmchen funkeln, die sind erst mal abgehakt. Schließlich sind wir keine Besucher mehr, sondern Bleiber. Es geht um mehr als Abenteuer, Auszeit und eine reibungslose Geburt. Wo andere Urlaub machen, leben wir jetzt, und damit ist der Urlaub vorbei.

Bei der zweiten Ankunft, diesmal in der neuen Heimat, wurden wir zwar wieder wie Ehrengäste begrüßt. »Welcome back!«, sagte die Beamtin freudestrahlend, als sie durch unsere Pässe blätterte. Trotzdem war das Gefühl anders, und das nicht nur, weil sie eine Pakeha, also Weißhaut europäischer Abstammung, war.

Diesmal hatte ich mich moralisch und musikalisch durch eine DVD von Flight of the Conchords auf meine neue Heimat vorbereitet. Auch wenn ich sicher parteiisch bin, behaupte ich: Flight of the Conchords sind das beste Komikerduo der Welt. Oder das komischste Musikduo der Welt. Sie mussten erst Neuseeland verlassen, um in Amerika als gestrandete Kiwis mit seltsamem Akzent berühmt zu werden. In New York begrüßt sie ihr neuer Freund Dave: »Ihr Jungs seht heute cool aus. Sonst tragt ihr doch immer Klamotten aus den Siebzigern.« Sänger Jemaine: »Die sind nicht aus den Siebzigern, die sind aus Neuseeland.« Dave: »Ist das nicht das Gleiche?«

Wer aus seiner Kauzigkeit so gut Kapital schlagen kann, macht jeder Einwandererfamilie Hoffnung. Seit der Ankunft ohne Rückflugticket sehe ich nicht mehr nur mit frisch verliebtem Blick auf dieses Land, sondern prüfe es, wenn auch nicht für die Ewigkeit, zumindest für die nächsten Jahre. Also eine halbe Ewigkeit.

Am Anfang war der Blick noch ungetrübt. Kein Wunder, wenn man bereits morgens auf dem Schulweg an einer Honesty Box vorbeikommt. Die kleine Kiste steht vor einem maroden Gartenzaun in einem Bretterverschlag. Der ist so etwas wie ein Kiosk am Straßenrand. Darin sind Gartenprodukte, aber kein Verkäufer.

»Da steck ich das Geld rein?«, fragt Otto. Er zählt drei Dollar in das Ehrlichkeitskästchen. »Man nimmt sich einfach die Tomaten?« Ich nehme sie mir. »Niemand zählt nach?« Niemand zählt nach oder kontrolliert. Und wenn keine Tomaten da sind, gibt es Eier.

In der Grundschule lernt Otto alle Lieder auf Englisch wie auf Maori. Seine reizende Lehrerin begrüßt die Kinder morgens in der zweiten Landessprache und sagt ihnen in jeder Unterrichtsstunde, wie wunderbar sie alle sind. Die Mathe-Hausaufgaben? Beim Abwiegen helfen, wenn wir einen Kuchen backen. Das Einmaleins kann man dennoch üben.

Ein Mädchen in Jakobs Klasse hat motorische Schwierigkeiten. In Deutschland wäre sie bereits in die Parallelwelt einer Sonderschule abgetaucht. Hier gibt es eigene Betreuer, die geistig und körperlich Behinderte durch den normalen Schulalltag lotsen, ihnen beim Buchstabieren oder beim Sport helfen.

Niemand spricht von der Pisastudie. Niemand macht sich Sorgen, welches Kind es aufs Gymnasium schafft. Niemand setzt Schule mit Stress, Streit, Druck, Versagen gleich. Niemand hält den Schülern vor, was sie alles nicht können. Niemand erwartet von Müttern – denn auf die läuft es meistens hinaus –, dass sie mit dem Tag der Einschulung den Beruf aufgeben. Alle Schulen sind Ganztagsschulen.

Was begeistert mich noch? Dass ich keinen Verkehr vor unserem Fenster höre, beim Schreiben auf Wasser und Berge schaue, dass ein gusseiserner Kaminofen in der Küche steht und ein Zitronenbaum hinterm Haus. Ich kann kaum glauben, dass ich in einer Redaktion in Auckland anrufe und sofort zum Chefredakteur durchgestellt werde, ohne irgendjemanden dort persönlich zu kennen. Und noch weniger kann ich glauben, wie unbeschreiblich nett Menschen zu mir sind, die mich gar nicht kennen. Wahrscheinlich, weil sie mich nicht kennen.

Als ich mich anfangs in der Innenstadt verlief und ratlos auf den Stadtplan guckte, hielt keine Minute später eine ältere Dame neben mir in ihrem noch älteren Morris Minor. Sie bot an, mich zu meinem Ziel zu fahren. Ich nahm das Angebot gerührt an, stieg ein und verfolgte dann fasziniert, wie sie fünfmal abbog, ohne einmal zu blinken. Vielleicht macht man das so bei einem hellblauen Modell, das Holzrahmen um die Rückfenster hat. Auf der Fahrt erfuhr ich alle Details der von ihr soeben besuchten Katzenschau und erweiterte mein Repertoire an neuseeländischen Redewendungen um die Klassiker »good as gold«, »no worries« und »she'll be right«, was im Kern immer das Gleiche heißt: alles in Butter.

»So lovely to meet you«, flötete meine Retterin beim Aussteigen und bot mir ein schokoladenüberzogenes Kaubonbon aus ihrer Handarbeitstasche an: »Have a pineapple lump, my dear!« Der Ananasklumpen kam von Herzen und hatte mindestens so viel Tradition wie die antiquierte Automarke, wenn auch hoffentlich nicht so viele Jahre auf dem Buckel. Das Bonbon offenbarte ein grelloranges Innenleben mit der Geschmacksnote Klostein Tropicana. Es klebte mir fast so lange im Backenzahn, wie mir die entzückende Fahrerin im Gedächtnis blieb. Wann immer ich seitdem eine Ankündigung für eine Katzenschau oder einen Morris Minor sehe, habe ich sofort einen süßlichen Chemiegeschmack auf der Zunge.

An all die grenzenlose Freundlichkeit habe ich mich seltsamerweise viel schneller gewöhnt als an die Ineffizienz. Dabei hält sich beides auf sehr harmonische Weise die Waage. Als Faustregel im Fachhandel gilt: Je weniger Ahnung ein Verkäufer hat, desto herzlicher ist er bei dem Versuch, etwas vergeblich im Regal zu finden. Mangelndes Wissen wird prinzipiell mit einem netten Schwätzchen aufgewogen. Es scheint sich für die Läden zu rechnen.

Lukas geht morgens vor der Arbeit wellenreiten. Wenn er früh in der Klinik fertig ist, dann kann er einfach gehen – undenkbar auf seiner Stelle in Kiel, wo Arbeit immer vor Freizeit kam. Er freut sich, dass er sich nicht an arroganten Chefärzten abarbeiten muss, dass die Medizinerhierarchie flach ist, dass keiner was auf Titel gibt und ihn jede Krankenschwester mit Vornamen anspricht.

Zum ersten Mal glauben wir, dass es möglich ist, ein Familienleben mit weniger Stress und mehr Grün zu führen, ohne in einem »ländlichen Vorort mit günstiger Nahverkehrsanbindung« hinterm Jägerzaun eines Reihenendhauses zu versauern und uns vor dem Feierabendverkehr zu gruseln. Die Alternative zum Spießertum hieß bisher immer: große Stadt. Jetzt heißt sie: kleines Land. Am Wochenende sind wir in weniger als zwei Stunden in der Wildnis. Die Jungen rennen auf die Felsen von Castle Hill zu, die wie grob gehauene Götterstatuen über die Bergflanken schauen. Wir legen eine Gedenkminute für all die Nordeuropäer ein, die nachts um drei im Pfingststau stecken, um auf die Südseite der Alpen zu kommen.

Klingt das alles zu schön, um wahr zu sein? Finde ich auch. Denn ich bin deutsch, ich bin kritisch, ich bin zweifelnd. Dagegen helfen keine Stadtrundfahrten im Morris Minor. Daher schleicht sich in die Euphorie immer öfter etwas ein. Es erwischt mich genau dann, wenn der Sonnenuntergang besonders hinreißend über den Port Hills glimmt und der Wein dazu nicht besser schmecken könnte. Wenn Jakob und Otto im Schulkonzert ihre Lieder auf Maori so lieblich singen, dass ich eine Gänsehaut bekomme. Wenn Baxter und Lukas vom Rugbyspiel aus dem Stadion wiederkehren, mit rot-schwarzen Schals um die Hälse gewickelt, als ob sie Statisten in einem Werbespot für Tui-Bier wären. Es ist das halb leere statt des halb vollen Glases. Es ist die Angst, sich vielleicht doch falsch entschieden zu haben.

❮ ❮ ❮

Otto kramt ein Blatt Papier unter den Fußballschuhen aus seinem Rucksack hervor. Den Essenszettel für die Schule muss ich jede Woche für ihn ausfüllen. Immer noch im Angebot: ›Squizeed Orange Juice‹. Es stößt mir wieder auf und zuckt mir in den Fingern. Um ein Unwort namens ›squizeed‹ ignorieren zu können, fehlen mir wohl neuseeländische Gene. Bin ich eigentlich die Einzige, der das auffällt? Scheren sich die Lehrer nicht um korrekte Rechtschreibung? Und ist der Lunchzettel nicht streng genommen ein Druckwerk der Schule, so wie ein Zeugnisheft? Da steht ja am Jahresende auch nicht ›Scholl Report‹ statt ›School Report‹ drauf. Na also. Her mit dem Stift. Gut, dass es aufmerksame Journalisten gibt. Ich streiche das falsche Wort durch und schreibe ›squeezed‹ darüber. Das fühlt sich so viel besser an.

Als Lukas von der Arbeit kommt, sieht er angespannt aus. Es gibt nur ein knappes Küsschen. Er wühlt in seiner Tasche, dann lockert er den Zwangsschlips. In Lukas' neuer Klinik, dem städtischen Krankenhaus von Christchurch, trägt man in alter englischer Tradition Anzug statt weißem Kittel. Da spritzt es beim Blasenspiegeln schon mal ein wenig aufs feine Tuch. Otto und Jakob decken den Tisch. Er ist geliehen und aus Rimu-Holz, wie so vieles in unserem neuen Leben, denn unsere Sachen sind noch unterwegs. Rimu ist für Neuseeland, was einst die Kiefer für Ikea war. Lukas setzt sich schweigend an den Esstisch. Den Schlips hat er zerknautscht. Ich schlage das Wörterbuch zu, in dem ich eben noch nach ›squizeed‹ gesucht habe – sicher ist sicher.

»Was haben eigentlich deine Kollegen gesagt?«, frage ich und verteile Salat. »Ist auf eurer Party immer noch Totentanz im Bombenhagel angesagt?«

Irgendwann muss ich mir mal ernsthaft Gedanken um mein Kostüm machen.

28

»Ach, die hatten wirklich volles Verständnis. Haben meine Einwände sofort verstanden.« Das klingt eine Spur zu sarkastisch. »Deshalb haben sie zuerst vorgeschlagen, das Motto zu ändern.« Er räuspert sich. »In ›Erster Weltkrieg‹.«

Originelle Idee. Fast genauso lustig. Ich rolle meine Spaghetti auf. Lukas legt die Krawatte beiseite und greift sich eine Gabel.

»Du kennst doch Hamish Dickinson –«

»Der arrogante ältere Engländer?«

»Ja, der so jovial tut, aber immer raushängen lässt, dass sein Vater bei der Royal Airforce war.«

Lukas formt eine unsichtbare Pflaume mit dem Mund und näselt affektiert.

»›Oh dear, der Erste Weltkrieg ist ja genauso unangenehm für Lukas. Den haben die Deutschen doch auch verloren. Das können wir dem Armen nicht antun!‹«

Es klingt wie bei Monty Python, aber um einiges verletzter.

»Na, bin ich froh, dass uns jemand versteht. Und habt ihr das Motto dann endgültig geändert?«

»Ja. Es ist jetzt ›Kiwiana‹.«

Das Wort steht sicher auch nicht im Langenscheidt, aber ich habe es immerhin schon mal gehört. Hamish Dickinson hat dank britischer Rücksichtnahme ganze Arbeit für uns geleistet. Auf Lukas' Antrittsempfang war der hoch gewachsene, glatt gekämmte Chefchirurg des St. Michael's Privatkrankenhauses mit einem Glas Chardonnay auf mich zugetreten. Nach kurzer Musterung hatte er mir eine Hand mit Siegelring entgegengestreckt.

»Hamish. Nice to meet you!«

Wie erfrischend, dass man Professoren- und Doktortitel in diesem Land einfach unter den Tisch fallen lässt, dachte ich.

»Anke«, sagte ich und nahm seine Hand.

Er wiederholte meinen Namen mit höflich unterdrücktem Erstaunen: »Han-ka?« Die erste Silbe sprach er seltsam gedehnt aus, so dass sie wie das englische Wort für »Hunne« klang.

»Es bedeutet ›Little Ann‹«, sagte ich und wurde rot.

Mit feinem Oxbridge-Akzent fragte er mich, woher ich denn komme.

»Aus Köln«, hatte ich geantwortet.

»Ahh«, er nahm einen tiefen Schluck und lächelte noch vornehmer, »Köln kenne ich. Hat mein Vater überflogen.«

Ich verstand erst nicht ganz.

»Also, zerbombt«, schob Dickinson nach. »Prost!«

Heute hier, morgen dort

AUSSER DER UROLOGENPARTY und orthografisch unreinem Orangensaft bereitet mir vor allem das Krokodil Kopfzerbrechen. ›Krokodil‹ klingt etwas größer und gefährlicher, als es ist. Eigentlich ist es ein ägyptischer Kaiman und kaum länger als mein Arm. Ich habe es vom Flohmarkt und kenne es so lange wie meinen Mann. Es hat also Dauerbleiberecht. Kurz vor unserem Abflug aus Deutschland musste ich mir von einem Zoologen zertifizieren lassen, dass das Viech keiner bedrohten Gattung angehört, sondern ein harmloses Souvenir aus den Vierzigerjahren ist. Es war eine komplizierte Aktion aus etlichen Fotos und E-Mails, die zum Beispiel so begannen: ›Sehr geehrte Frau Richter, können Sie die rechte Rückenschuppung bitte noch mal im Detail mit besserer Beleuchtung aufnehmen?‹

So ein Auslandsumzug ist wirklich ein Klacks. Den macht man mit links, wenn man sich danach für einen Monat in eine Rehaklinik zurückziehen kann. Wenn man allerdings nach zwei Wochen Kistenpacken, Verabschieden, Listen abhaken, Wohnung übergeben, Auto verkaufen, Versicherungen abmelden und Reptilienarten bestimmen einen Langstreckenflug mit siebzig Kilo Gepäck und zwei unausgeschlafenen Kindern vor sich hat, dann ist es die Hölle. Die Vorhölle ist das Beladen des Containers. Wir mussten eine Liste anlegen, auf der jedes einzelne Stück Hausrat einzeln aufgeführt ist. Ja, richtig: Jedes. Einzelne. Stück. Bei Legosteinen und Besteck gelten großzügigerweise Sammelbegriffe.

Unser Überseecontainer war lange auf den Weltmeeren unterwegs. Manchmal gibt es Momente, in denen ich mir heimlich wünsche, er wäre irgendwo zwischen Cape Horn und dem Bermudadreieck von Bord gefallen und würde uns so von all dem Ballast befreien.

Gerade jetzt ist wieder so ein Moment. Ich stehe im Büro von MAF, der gefürchteten Landwirtschafts- und Lebensmittelbehörde, und lege die Liste über unser gesamtes Hab und Gut vor. Die Seefracht ist endlich im Hafen angekommen und muss ausgelöst werden. Doch bevor die Ladung den Zoll passieren darf, wird sie von der MAF gefilzt. Das ist ungefähr so angenehm wie früher, wenn man die DDR-Grenze passierte, um nach Westberlin zu fahren: Was werden sie finden? Wie können sie einem das Leben schwer machen? Wo sind die Selbstschussanlagen angebracht?

Nichts fürchtet der neuseeländische Staat so sehr wie eingeschmuggelte Insekten und fremde Bakterien, die das heimische Ökosystem unterwandern. Denn dem könnte der Kollaps durch importierte Tiere und Pflanzen drohen. Die biologische Invasion wird bekämpft wie nichts. Infiltration durch Al Qaida? Pustekuchen. Radioaktives Material? Pah. Kiloweise Heroin? Schulterzucken. Maschinenpistole im Handgepäck? Abnicken, durchwinken. Aber wehe, wehe, bei der Ankunft am Flughafen gammelt noch ein Apfel in der Tasche und unter den Fingernägeln steckt Dreck, dessen Herkunft nicht eindeutig zuzuordnen ist: Schon drohen drakonische Strafen. Auch unser verpackter Haushalt könnte eine schwere Bedrohung für Flora und Fauna darstellen. Vorsicht ist also angebracht.

»Diese Holzmaske hier«, der MAF-Beamte tippt auf meine Liste, »stammt die aus Afrika?«

Au weia. Ich habe sie aus Burundi. Das ist streng genommen ...

»Aus Italien«, lüge ich. »Äh, Venedig.« Karnevalistisch, kannibalistisch – auch egal. Hier geht es um unsere Zukunft.

»Ist sie lackiert?«

»Ja. Zweifarbig.« Sie ist unbehandelt und wurmstichig. Garantiert beherbergt sie einen Wüstenfloh. Dieser Ethnoschrott wird mich den Kopf kosten. Doch der freundliche Beamte setzt einen Haken hinter ›Maske‹. Misstrauen ist bei aller Biohysterie kein typisch neuseeländischer Charakterzug. Ein nachträglicher Pluspunkt für die Pro-und-Contra-Liste.

»Dieser Alligator« – er studiert meine zoologischen Bescheinigungen – »den müssen wir uns angucken kommen, bevor der Container ausgeräumt wird.«

»Ah-hmm.«

»Wir schicken einen Inspektor vorbei.«

Der Inspektor kommt in einer Stunde nach Lyttelton. Lyttelton ist das Hafenviertel von Christchurch und mit Abstand der netteste Ort, den ich kenne – unser Wohnort. Ich bin in kürzester Zeit leidenschaftliche Lokalpatriotin geworden.

Auf dem Weg zum Hafen halte ich am Café an. Vor dem Supermarkt steht ein Grüppchen russischer Seeleute: Bürstenschnitt, teigiger Teint, graue Kunstlederjacken, Plastiktüten mit Wodkaflaschen. Die Männer stecken die Köpfe zusammen und zählen ihre Dollars. In der Drogerie nebenan sind Zettel an die Wand gepinnt. Darauf stehen die kyrillischen Übersetzungen für so Wesentliches wie Riechsalz, Aspirin und ›Ich habe Schmerzen‹. Nur Syphilis fehlt. Vor Jahren hingen die Besatzungen fünf russischer Fangschiffe über Monate ohne Lohn in Lyttelton fest, weil die Reederei pleite ging. Für die 102 Männer bahnte sich ein humanitäres Desaster an. Als die Matrosen nichts mehr zu essen hatten, versorgten die Anwohner, Kirchen und die Heilsarmee sie. Eine Gewerkschafterin boxte ehrenamtlich ein Gerichtsverfahren für die verbliebenen unbezahlten Russen durch und heiratete später einen von ihnen. So läuft das in Neusozialland.

Lyttelton liegt an einem erloschenen Vulkankrater. Weil das Örtchen von der Stadt durch einen langen Tunnel getrennt ist, hat ein Dichter es als ›Narnia an der Rückseite von Christchurchs Kleiderschrank‹ beschrieben: spiegelglattes, changierendes Wasser, rostige Kräne, spitze Giebel in mintgrün und rosa und dahinter aufragend die karstigen Felsen des Kraterrandes. Die Werft gibt dem verblichenen Charme der Kolonialstilhäuser Bodenhaftung. Unter den Städtern galt das Hafenviertel stets als anrüchig. An der Decke einer schrammeligen Hotelbar, gegenüber der Hafenzufahrt, klebte vor Kurzem noch das Blut einiger Russen. Die hatten sich dort eine wüste Prügelei geliefert, bevor sie wieder auf ihre Seelenverkäufer verschwanden. Jetzt wird in den Räumen Kunst ausgestellt. Denn Lyttelton ist längst schwer in Mode gekommen und seitdem alles, was Christchurch auch so gerne wäre: weltoffen. Jung. Avantgardistisch. Alternativ. International. Es hat einen eigenen Radiosender, ein Torpedobootmuseum, einen Wochenmarkt mit Live-Musik, Second-Hand-Läden und die höchste Pro-Kopf-Dichte an guten Kneipen außerhalb St. Paulis. Es besitzt einen roten Teppich, über den Königin Elisabeth geschritten ist, als sie in Lyttelton von Bord ging – wer hat so was schon? Auch Cafés gibt es viele in Lyttelton, das derangierte Szenecafé habe ich gleich ins Herz geschlossen. An der Espressomaschine wird herumgewirbelt, als sei es das Pult eines DJs. Die Baristas sind die Superstars unter den Dienstleistern und verströmen das Flair ferner Metropolen. Sie sind hip und immer gut drauf.

»Hi, Claude«, begrüße ich meine Lieblingsaufschäumerin, die eigentlich eine gebürtige Tracey ist. Anfangs hielt ich ihren Namen für ›Cloud‹. Wolke würde aber nicht zu den raspelkurzen, weißblond gefärbten Haaren, den hohen Wangenknochen und dem kühlen Blick passen. Blitz schon eher. Claude ist eine androgyne Schönheit, die auch auf Männer wirkt, aber nur auf Frauen steht. Ihr Spitzname hängt irgendwie mit Clau-ooo-dia Schiffer zusammen.

Sie grüßt in holperigem Deutsch zurück, denn sie war gerade wieder einen Monat in München. Irgendeine Ausstellung. Claude fotografiert, wenn sie nicht Espresso zapft, und schreibt an ihrer Doktorarbeit über den Expressionismus.

»Alles gut?« Sie kassiert und zwinkert mir dabei zu. »Wann kommst du dir meine neuen Bilder angucken?«

Eine erstaunliche Frage, aber nicht wegen des Zwinkerns. In diesen Breitengraden geht man weder mit Arbeit noch Erfolg hausieren – es sei denn, man kommt zum Beispiel aus Amerika. Die adäquate Formulierung lautet: »Schau dir bloß nie meine Bilder an, sie sind wirklich ganz fürchterlich.« Das liegt am berüchtigten Tall-Poppy-Syndrom. Zu hoch aus dem Feld herausragende Mohnblüten, so die Metapher, werden sofort gekappt. Daher lieber ducken. Wie sich dieses erstaunliche Phänomen auf ein Kochduell im Fernsehen auswirkt, habe ich letztens beobachtet. Der beste Kandidat betonte stets, dass er in der nächsten Runde rausgeschmissen werden müsste, aber unbedingt. Er wusste genau, wie gut das ankommt, und schaffte es so an die Spitze. Für seinen Sieg entschuldigte er sich dann. Eine weltweit einmalige Sendung.

Quer über Claudes Brust steht in weißen Druckbuchstaben DENKWÜRDIGKEITEN. Das T-Shirt hat sie vom Goethe-Institut, das ihr mal ein Reisestipendium durch Deutschland spendiert hat. Sobald sie etwas Geld hat, verreist sie in mein Heimatland, denn Claude steht auf Faust, auf den Dichter Thomas Brasch und auf Nina Hagen. Sie ist der einzige Mensch, den ich südlich des Äquators getroffen habe, der Pina Bausch kennt. Besonders fasziniert sie die Weiße Rose. Fetisch Deutschland – ja, so etwas gibt es. Exotischer geht's kaum. Was ist dagegen schon Trekking in der Mongolei?

Ich bestelle einen Flat White. Dieser kleine Schwarze mit Milcheinlage wurde – und hier streiten sich die Geister, genau wie bei der Baisertorte Pavlova – in Australien oder in Neuseeland erfunden. Von dort trat er seinen Siegeszug in London an. Dank des Flat Whites hat die Bevölkerung Lytteltons, mich eingeschlossen, ein neues Hobby: beim Barista anstehen.

Claude trägt immer nur schwarz. Wenn sie ins Schwitzen kommt, bindet sie sich ein Stirnband um die Annie-Lennox-Stoppeln, was ihr gut steht. Von allen Baristas ist sie am coolsten. Dicht gefolgt von Liam mit Irokesenschnitt, Boxernase und karategestählten Schultern. Manche Frauen kommen nur ins Café, wenn Liam arbeitet, denn sie kennen seine Schichten. Trotz seiner Aufmachung hat er die Ausstrahlung eines Zen-Priesters. Angeblich schmeckt sein Kaffee besser.

Claudes Germanophilie ist mir etwas suspekt. Letztens hat sie spontan ein Rilke-Gedicht zitiert, als sie mir meinen Milchkaffee brachte. Ich kenne niemanden, abgesehen von meinem sicher längst verstorbenen Deutschlehrer aus der zehnten Klasse, der das fertigbrächte. Sie verunsichert mich. Aber was ich an Claude besonders schätze, ist, dass sie brillant lästern kann. Von den Kiwis hat sie das kaum.

»Hast du das gesehen?« Claude zieht eine Augenbraue hoch, während sie die Dampfdüse abwischt, und verspritzt ein wenig verbales Gift in die Richtung von zwei Müttern in engen Röhrenjeans, die ihren Kleinkindern aufgeschäumte Milch bestellen. »Alle küssen sich neuerdings auf den Mund. Was für eine Unsitte.«

Jetzt sehe ich es auch: Mmma-mah, Mmm-mah. Als Europäerin habe ich jahrelange lockere Lippenberührungserfahrung. Aber wie viel neumodische Intimität kann dieses Land auf die Schnelle verkraften? Claude stimmt mir zu.

»Was wird aus den alten Traditionen wie unserem verkrampften Hallo?« Sie schüttelt den Kopf. Mit dem Begrüßungsritual habe ich mich auch schon rumgeplagt. Ich weiß nie, wie nah man sich treten soll. Anfassen oder lieber nicht? Händeschütteln – so selten es denn vorkommt – ist kompliziert genug. Nur ein Mann streckt die Hand aus, und auch nur, wenn er sich zum ersten Mal vorstellt. Kurzer Griff, Blick in die Augen, zweimal runter, loslassen. Eine Alternative ist der leichte Klaps auf den Unterarm. Kein Speichel im Spiel und immer noch ein halber Meter Abstand gewahrt.

Irokesen-Liam schwebt gerade mit zwei Tässchen davon. Claude gießt Milch in einen Krug. In mir hat sie eine brave Nachhilfeschülerin.

»Seit Generationen sind wir bestens damit zurechtgekommen, uns einmal quer über die Schafweide zuzuwinken. Man hebt im Vorbeifahren nur kurz den Finger vom Lenkrad.« Sie imitiert einen starken Southland-Akzent: »›Alles okay bei mir, die Milchpreise steigen, morgen soll's regnen.‹ Zeichensprache. Mehr muss nicht sein. Ein kurzer Kinnschwenker geht auch.«

»Und wenn der Farmer mit einem Finger so viel ausdrückt«, werfe ich ein, »was können dann erst seine anderen Körperteile sagen?«

Wahrscheinlich interessieren Claude diese Körperteile nicht so sehr. Sie räumt meine Tasse vom Tresen weg und seufzt.

»Mit dem Küssen gehen doch all diese Feinheiten verloren. Elende Kulturbanausen.«

Als ich gehen will, fragt sie mich nach dem Zeitunterschied zwischen Neuseeland und Europa.

»Zwölf Stunden«, sage ich. »Im Winter aber weniger.«

»Falsch. In London ist es ein Uhr, und hier ist es 1987.«

Sie grinst. Liam tut, als habe er sie nicht gehört. Wenn Claude nicht so rattencool wäre, könnte sie sich solche Witzchen kaum erlauben. Auf ihre Fotos bin ich gespannt.

Im Hafen krache ich mit dem Auto fast in eine Kreuzung zwischen Gabelstapler und Mondfahrzeug. Mit quietschenden Bremsen reiße ich das Steuer herum. Das war knapp. Ich hatte das blinkende und piepende Fahrzeug zwischen all den aufgestapelten Überseecontainern nicht gesehen, weil ich mit einem Spontananflug von Heimweh auf den Schriftzug ›Hamburg Süd‹ gestarrt habe. Aber der Gabelstapler hatte eindeutig Vorfahrt. Zum Glück ist nichts passiert. Sonst wäre ich jetzt unter dreißig Kubikmetern ›Hamburg Süd‹ begraben.

»Sorry!«, rufe ich dem Fahrer zu und lasse zerknirscht mein Fenster herunter. Was in solchen Situationen in meiner alten Heimat üblicherweise folgt, ist klar: Ein wütendes »Mensch, pass doch auf!« oder zumindest entsetztes Kopfschütteln, mit ganz viel »ts, ts, ts«. Gerne wird auch ausgestiegen und vorwurfsvoll inspiziert, ob da nicht doch ein winzig kleiner, versicherungsfälliger Kratzer an der Stoßstange ist. Nicht so beim Gabelstapelfahrer. Er nimmt meine Entschuldigung freundlich nickend zur Kenntnis und hebt die Hand zum Gruß. ›No worries‹, sagen seine Augen. ›She'll be right. Good as gold. Sweet as.‹ Er lächelt und fährt weiter – alles halb so wild. Ich werde noch ein großer Fan der einheimischen Zeichensprache.

Vor unserem verplombten Container warte ich auf den Insekteninspektor. Genauer, den Fumigator. Der Fumigator ist für den Zoll, was der Terminator für Arnold Schwarzenegger war: die beste Ausrede, sich ein Kampfkostüm überstreifen zu dürfen. Kostüme spielen in Christchurch eine nicht zu unterschätzende Rolle.

Der Fumigator trägt einen Schutzanzug aus Plastik, der aussieht wie ein aufgeblasenes Ganzkörperkondom. Schließlich könnte ja irgendwo in den Untiefen unseres Hausrats eine Giftgasattacke drohen. Er hat eine überdimensionale Stahlschere dabei, mit der er die Plombe knackt. Die schweren Stahltüren öffnen sich. Da sind sie endlich – all die ollen Ikea-Regale, Bücherkisten, Papierkörbe, Teppiche, Kinderroller, Skier. Es ist fast wie Weihnachten, auch wenn der Fumigator nicht ganz wie Väterchen Frost aussieht. Geradezu euphorisch arbeitet er sich emsig in Richtung Krokodil vor. Ein Blick in die trüben Augen aus Glasmurmeln, und sein Urteil steht fest.

»Das hier nehme ich mit. Es wird fumigiert.«

Fumigieren bedeutet einnebeln. Mit tödlichen Pestiziden. In anderen Worten: Mein Tier kommt ins Gas. Das muss ich erst mal verdauen.

»In einer Woche können Sie das gute Stück bei uns abholen. Das kostet 70 Dollar plus Mehrwertsteuer. Sind Sie damit einverstanden?«

Der Fumigator hält mir ein Formular hin. Ich unterschreibe. Mein Gewissen ist noch in Quarantäne.

Wir haben im nettesten Ort der Welt ein altes Haus gekauft. Baxter renoviert die Küche, denn er ist, wenn er nicht gerade surft, eigentlich Schreiner. Lukas und er teilen sich nicht nur die Wellen, sondern gehen zusammen ins Kino, gucken Rugby und versenken die ein oder andere Billardkugel. Eine Freundschaft, die in Deutschland zwischen Tischler und Nierenklempner vielleicht nie entstanden wäre, weil sich dort jeder nur im eigenen beruflichen Umfeld bewegt. Im egalitären und dünkelfreien Neuseeland gibt es diese Trennung nicht. Was mehr zählt als die gleiche Ausbildung, ist der Lebensstil. Völlig egal, ob du deine Miete mit Bulettenwenden, Bohrmaschinenvertrieb oder Blasenkrebsoperationen ranschaffst – verrat mir lieber, was du sonst noch aus deinem Leben machst: Bist du Segler, Skater, Saxofonspieler?

Während Baxter rumschraubt, hört er ›Volcano Radio‹, den nichtkommerziellen Sender Lytteltons, auf einem Transistorradio. Seine Werkzeuge liegen im zerbeulten VW-Bus unterm Surfbrett vergraben. Er arbeitet ohne Eile, aber gut, und geht gerne Tauschhandel ein. Lukas kann ihm jedoch kostenlos nur Beschneidung oder Sterilisation anbieten. Für das eine ist Baxter zu alt, für das andere zu jung, also bleibt es beim Bargeld.

Für Baxter werfe ich gerne die Kaffeemaschine an. Unter den entspannten neuseeländischen Handwerkern ist er der Oberentspannte. Er hat nicht nur für jedes Problem eine praktische Lösung und ein gutes Auge für Form und Farbe, sondern auch einen sicheren Musikgeschmack. Wir plaudern meistens über Indiebands, ob die besten aus Dunedin kommen oder aus Wellington. Ich habe kaum Ahnung, wie sie klingen, aber viel darüber gelesen. Er hat sie alle live gesehen, aber lässt es nicht raushängen. Man versteht sich. Doch heute Morgen ist Baxter verstört. Er knallt das Kofferradio auf die halb fertige Küchenanrichte.

»Kennst du diesen ›jerk‹?« Jerk kann man wahlweise mit ›Vollidiot‹ oder ›Wichser‹ übersetzen. Was ist bloß mit Baxter los, geschweige denn der vielgepriesenen neuseeländischen Zurückhaltung?

»Ein Deutscher.« Er spuckt das Wort beinahe aus. »Er ist Bäcker.«

»Ach, du meinst Jörg?« Kennen wäre übertrieben, auch wenn man, wie alle Auslandsdeutschen, miteinander per Du ist. Mit seinem Vierkornbrot habe ich öfters Oralkontakt. Aber mehr nicht. Jörg Olewski betreibt eine kleine Biobäckerei in der Innenstadt. Da stille ich mein kulinarisches Heimweh nach Laugenbrezeln und Pumpernickel.

»Jääk, genau!« Der Name ist wirklich ein Zungenbrecher für einen Kiwi. Daher nennt Jörg Olewski sich lieber ›Jägi‹. Aber das scheint nicht das Problem zu sein. Baxter, der sich sonst nie aus der Ruhe bringen lässt, redet sich in Fahrt. Jörg Olewski hat ihn letzte Woche angeheuert, um einen neuen

Verkaufstresen und Regale in ›Jägi's Bakery‹ zu bauen. Alles daran muss komplett ökologisch unbehandelt sein, von der Farbe bis zur Schraube. Jeder Millimeter Material soll auf des Meisters Wunsch hin aufgelistet werden, mit Herstellernachweis. So kenne er das aus Deutschland. Zwei Innenausbaufirmen haben bereits auf halber Strecke hingeschmissen. Kiwis bauen anders und mögen keine Kontrolle. Aber unser geduldiger Freund dachte, er bekäme das hin. Bis heute früh.

»Jerk hat mich vorhin völlig fertiggemacht.« Baxter greift nach der Kaffeetasse und stößt sie dabei fast um. Adern treten auf seinem muskulösen Arm hervor. »Warum ich ihm nicht gesagt habe, dass ich an einer Stelle einen Tropfen Kleber benutze. Dabei ist das ohne schlicht unmöglich.« Er geht in die Knie und demonstriert mir den Ökoterror. »Da unten hab ich gesessen und Maß genommen, und er hat über mir gemeckert: ›Keine Chemie, kein Gift!‹«

»Furchtbar.«

»So wie er mich behandelt hat, könnte er auch«, er holt kurz Luft und spuckt es aus, »für die Gestapo arbeiten!«

Wir sind wieder beim Thema. Mit so viel geballter deutscher Geschichte wurde ich seit der Mittelstufe im Gymnasium nicht mehr konfrontiert. Wenn meine Landsleute als Trampel auffallen, liegt das natürlich an der braunen Vergangenheit. Das hat man als Arier einfach im Blut. Bäcker Jägi ist die Steilvorlage für meinen Einsatz: mich mit Grauen abwenden von den Herrenmenschen, die sich ungefragt und uncharmant in diesen Breitengraden tummeln. Das mache ich als alte Vaterlandsverräterin doch sofort.

»Echt furchtbar, solche Blockwartnaturen. Führen sich hier schlimmer auf als zu Hause!«, pflichte ich Baxter bei. Auf keinen Fall will ich zu den SS-Schergen gezählt werden. Baxters Laune hebt sich wieder. Genau das wollte er hören. Ich stehe doch noch auf der richtigen Seite. Er feixt.

»Hör dir mal die Nachricht auf meiner Mailbox an.«

Ich höre. Der Biobäcker beschwert sich mit starkem Berliner Akzent, wo denn sein Handwerker abgeblieben sei. Er warte seit geschlagenen acht Minuten.

»Jawohl, mein Fuhrer«, knurrt Baxter, schaltet das Handy aus und sein Radio an. Ich schlage als Zugabe meine Hacken zusammen.

Ade zur guten Nacht

›NIP/TUCK‹ ist fast vorbei, als das Telefon klingelt. Ich bin vor dem Fernseher eingeschlafen. In halb aufgeknöpftem rosa Hemd und mit tropfender Botoxspritze geistert Skalpell-schwinger Christian Troy durch meine Träume, als es schrillt. Es muss hart auf Mitternacht zugehen. Das kann nur Deutsch-land sein. Ich greife neben das Sofa, hebe den Hörer ab und setze mit einiger Mühe meine professionelle Stimme auf.

»Anke Richter, hallo.«

Die Antwort kommt mit der typischen Verzögerung von Auslandsgesprächen. Es dauert eine Sekunde. Die Männer-stimme klingt aufgekratzt. Den Namen verstehe ich kaum. Ich mache mich auf das Schlimmste gefasst.

»Guten Morgen, ach nee, guten Abend!«, schallt es aus dem Äther. Zeitverschiebung ist ein Phänomen, das auch in den Zeiten der Globalisierung zu faszinieren vermag. »Schon komisch, haha!«

Es *ist* das Schlimmste. Es ist die KREIS-Zeitung. So heißt sie eigentlich nicht, aber da sie landläufig für ›katastrophal, reißerisch, erlogen, irritierend, sinnentleert‹ steht und das eine schöne Abkürzung ergibt, nenne ich sie mal so. Ich könnte gnädig sein und noch ›Chuzpe‹ und ›hart, aber herzlich‹ an-hängen, dann wäre sie die Kreisch-Zeitung. Passt auch.

Ich bin Auslandskorrespondentin am Arsch der Welt. Es ist ein schöner Arsch, zugegeben, der aber in Deutschland im De-tail nur Leute interessiert, die sich am liebsten in Goretexjacken und Wohnmobilen aufhalten. Scud-Raketeneinschläge und Killerkommandos sind in Neuseeland äußerst selten. So unbe-deutend ist mein journalistisches Kampfgebiet, dass es schon gewaltig im Pazifik rappeln muss, bis irgendein Redakteur ein paar Zeilen Platz für Aotearoa freischaufelt. Geschweige denn weiß, wie man den ursprünglichen und damit korrekten Namen meiner neuen Heimat ausspricht: Ah-teh-roa, mit gerolltem »r«. Es bedeutet ›Land der langen weißen Wolke‹. Und zum Üben gleich noch einen hinterher: Taumatawhakatangihangakoauauotamateaturipukakapikimaungahoronukupokaiwhenuakitanatahu. Das ist der längste Ortsname der Welt, genauer ein Hügel im Osten der Nordinsel – kurz Taumata – und er übersetzt sich so: ›Der Felsgipfel, auf dem Tamatea, der Mann mit den dicken Knien, der hinunterglitt, hinaufkletterte und Berge verschlang, bekannt als der Landfresser, auf einer Flöte seiner Geliebten vorspielte.‹

Als freie Journalistin biete ich vor allem Zeitschriften Themen an. Greift doch mal jemand zum Hörer und stöbert mich auf, dann gehe ich sofort von einem Großereignis aus: Erdbeben, dritter Weltkrieg oder Atomversuch auf einem Südseeatoll. Zumindest eine Explosion wie die vor über zwanzig Jahren auf dem Greenpeaceschiff Rainbow Warrior sollte drin sein, wenn nachts Telefonalarm gemacht wird. Ich bin aufgeschreckt, erst recht mit dieser Zeitung am Ohr. Den KREIS-Kollegen verstehe ich nicht auf Anhieb. Der Fernseher läuft noch. »Horrorhaus« höre ich heraus. Was ist bloß passiert? Massenselbstmord in einer Maori-Sekte? Ein Josef Fritzl down under? Die ganze Welt weiß sicher längst davon, nur ich nicht – welch eine Blamage. Die Reputation meiner angeschlagenen Zunft steht mal wieder auf dem Spiel, weil ihr entlegenstes Mitglied statt der Spätnachrichten lieber eine Serie über Schönheitschirurgie guckt. Echten Reportern darf das nicht passieren. Ich bin tief gesunken.

Dann kapiere ich so langsam. Bruchstücke eines interkontinentalen Dramas erreichen mein Hirn. Eine Dresdener Geigenlehrerin namens Janette Z. hatte im Internet einen Neuseeländer kennengelernt. Der Redakteur am Ende der Leitung klärt mich in knappen Sätzen darüber auf.

»Na ja, Hoffnung auf große Liebe und so. Aber als sie dann gelandet ist, war es der reine Horror.«

Ist ja auch schlimm, 24 Stunden im Flugzeug, womöglich noch Zwischenstopp in Dubai, wo das Frühstücksbuffet für die Transitpassagiere garantiert bereits geplündert war. Das kann einem die Urlaubslaune vermiesen. Dazu der Akzent der Stewardessen von Air New Zealand, der für ungeübte Ohren so klingt, als ob die Damen gerade von einem Airbag zerquetscht werden.

»Also, der Mann war gar nicht Mitte dreißig, wie er immer behauptet hat, sondern richtig alt. Und er sah auch ziemlich schlimm aus – langer Bart, dreckig, so voll der Penner.«

Ich schreibe im Kopf mit. Fakten, Fakten, Fakten.

»Und das Haus von ihm in ... wie heißt das hier ... in Dunneddin ...«

»Dunedin«, werfe ich ein, mit Betonung auf dem ›e‹. Immerhin weiß ich auch was. Aber woher soll der gute Mann auch eine schottisch klingende Universitätsstadt kennen, die sich dadurch auszeichnet, dass sie a) die steilste Straße der Welt hat, auf der mal eine 19-Jährige zu Tode kam, als sie in einer Mülltonne herunterrollte, b) eine Albatroskolonie, eine Schokoladenfabrik und viele scheue Pinguine beheimatet, c) Schauplatz eines Massakers unter Bewohnern des benachbarten Strandörtchens Aramoana im Jahre 1990 war und d) einmal im Jahr von Studenten im Zuge eines Autorennens in ein Schlachtfeld verwandelt wird? Keith Richards bekam 1965 auf der ersten Stones-Tournee in Dunedin schwere Depressionen – die Stadt wirkte wie ein Friedhof und war so langweilig, dass er einen Kopfstand versuchte, um die Drogen in seinem Körper zu recyclen. Dunedin also. Die arme Frau.

»Da liefen Hühner und Katzen durchs Haus, überall lag der Müll rum. Der Kerl hat dann noch versucht, sich nackt zu ihr ins Bett zu legen. Die Frau war völlig geschockt.«

Erschütternd, das Ganze. Nach fünf Tagen floh Janette Z. aus dem Land, ohne auch nur einen einzigen Pinguin oder die Schokoladenfabrik gesehen zu haben. Nach ihrer Rückkehr wandte sie sich an das Zentralorgan für humanitäre Hilfe, Wahrheitsfindung und sensiblen Umgang mit der Privatsphä-

re – die KREIS-Zeitung. Dort ist das Liebesopfer in besten
Händen.

»Was ist mit Fotos, Frau Richter?«, drängelt der Redakteur. Ich höre ihn tippen und auf seinem Schreibtisch herumra-
scheln. Im Hintergrund dudelt ein Handy. »Haben Sie Bilder
von dem Horrorhaus?«

Jetzt werde ich noch kleinlauter. Ich weiß nichts vom Horrorhaus, ich bin nicht dabei gewesen, und Fotos habe ich erst
recht keine. In den Spätnachrichten wird wohl auch nichts gelaufen sein. Die Nachrichtenlage in Neuseeland ist dünn, aber
so dünn dann doch nicht. Obwohl – auffällige Deutsche sind
immer ein Thema wert.

»Ich kümmere mich morgen drum«, schlage ich vor.

Aber der KREIS-Kollege braucht die Bilder jetzt. Sofort.

»Das kommt auf Seite eins!«

Vielleicht kann ich noch schnell meine Kamera schnappen
und schauen, was meine Nachbarschaft hergibt? Dunedin ist
zwar fast 400 Kilometer entfernt, aber alte Holzhäuser, die
nicht dem Hygienestandard Dresdener Zweiraumwohnungen
entsprechen, gibt es hier genug. Ein Huhn würde ich sicher
auch noch auftreiben. Oder zumindest eine Katze. Kein KREIS-
Leser stört sich an solchen Details. Hauptsache, ›Horror in
Neuseeland‹. Für Zeitungsmacher eine schöne Kombination,
denn da steckt der Überraschungseffekt drin. ›Horror in Österreich‹ ist zu vorhersehbar.

Dann registriert mein müdes Hirn, dass es längst stockdunkel ist. Wird also nichts mehr mit den Fotos. Ich verabschiede
mich bei dem unbekannten Kollegen und schiele schon wieder
Richtung Fernseher.

»Ich soll Sie übrigens von Dietmar Sägel grüßen«, sagt er
noch, aber ich höre kaum hin, denn ich habe das Ende der
Folge verpasst, in der eine Drei-Zentner-Frau auf ihrem Sofa
festgewachsen ist. Sie konnte sich nicht mehr bewegen, weil
das Fleischgewebe ins Sofapolster überging. Wie öde ist dagegen doch die Urologie.

Der Redakteur hat immer noch nicht aufgelegt.

»Gute Nacht, sag ich jetzt mal – Sie schlafen ja gleich,

oder?« Und er muss wieder lachen, weil es bei ihm morgens ist und bei mir nachts. Ja, die Erde ist eine Kugel und dreht sich um die Sonne. Zum Piepen.

Ich kann nach dem Anruf nicht sofort einschlafen. Daran ist nicht Christian Troy aus ›Nip/Tuck‹ schuld. Schon wieder habe ich meine Chance auf eine richtig große Story verpatzt, Kreisch-Zeile hin oder her. Das letzte Fiasko ereignete sich vor ein paar Tagen, als eine seriöse Tageszeitung aus Hamburg nachts um halb zwei anrief. Im distinguierten Hamburg amüsiert man sich im Gegensatz zum derben Berlin nicht über die Zeitverschiebung, sondern man ignoriert sie einfach. Das hat Stil, vor allem im Tiefschlaf. Die Stimme der Redakteurin schallte in mein Kopfkissen.

»Tag, Frau Richter!«

»Mmmhhhallo.« Den Hörer nicht neben den Nachttisch fallen lassen. Bloß kein Licht anschalten.

Für eine Hanseatin sprudelte die Frau geradezu über.

»Ich weiß, es kommt etwas auf die Schnelle. Aber es ist was ganz Großes!«

Das sagen sie immer. Licht auslassen.

»Es ist der Aufmacher für morgen, und es geht um Auswanderer. Wir brauchen dringend noch ein, zwei internationale Beispiele. Haben Sie da nicht spontan jemanden?«

Spontan, hmm. Mal nachdenken und dabei die Augen weiter geschlossen halten. Wen kann man um halb zwei Uhr nachts in Christchurch am ehesten spontan zum Thema Containerpacken und Berufschancen interviewen: den deutschen Bäcker, den deutschen Handwerker, die deutsche Metzgersfrau oder den deutschen Arzt? Schließlich handelt es sich ja um einen Notfall. Von internationalen Dimensionen.

Der deutsche Arzt lag neben mir und schnarchte leise. Unbrauchbar für jede Recherche. Ich glaube, ich sollte besser gar nicht mehr ins Bett gehen, solange die Nachrichtenlage so brisant ist.

Als ich aufwache, erinnere ich mich wieder an das Telefonat. Und an die ausgerichteten Grüße. Von Dietmar Sägel. Ich schlurfe in die Küche und schaue durchs Fenster hinaus. Am Hang gegenüber, mit Hafenblick, liegt der Friedhof, wo Peter Jackson einen frühen Horrorfilm drehte, ›The Frighteners‹ mit Michael J. Fox. Die Grabsteine sind verwittert, dazwischen sprießt das Gras. In den Katakomben meiner Erinnerung rührt sich etwas. Aber nichts Gutes.

In dunkler Vergangenheit und jungen Jahren war ich Redakteurin bei einer Boulevardzeitung. Sie war in unserer Region die Konkurrenz zur KREIS-Zeitung, aber nicht ganz so schlimm. Wir gingen sanfter mit unseren Opfern um und hielten uns stets an die Wahrheit – falls diese nicht mit der Geschichte kollidierte und man sie »kaputt recherchierte«. In dem Fall siegte dann meistens die Geschichte.

Ich lernte viel. Die wackere Hemdsärmeligkeit meiner Kollegen imponierte mir genauso wie ihr Mangel an Berührungsängsten. Graben wie die Maulwürfe – das war harte Arbeit. Unsere Texte tippten wir vor einem Bildschirm, der so tief wie breit war. Die Buchstaben flackerten in hellgrüner Leuchtschrift auf schwarzem Grund. Das Faxgerät war schon erfunden, aber für die alteingesessene Redaktion ziemlich exotisch. Alle paar Minuten krachte es laut im Nebenzimmer – rumms, dann kam wieder eine Rohrpost an. Das war ein rundes, verschraubbares Kassiber, das per Luftdruck durch verzweigte Schächte im Haus katapultiert wurde. Darin befanden sich Meldungen aus der Nachrichtenzentrale im dritten Stock, die per ›Ticker‹ oben angekommen waren. Doch, Autos gab es damals schon, auch elektrisches Licht.

Ich war Anfängerin im Show-Ressort. Dietmar Sägel stieß als Profi dazu. Er kam aus dem tiefsten Ruhrpott und war zuletzt Chefreporter bei einer Klatschzeitung, einem nicht zu unterschätzenden Fachblatt, das bei übermäßigem Genuss den gleichen Effekt wie eine Frontallobotomie hat. Wer sich dort behauptet, hat sich für einen der schwersten und undankbarsten Berufe der Welt qualifiziert.

Als Showberichterstatter wird man in der Bahn, im Wartezimmer und vor Supermarktregalen gelesen. »Und auf dem Bau«, sagten wir uns stets, um uns besser zu fühlen. Mit den einfachen Werktätigen kam man jedoch nicht so oft in Berührung. Stattdessen mit pudellockigen Managern oder Ehemännern drittklassiger Fernsehansagerinnen, die angeblich ›Hollywood-Format‹ hatten und sich allerlei Peinliches einfallen ließen, um ihren Namen gedruckt zu sehen. Und das war noch vor Urinella.

Als Showreporter stand man sich in den Korridoren bei ›Wetten, dass?‹ und nach Senderpressekonferenzen die Füße platt. Man wusste, wie Birgit Schrowange spricht, wenn kein Teleprompter läuft, kannte Frank Elstners Glasauge aus nächster Nähe und hatte Roy Black volltrunken erlebt. All das war genug, um dem Schicksal zu danken, dass man nicht berühmt geworden war. Und zu bereuen, dass man nichts Anständiges gelernt hatte.

Ditze, wie meine Kollegen und seine halbseidenen Informanten den Neuzugang nannten, teilte sich mit mir das Redaktionszimmer. Mich siezte er eisern, um zu unterstreichen, dass ich ihm nicht das Wasser reichen konnte. Ditze trug Tennissocken und einen Schnäuzer, der ihn älter machte. Mit Mitte zwanzig fuhr er bereits einen dicken Mercedes. Beim Telefonieren legte er gerne die Füße auf den Tisch. In der Brusttasche hatte er stets ein paar Hundertmarkscheine, zusammengerollt, aber sichtbar.

Dietmar Sägels satte Ruhrpottstimme dröhnte permanent in den Hörer. Handys und Internet benutzte damals noch niemand. Recherchieren hieß nicht googeln, sondern zum Hörer greifen, und zwar so lange, bis irgendjemand einknickte. Der sonore Ton wiegte Sägels Gesprächspartner in falscher Sicherheit und nötigte ihnen gleichzeitig Respekt ab. Witwenschütteln war Ditzes Spezialgebiet. Als der Schauspieler Gerd Fröbe starb, da rief mein unerschrockener Kollege sofort bei Fröbes Frau an. Woher hatte er bloß immer all die Privatnummern – bezahlte er dafür in bar? Nach einer schleimigen Beileidsbekundung arbeitete Sägel sich schnell zur Sache vor, bevor die überrumpelte Frau auflegen konnte.

»Frau Fröbe, Ihr Mann war schließlich eine öffentliche Figur – da sind Sie doch weiß Gott verpflichtet, für die Nachwelt

Auskunft über die genauen Umstände seines Todes zu geben. Denken Sie an die Fans, an das Publikum!«

Goldfingers Leiche war noch keine 24 Stunden kalt, da musste Karin Fröbe sich drohen lassen, zu »kooperieren«, weil ja »in der Ehe auch nicht alles so rosig lief, wie Sie und ich wissen. Denken Sie an unsere Auflage.« Der alte Trick funktionierte, selbst bei einer Ehefrau Nummer fünf. Sie lenkte erschrocken ein.

Als Dietmar Sägel meinen ungläubigen Blick sah, zog er seelenruhig ein Deospray aus der Schublade und nebelte seine hochgelegten Tennisfüße ein. Wahrscheinlich hätte er auch mich gerne weggesprüht, vorausgesetzt, er wäre dann an meine Geheimnummern gekommen. Mein goldenes Notizbuch – eigentlich ein weißes Rolodex, das ich abends wegschloss – war zwar nicht so prall gefüllt wie seines, aber ein paar Direktzugänge zu den B- bis D-Promis hatte ich mittlerweile auch aufzuweisen. Immerhin hatte mich Margarethe Schreinemakers persönlich angerufen, um mir mitzuteilen, dass sie schwanger sei. Als Dietmar Sägel das am Nachbarschreibtisch mithörte, lächelte er mich zum ersten Mal semifreundlich an. Ich war vom Stadium der Showamöbe in das des Kriechtiers aufgestiegen. Bis auf seine weißen Socken, sein großkotziges Auftreten und die Dreistigkeit, mit der er Stars, Sternchen und Hinterbliebene drangsalierte, stand unserer Zusammenarbeit eigentlich nichts im Wege.

Nach drei Jahren und gefühlten zweitausend Telefonaten wusste ich mehr, als mir lieb war über Menschen, die ebenfalls keinen anständigen Beruf gelernt hatten und daher unser Blatt mit ihren Trennungen, Outings, Affären, Fehlgeburten, Entzugskuren, Brustkrebsoperationen und Rausschmissen aus der Lindenstraße füllten. Dschungel-Camp-Shows gab es damals noch nicht, auch ›Big Brother‹ war in weiter Ferne. Die öffentliche Schockgrenze lag noch bei Erika Berger, die vor der Kamera Sextipps gab – gesegnete Zeiten. Die Namen und Serien änderten sich im Laufe der Jahre, der Rest blieb gleich: Je unbedeutender der ›Künstler‹, wie Schlagersänger und Soapnebendarsteller von ihren Agenten stets genannt werden, desto größer der Drang, sich für die Leser bis auf den Gebärmutterhals zu entblößen. Der Grad an Zickigkeit und Dünkel verläuft diametral entgegengesetzt zur tatsächlichen Bedeutung für das Weltgeschehen. Er wird verschärft durch sogenanntes Medientraining, das besagte Manager ihren Schäfchen andienen. Wer keine drei Sätze geradeaus denken kann, soll zumindest so inhaltslos daherplappern können wie Heidi Klum. Das ist mehr, als ein junger Mensch mit journalistischen Idealen verkraften kann. Eigentlich hatte ich mal Kriegsreporterin werden wollen, aber nun schlug ich mich mit der Frage herum, ob Thomas Gottschalk ein Toupet trägt.

Es muss nach dem 417. Geplänkel von Dietmar Sägel mit irgendeiner Fernsehschauspielerin gewesen sein, deren Ultraschallbilder letztens im Blatt waren.

»Sie schicken uns ein Foto aus dem Kreißsaal? Während sie pressen? Super! Wir bringen es exklusiv.« Ein Hüsteln. »Natürlich lassen wir es aussehen wie ein Paparazzibild. Der Kopf muss aber zu erkennen sein.« Kurze Pause. »Klar, fünfhundert Mark für Sie, abgemacht – auf Ditze ist Verlass.« Ein öliges Lachen. »Ich weiß, Sie werden das Honorar für einen guten Zweck spenden. Das Kindermodelhilfswerk? Wunderbare Charity. Darüber bringen wir auch noch mal was, ist abgemacht. Wir arbeiten schließlich zusammen.«

Jetzt triefte seine Stimme vor toxischem Schleim. Ich musste gleichzeitig den Drang bekämpfen, mich spontan in den Papierkorb zu übergeben und Dietmar Sägel sein Deospray in den Mund zu stopfen.

Es war Zeit, zu kündigen. Katastrophen anderer Art warteten, auch auf den gefürchteten Ditze: Ihn warb die KREIS-Zeitung ab. Seitdem habe ich nie mehr etwas von ihm gehört, nur seinen Namen über all den Skandalstorys gelesen. Warum jetzt plötzlich Grüße?

Muss i denn, muss i denn

»ES TUT MIR SO LEID«, murmele ich. Das Krokodil ist wieder bei uns und schaut vom Billy-Regal herunter. Seine Schuppen sind staubig, die Augen trüber denn je. Bilde ich mir das ein, oder riecht es giftig? Was macht man nicht alles durch, um in dieses schöne Land zu kommen.

Was ich gerade durchmache, nennt sich ›schlechte Phase‹. Das Tief nach dem Anfangshoch. Das Meer unten im Hafen ist trüb, die Vögel zwitschern matt und im Posteingang ist nur Spam. Kein Redakteur schreibt zurück, kein Telefon klingelt. Große, lähmende Leere. Vergessen vom Rest der Welt. Baxters Renovierungsarbeiten sind seit gestern beendet, und die Schule ist erst um drei Uhr aus. Fünf Stunden noch. Nicht mal mein Lieblingscafé mit der sarkastischen Claude kann mich locken. Ich starre auf die frisch lackierten Fußleisten in der Küche und grübele, ob grau nicht besser gepasst hätte als weiß. Ist das der Anfang des berüchtigten Hausfrauensyndroms? Da hat sich die ganze Auswanderungsaktion aber gelohnt.

Lukas rät mir als Depri-Prophylaxe, mal mehr unter »Leute aus meinem Bereich« zu kommen. Am Schreibtisch daheim fällt mir die Decke auf den Kopf. Außerdem habe ich gerade eine Reportage auf Englisch an ein Magazin in Auckland verkauft. Vielleicht lässt sich da noch mehr machen. Ich habe auch Ideen fürs neuseeländische Fernsehen. Von meinem ersten Treffen mit einem Kiwi-Kollegen verspreche ich mir nicht nur therapeutische Wirkung, sondern auch weitere Kontakte.

»Und, wie gefällt Ihnen Neuseeland?«, fragt mich der in die Jahre gekommene Fernsehreporter, mit dem ich vielleicht in ein Büro ziehen will. Ein angenehmer Mensch. Freundlich, gelassen und professionell, ohne die zur Schau gestellte Getriebenheit deutscher Fernsehfritzen. Außerdem irritiert es ihn kein bisschen, dass Otto ihm die Zuckertütchen von der Untertasse klaut. Geschweige denn, dass mein Sohn bei diesem Nachmittagstermin dabei ist – ziemlich undenkbar bei Wichtigtuern und Karrieremenschen in Hamburg oder Berlin.

»Neuseeland gefällt mir richtig gut, echt klasse!« Ich zwinkere ihn gut gelaunt an. »Na ja, bis auf so manches Essen …«

Ein überdimensionales Fettnäpfchen manifestiert sich aus dem Nichts zwischen unseren Caféstühlen. Claude oder Liam müssen es dort heimlich hingestellt haben.

»Ach ja, welches Essen?«

Noch lächelt er. Kopfüber falle ich vom Sitz in den Napf, dass der Talg nur so spritzt.

»Na, Lamingtons zum Beispiel.« Ich schüttele mich leicht mit gespieltem Ekel. »Einfach scheußlich!«

Der Lamington ist ein keksgroßer, quietschrosa Kuchenwürfel mit Kokosraspeln, aus schaumstoffähnlicher Konsistenz und gemeingefährlich süß. Er ist für Neuseeland so archetypisch wie die Kirschtorte für den Schwarzwald, wenn auch über die Grenzen Aotearoas hinaus aus gutem Grund nicht ganz so berühmt.

»Ach, wirklich?«

Mein Gegenüber lächelt weiter. Aber sein Blick spricht Bände – als ob ich gerade behauptet hätte, dass seine Schwester die größte Hure von Christchurch sei. Oder noch viel schlimmer: Als ob seine Mutter die ganze Nacht in der Küche gestanden habe, um mir persönlich hausgemachte Lamingtons zu backen, die ich jetzt vor ihm ausspucke. Ich hätte das Kleingedruckte auf dem Einreiseformular lesen sollen: ›Don't mention the food.‹

Es gibt nichts mehr zu sagen. Der Kaffee ist ausgetrunken, und Otto quengelt. Der nette Kollege meint, dass er sich bald melden werde wegen des Büros, und dass man sich mal auf einen Drink verabreden solle, und ganz sicher sehe man sich demnächst. Ich weiß, dass er mich nie mehr anruft. Genau wie

Otto nicht mehr zum Spielen bei dem Jungen aus seiner Klasse eingeladen wurde, nachdem ich beim Abholen die Mutter einmal fragte, warum denn im Kinderzimmer pausenlos der Fernseher laufe. Eins zu null für den Fettnapf.

Ich versuche, die Szene aus meiner Erinnerung zu verdrängen. Aber dann fällt mir wieder das Abendessen mit den Assistenzärzten bei uns ein. Es war kurz nach unserer Ankunft. Wir kannten noch sehr wenige Leute oder die falschen. Ich wollte allen zeigen, dass ich keine tumbe deutsche Hausfrau bin, sondern eine kultivierte Gastgeberin. Dass ich ein interessantes Gespräch in Gang bringen kann, mit Rotwein, Politik und hitzigen Diskussionen. Solche Runden vermisse ich.

Ich hatte einen ganz passablen Lammbraten gekocht. Als wir vor den leeren Tellern saßen, wurde es für meinen Geschmack ein bisschen zu ruhig. Da fiel mir doch sofort ein gutes Thema ein: Ohrfeigen! Doch, darüber lässt sich diskutieren. In Neuseeland werden nämlich erschreckend viele Kinder zu Tode misshandelt. Dennoch wollen über achtzig Prozent der Kiwis das Recht behalten, ihre Kinder schlagen zu dürfen. Dazu hatte ich gerade einen flammenden Kommentar für Christchurchs Tageszeitung, die ›Press‹, geschrieben. Jetzt brannte ich auf Reaktionen. Immerhin war der Streit ums Prügeln das größte politische Thema des Jahres gewesen, mit Bürgerinitiativen, Volksentscheid und Aufmärschen. Aber am Tisch wurde es betreten still. Falsches Stichwort. Ich versuchte einen Kurswechsel. Weg vom Kind, hin zur Kuh. Kaum zog das Geplauder wieder an, warf ich die Milchbauern in die Runde, die ihre Gülle in die Flüsse leiten und Neuseelands Ökosystem gefährden. Ob das eigentlich so ›100 % pur‹ sei, wie die Werbung immer behauptet? Irgendjemand sagte »hat wunderbar geschmeckt, Anke«, und »danke, ich nehme noch Salat«, und das war's. Bevor ich mit Abtreibung, Schwulenehe, Auslandsadoptionen, Klimawechsel, Pädophilie oder dem Papst loslegen konnte, brachte Lukas schnell den Nachtisch.

Die Mediziner fingen an, über ihre letzten Fahrradrennen zu sprechen. Ich stellte mir vor, mich nackt auszuziehen, auf dem Esstisch eine Nummer mit David Hasselhoff abzuziehen und dabei laut »Jawohl, Herr General!« zu brüllen. An dem Abend musste ich mich beherrschen, um nicht eine ganze Flasche Wein hinunterzukippen. Als ich mich ins Bett legte, sagte Lukas nur, dass das Lamm perfekt war. Damit drehte er sich zur Wand und machte das Licht aus.

Momentaner Fauxpas-Rekordhalter ist dennoch mein Mann. Er outet sich vor Baxter in einem schwachen Moment als Sitzpinkler. Baxter hat uns gerade über die Gefahr von Haien beim Surfen belehrt. Er hat zwar noch keine gesehen, aber weiß einiges darüber.

»Ich ging in Kiel mal abends aufs Klo und bin fast vor Schreck gestorben«, sagt Lukas. »Rat mal, Bax, was im Abfluss schwamm: eine Fledermaus! Muss irgendwie durchs Fenster gekommen sein.« Er lacht, öffnet eine Bierflasche und schüttelt sich. »Die hatte ziemlich spitze Zähne. Ich sah sie erst, als ich schon saß. Da ist mir aber die Lust aufs Pinkeln sofort vergangen. Mann, war ich schnell vom Sitz runter!«

Baxter schaut ihn mit leichtem Entsetzen an. Aber nicht wegen des norddeutschen Raubtiers.

»Du ... du machst es wie die Mädels? Sag mir, Luke, dass das nicht wahr ist!«

Er ist amüsiert bis fassungslos. Vieles Unaussprechliche hat er deutschen Männern bisher zugetraut. Immerhin sitzen sie nackt in der Sauna, auch wenn sie nicht schwul sind. Aber dass sie so tief sinken und ihr eigenes Geschlecht verraten?

»Na ja, es ist besser für die Blase«, druckst Lukas herum und fischt japanische Wasabi-Erbsen aus der Knabberschale. Hier spricht der Urologe. »Und für die Mitbewohnerinnen.« Hier spricht der Feminist.

Baxter schüttelt den Kopf, nimmt einen tiefen Schluck von seinem Bier und lehnt sich an den Kühlschrank, wo Ottos Essenszettel für die Schule unter einem Magneten klemmt. Diesmal habe ich »SQUEEZED!!« quer über den Orangensaft geschrieben.

Wir weihen unseren Freund in alte WG-Gepflogenheiten inklusive Putzplan, Plenumssitzungen und Umerziehung ein. Letztere funktionierte so: Zeitungspapier rund um die Schüssel kleben, zwei Füße davor aufmalen, dem Stehpinkler drei Bier verabreichen und ihn einer Gewissensprüfung unterziehen, wenn sich die Spritzer auf dem Papier zu Flecken verfärben. Für uns ist das erlebte bundesdeutsche Geschichte. Für Baxter ist es zu viel. Er versteht die Welt des Wasserklosetts nicht mehr.

»Ihr Deutschen hängt sogar Schilder auf der Toilette auf, damit man korrekt pisst? Ja, Wahnsinn.«

»Meistens nur Zettel«, beschwichtigt Lukas. »Irgendein selbst geschriebener Spruch, manchmal hat sich der Kram sogar gereimt.«

»Was – feministische Gedichte über Klobrillen?«

Es ist nichts mehr zu retten. Das Kind ist tief ins Urinal gefallen. Ich mache es noch schlimmer und erzähle Baxter vom Klogeist.

»Das ist eine kleine Polizeikelle, die unter die Brille geklebt wird. Klappt man sie hoch, dann gehen Blaulicht und Sirene an.« Ich kichere und singe, »tatü-tata!«.

»Eine automatische Pinkelpolizei? Haha!« Er glaubt mir nicht. »Warum nicht gleich eine Lichtschranke und Elektroschocks? Ihr habt doch Erfahrung mit all der Technik – ich meine, die Mauer, die Selbstschussanlagen …«

Lukas verschwindet aufs Klo. Es dauert zwei Biere, bis ihm Baxter danach wieder von Mann zu Mann in die Augen gucken kann. Die beiden reden über die Fußballweltmeisterschaft, auf die Lukas zufiebert, aber die Neuseeland noch ziemlich kaltlässt – kein Wunder, da die All Whites auf Platz 78 der Weltrangliste stehen. Irgendwie kommt Lukas auf Baff zu sprechen. In dem antinationalen und antirassistischen ›Bündnis aktive Fußball-Fans‹ mischt auch ein Freund in Frankfurt mit.

»Was – die jubeln aus Prinzip immer für den Gegner?« Baxter schaut Lukas noch entgeisterter an als vorhin. »Aus politischen Gründen?« Er verschluckt sich fast an einer Wasabi-Erbse. »Luke, diesmal verarschst du mich. Solche Fans gibt's nirgendwo!«

Ich verlasse schnell die Küche.

← ← ←

Ein Hoffnungsschimmer winkt am Horizont: Ich mache einen Einwanderungskurs. Lukas hat die Anzeige in der Zeitung gefunden und mir auf den Frühstückstisch gelegt. ›Orientierung für neue Migranten‹, angeboten von einer sozialen Einrichtung. Ich bin auch eine Grantin, wenn auch nicht mehr ganz neu. Aber ob Emi- oder Immi-, ist mir nie ganz klar. Ausländer, genauso wie Touristen – das waren immer die anderen. Die Türkengangs in Neukölln, der Rosenverkäufer nachts in der Kneipe, die Sängerin aus New York, der iranische Freund.

»Die helfen auch traumatisierten Flüchtlingen«, war Lukas' Kommentar. Es sollte ein Scherz sein. Seit sich ein Patient letztens bei ihm entschuldigt hat, weil er den neuen Urologen fälschlich für einen Südafrikaner hielt, hat Lukas wieder Oberwasser. Es gibt also noch Unbeliebtere. Aber wahrscheinlich entschuldigt sich gerade jemand bei einem Holländer, den er für einen Deutschen hielt. So ist die Hackordnung. Bloß nicht zu früh freuen.

»Warum kommst du nicht mit?«, frage ich.

»Komm, ich hab schon genug Fortbildungen im Krankenhaus. Wahrscheinlich steht bald ein Ethikbeauftragter an jedem Krankenbett und wacht darüber, dass ich kulturell sensible Patientengespräche führe. Ich muss auf alles Rücksicht nehmen. Mir reichen die Zeugen Jehovas.«

Er hat gerade die erste Nierentransplantation ohne Blutkonserven hinter sich.

Dass mir die Orientierung als Migrantin in letzter Zeit etwas abhandengekommen ist, liegt an der Fremde. Die Fremde ist der Anfang von etwas Neuem und das Ende des Alten, aber nicht immer ist klar, wo das Gute anfängt und das Schlechte aufhört. Oder umgekehrt. Seit der Ankunft befinde ich mich in einem Niemandsland, wo die alten Spielregeln nicht mehr gelten, aber die neuen noch unbekannt sind. Ich kann mich auflösen oder neu erfinden. Verlust und Verwandlung gehören seit jeher zum Exilanten wie sein abgewetzter Überseekoffer. Das Bild hinkt etwas, denn Lukas, Otto und ich sind keine Verfolgten aus einer Diktatur. Wir sind noch nicht mal Wirtschaftsflüchtlinge. Aber das Dilemma kennen wir, oder deshalb gerade: Ziehen wir in ein Land, das wirklich besser ist? Von der DDR heißt es, viele hätten dort ›das richtige Leben im falschen‹ geführt. Angesichts meiner Anlaufschwierigkeiten in SNN (Schönes Neues Neuseeland) frage ich mich gerade: Gibt es das falsche Leben im richtigen?

Der Kurs beginnt im Hinterzimmer einer Grundschule am anderen Ende der Stadt. Die Fenster sind beschlagen, die Wände mit bunten Schülerzeichnungen zugeklebt. Ein Heizlüfter bläst von unten auf meine Füße. Jede Dreiviertelstunde schrillt eine Glocke. Es ist eng an den kleinen Tischen, aber wir sind auch nur wenige. Meine Mitmigranten stellen sich vor: Ein junger Koreaner namens Kim. Eine Familie mit halbwüchsigen Kindern aus Schottland, blond und käsig, die in ihren pastellfarbenen Wetterjacken wie eine Großpackung Toastbrot anmutet. Eine Kenianerin in einem knallbunten Gewand. Und eine Deutsche. Automatisch studiere ich sie genauer als die restlichen Mitschüler. Dieses Abchecken meiner Landsleute hat etwas Panisches: Wie typisch deutsch sehen sie aus? Wie peinlich kommen sie rüber? Könnte irgendetwas an ihnen wie eine ansteckende Krankheit auf mich abfärben? Da hilft, wie bei der Schweinegrippe, nur: Distanz wahren.
   Die Frau ist größer als ich, athletisch gebaut, wahrscheinlich Mitte Dreißig, hat viele Sommersprossen und ein paar ernste Stirnfalten. Unten trägt sie orangefarbene Crocs, in der Mitte ein T-Shirt mit einem aufgedruckten Kakapo, dem grünen Eulenpapagei, und oben dunkelrot gefärbte Dreadlocks, was mit den Plastiktretern harmoniert. Auf ihrer Brust baumelt ein Anhänger aus Jade – traditioneller Maori-Schmuck. Ihre Ohrringe sind aus Paua, der türkis schimmernden Abalonemuschel. Sehr schön und passend zu all den Spiegel-

rahmen, Aschenbechern, Brieföffnern und neuerdings sogar Klodeckeln im gleichen Ton. Wenn Neuseeland eine Autoindustrie hätte, würden auch Kleinwagen in ›Greenstone‹ und ›Paua‹ lackiert.

Um die Schulter der Deutschen hängt eine schwarze Fahrradkuriertasche, auf der in signalgrün der Grundriss von Neuseeland gedruckt ist. Ob sie auch mit einer Landkarte unserer gemeinsamen Heimat auf ihren Klamotten herumlaufen würde? Oder mit einem Edelweißanhänger um den Hals? Schon schizophren, dass man nur den Kitsch anderer Kulturen mag. Zum Beispiel Holzmasken aus Burundi, aber keine Ölgemälde von Schloss Neuschwanstein.

»Kia ora, I am Eva and I come from Germany«, sagt sie in die Runde und reißt mich aus meinen Zwangsgedanken. Den Maori-Gruß spricht sie »kjeohra« aus – nicht schlecht. Ein echter Eingeborenenprofi. Solche Landsleute lob ich mir. Aber ihr Englisch klingt hart und holperig, richtig teutonglisch. Schon muss ich mich wieder fremdschämen. Der schottische Akzent der Toastbrotfamilie dagegen hat nur Lust auf einen Malt Whiskey am Torffeuer bei mir ausgelöst. Bin ich etwa rassistisch?

»Kia ora«, grüßt unser Kursleiter begeistert zurück, »tena koutou, haere mai!«

Gordon Humphreys heißt der joviale Kahlschädel und freut sich sichtlich über Evas Maori-Kenntnisse. Hoffentlich ist die Deutsche mit den signalfarbenen Entenfüßen keine Streberin. Ich kann Schule jedweder Art am besten mit subversiven Elementen durchstehen.

»Ich werde versuchen, euch alles zu erklären, was am Anfang so verwirrend erscheint. Stellt gerne so viele Fragen, wie ihr wollt. Dafür bin ich hier.«

Auf dem Nachhilfestundenplan stehen unter anderem Tischsitten, Arztbesuche, Stromabrechnung, Versicherungen, Schulsystem, Verkehrsregeln. Sehr gut. Manchmal steige ich in einem unbedachten Moment noch auf der linken Seite ein, wenn ich losfahren will. Das kriegt man nicht so schnell aus sich raus.

Gordon Humphreys beginnt mit einem kurzen Abriss über die Geschichte der Einwanderer in unserer neuen Heimat, darunter auch Deutsche. Die ersten kamen auf der ›St. Pauli‹ an. Heine, Bensemann, Ewers, Drögemüller findet man noch heute in den Telefonbüchern. Bekannt wurde auch Carl Volkner, ein Spion der Kolonialregierung. Der Pastor wurde von den Anhängern eines radikalen Maori-Propheten geköpft. Sie spülten seine Augäpfel im Messkelch hinunter.

»Der Mord gab den Briten einen Grund, noch mehr Land von den Ureinwohnern zu konfiszieren«, sagt Humphreys. Schon sind wir beim Thema. Politisch korrekt wird als Erstes das ›Treaty of Waitangi‹ drangenommen, das die Land- und Kulturverteilung zwischen Maori und früherer Kolonialmacht regelt. Nachdem die Engländer sich ein gutes Jahrhundert nicht um diese Abmachung scherten, wird der Vertrag aus dem Jahre 1840 neuerdings wieder respektiert. Land konfiszieren ist nicht mehr angesagt. Es gab Entschädigungssummen in Millionenhöhe an einige Stämme. Auch alle anderen Bereiche des öffentlichen Lebens, bis hin zu Forschung und Lehre, müssen bis ins Detail mit den Ansprüchen der Maori abgestimmt sein. Das erstreckt sich selbst auf Kindergärten, erklärt Humphreys, damit »bikulturelle Prinzipien eingehalten werden«. Die deutsche Eva nickt bekräftigend. Die Schotten gucken ratlos. Welche Prinzipien – im Sandkasten? In der Puppenecke?

»Damit man zum Beispiel keine Bilder aus Makkaroni klebt«, stößt unser Lehrer tiefer in die Thematik vor. »Bei den Maori wird Essen nämlich nicht zweckentfremdet. Und wenn man Papiermännchen bastelt, sollte man ihnen niemals die Köpfe abschneiden.« Auch Eulen sind als Dekoration zu vermeiden. »In der Maori-Kultur ein Symbol für den Tod.«

Eva schreibt eifrig mit. Gut, dass sie ein Papageien- und kein Eulen-T-Shirt trägt. Den ersten Teil unseres Crashkurses in indigener Lebensart beendet Gordon Humphreys mit einem überlieferten Gedicht, damit wir Ausländer uns willkommen fühlen.

»Mit dem, was ich habe
Mit dem, was du mitbringst
Wird unser Essenskorb gefüllt sein.
Wir, die wir angekommen sind
Mit den Kanus dieser Welt
Wir Nachkommen der vier Winde.
Willkommen in Aotearoa
Einem Platz, wo wir alle stehen.«

Das hätte man mal für die ersten türkischen Gastarbeiter am Fließband in Rüsselsheim schreiben sollen. Wo waren die gefüllten Essenskörbe in Hoyerswerda und Lichtenhagen? Trotz Nudelklebeverbots glaube ich: Von den Nachkommen der vier Winde kann man einiges lernen.

Endlich ist Pause. Eva rührt neben mir in ihrem Nescafé. Ganz Neuseeland ist auf Espresso und Café Latte umgeschwenkt. Aber es gibt noch kleine Enklaven wie dieses Klassenzimmer, einige Fernfahrertränken und verstaubte Büroflure, wo man schlichtes Instantpulver zum Morning Tea reicht.
»Na, hallo.« Sie strahlt mich an.
»Ach, hallo!«
So ist das im Exil. Automatisch kommen wir uns hier näher als in irgendeinem Stillkurs in Schleswig oder einem Seminar in Stuttgart. Eine Zwangsgemeinschaft entsteht, ob man will oder nicht. Meistens will man nicht. Denn was an den eigenen Stall erinnert, stört am meisten. Deshalb erkennen Deutsche einander im Ausland daran, dass sie betont Abstand zueinander halten. Zumindest die ganz Frischen wollen auf keinen Fall dabei ertappt werden, woher sie kommen. Dieses Phänomen legt sich mit den Jahren. Eva muss also schon etwas länger da sein. Vielleicht liegt es auch daran, dass wir beide aus der gleichen Region kommen, wie wir feststellen. Nämlich aus der Peripherie von Bergisch Gladbach, rheinisch-korrekt Bääjischlabbah. Sie aus dem Ortsteil Bensberg (Bännsbärsch), ich aus Schildgen (Schildschen). Nächste Großstadt ist Köln (Kölle). Nä, wat is dat schön! Das verbindet.

Eva ist Sportlehrerin, bekommt aber in Neuseeland keine Lehramtszulassung. Sie müsste ihre Prüfungen nachmachen.

»Das sehe ich nicht ein, ich habe länger studiert als all die Kiwis hier an den Schulen«, sagt sie. »Deren Ausbildung ist doch eh ein Witz. Das kann man gar nicht vergleichen.«

Mit deutscher Qualität kann nichts mithalten. Genauso wenig wie mit deutscher Pünktlichkeit, Genauigkeit, Zuverlässigkeit. Ein Wunder, dass andere Länder überhaupt existieren können. Jetzt unterrichtet Eva in einem Gemeindezentrum Pilates. Dreimal die Woche.

»Und ich habe eine zweijährige Tochter«, sagt sie. »Sie heißt Takaka.«

Takaka ist ein Hippie- und Aussteigernest in Golden Bay, dem nördlichen Zipfel der Südinsel. Malerisch, sonnig und voller eingewanderter Ökos. Da kann man's gut aushalten, zumindest für eine Weile.

»Takaka wurde in Golden Bay in einer Yurte geboren, kurz nach unserer Ankunft. Jetzt ist sie in der Tageskrippe.« Eva zwirbelt eine ihrer Dreadlocks.

»Ich habe zwei Söhne«, sage ich. »Einer wurde hier geboren. Der andere in Deutschland.«

Wir lächeln uns wieder vorsichtig an. Der Schottenvater tritt neben uns. Wir stellen uns kurz vor.

»Anke«, sage ich. »Hi.«

»Tom«, sagt er und nickt.

»Und ich bin Eva, hallo.«

Er beißt in seinen Ingwerkeks und mustert sie eine Spur interessierter. Ein amüsiertes Lächeln macht sich breit.

»Ach – Eva, wie Eva Braun?«

Sie zuckt, als habe ihr jemand mit Stahlkappen auf die Crocs getreten.

»Nein, äh, wie Adam und Eva, schätz ich mal.«

Betretenes Schweigen bei ihr, unschuldige Ahnungslosigkeit bei Tom. Ich springe für sie ein.

»Oder Eva Perón. Eva Longoria. Eva Mendes.«

Erschreckend, wie viele Promis ich noch kenne. Meine Kurskumpanin lächelt wieder.

»Zur Not sogar Eva Herman.«

Die Glocke schrillt. Erleichtert stellen wir unsere Tassen weg.

Vater Schotte will umziehen und daher wissen, in welcher Gegend oft eingebrochen wird. Kim, der Koreaner, ist auf Jobsuche, aber spricht kaum Englisch. Gordon Humphreys blättert mit ihm durch die Prospekte der Sprachschulen. Dann geht unser Helfer zum therapeutischen Teil über, denn von Haus aus ist er Psychologe.

»Ich weiß, wo euch Immigranten der Schuh drückt. Ich kenne so viele Fälle. Kulturschock. Heimweh. Existenzängste.« Er blickt mitfühlend in die Runde, aber seine Stimme klingt aufmunternd. »Das erste Jahr ist das schwerste. Nach sechs Jahren kommt dann noch mal ein Abnabelungsprozess, wenn man weiß, dass man eigentlich nicht mehr zurück kann.«

Die Kenianerin nickt. Sie hat bisher nicht gesprochen. Eva sieht aus, als ob Humphreys einen wunden Nerv getroffen hätte. Ich dachte mir schon, dass sie nach zwei Jahren im gelobten Land nicht hier sitzt, um zu erfahren, wie sie ihr Telefon anmeldet. Sie hebt die Hand.

»Was mache ich«, fragt sie, »wenn ich mir plötzlich nicht mehr sicher bin, ob es richtig war, wegzugehen? Woher weiß ich denn, ob das nur so eine Phase ist, oder ein Problem, das für immer bleibt?«

Typisch. Muss gleich ihr Innenleben vor allen ausbreiten und tiefschürfend herumproblematisieren. Das würde den reservierten Schotten, der Afrikanerin und dem Asiaten wohl kaum passieren. Ich verzeihe ihr die Gefühlsinkontinenz nur, weil sie schon mal auf der Stunksitzung in Köln war.

»Sehr gut, Eva«, sagt unser Einwanderungsexperte. »Hervorragende Frage.«

Schleimer. Oder sind einfach alle immer so unbeschreiblich nett zueinander? Humphreys wirft den Overhead-Projektor an und schiebt eine Folie hin und her.

»Schaut euch mal diese Grafik an. Das ist die sogenannte U-Kurve der Anpassung.« Auf der Tafel erscheint ein Bogen, an dessen Anfang ein Strichmännchen aus dem Flugzeug steigt. »Das ist der Zeitpunkt der Abreise. Ihr seid«, er tippt mit einem Stift auf die Folie und liest ab, »nervös, aufgeregt, fröhlich, traurig.«

An der zweiten Station auf der Abwärtskurve steht das Männlein mit einem Fragezeichen überm Kopf und einem Koffer in der Hand vor einem Schild mit der Aufschrift ›Welcome to New Zealand‹.

»Ankunft: Verwirrt, müde, noch immer froh, abenteuerlustig«, doziert der Therapeut. Das dritte Männchen sieht schon weniger froh aus: »Einsam. Neues Essen, neue Sprache, andere Kultur und Umgebung. Neue Freunde finden.« Doch, es geht tatsächlich noch tiefer auf der Unglücksskala. Männchen Nummer Vier weint ganz eindeutig. Was kommt jetzt – Suizid?

»Zutiefst unglücklich«, liest Humphreys von der Tafel ab. »›Mag mich überhaupt jemand? War es richtig, auszuwandern?‹«

Ich traue mich kaum, die Deutsche anzugucken. Hoffentlich macht sie jetzt keinen Seelenstriptease. Gordon Humphreys' Stift wandert weiter. Endlich zeigt die Kurve wieder nach oben. Strichmännchen lächelt, umringt von zwei anderen Gestalten. »Studiert, hat Freunde, Arbeit, Aktivitäten, alles okay«, leiert Humphreys gut gelaunt runter. Und zu guter Letzt: ein vor Freude in die Luft hüpfendes Wesen am Ende des U. Wir atmen erleichtert auf. Bis der Psychologe nachschiebt: »Der Verlauf der Kurve dauert nach allen Erkenntnissen um die zwei Jahre.« Zwei Jahre? Ich habe das Schlimmste also bald vor mir. Eva seufzt vielsagend. Vielleicht verläuft ihr Biorhythmus atypisch, und sie steckt noch am Beckenboden vom U.

Unser Tag ist fast rum. Die Glocke schrillt diesmal länger. Kinder strömen aus den anderen Klassenzimmern. Draußen knallen Schüler johlend einen Ball an die Wand. Unsere letzte Lektion handelt vom Optimismus. Kiwis, so unser Dozent, mögen Positives. Jeder ist nett zum anderen, so sehr er kann. Das muss aber nichts Verbindliches heißen. »Let's have dinner next week« kann eine Essenseinladung in zwei Monaten bedeuten oder auch gar nicht. Ist aber nicht böse gemeint.

»Tja, alles ganz schön oberflächlich«, raunt Eva leise in meine Richtung. »Da hast du's.« Ihre Mimik zeugt von Tiefgang.

Mir fällt der Kinoabend ein, den ich organisiert hatte. Von sieben Leuten sagten drei zu, einer ab, drei sagten gar nichts und zwei kamen am Ende mit. Ich weiß noch nicht, ob ich meinen nächsten Geburtstag groß feiern werde.

»Gibt es noch ein Thema, das euch besonders interessiert?«

Gordon Humphreys schaltet den Tageslichtprojektor aus.

»Ja«, melde ich mich. »Kiwiana!«

Die Urologenparty ist schon in drei Wochen. Ich brauche Ideen für mein Kostüm.

»Du meinst Rugby, Gummistiefel, Pauamuscheln und Tiki?« Das sind Maori-Götterfiguren, gerne auch aus Plastik. »All die nationalen Symbole?« Ich nicke. Er lächelt. »Das muss man ironisch verstehen. Und historisch.«

Humphreys holt aus. Es gab mal eine Zeit, da hat Neuseeland sich nicht nur im Schatten Australiens gefühlt, sondern sich auch dafür geschämt, neuseeländisch zu sein. Das war der Komplex der Kolonie, geschürt von Mutter England. Um nicht als Hinterwäldler zu gelten, mussten Musik, Mode, Essen, Kunst und Bücher von ›overseas‹ kommen. Hauptsache nicht ›Made in NZ‹. Viel zu peinlich.

»Es ist das nationale Äquivalent zu einem Short-Man-Syndrom.« Humphreys klingt jetzt wie ein Soziologe. »Der übliche Begriff dafür ist ›cultural cringe‹.«

Schämen im Kollektiv? Kommt mir bekannt vor. Doch die Schottenfamilie ist damit nicht zufrieden. Bei ihrem Sohn regt sich Protest.

»Aber was ist mit ›Der Herr der Ringe‹?«, wirft der Jugendliche ein. »Jeder weiß doch, wie cool Neuseeland ist, wegen Peter Jackson und so. Deshalb wollte ich überhaupt mit.«

Der Fachmann für fremde Sitten nickt.

»Das war mit Abstand die erfolgreichste PR-Kampagne, die ein Land je gestartet hat – den Hobbits sei Dank. In den dunklen Zeiten davor hat man uns doch für einen Teil von

Australien gehalten.« Er lacht. »Jetzt hält man uns für Mittel-erde.«

Mit der Tolkien-Trilogie rückten mehr Besucher denn je zuvor an. Ich erinnere mich – Otto wurde damals gerade geboren. Das ganze Land war im Frodo-Fieber. Jeder Pizzaauslieferer, Pferdezüchter und Luxuswohnmobilverleiher rühmte sich, direkt oder indirekt an den Dreharbeiten mitgewirkt zu haben. Auch der Terroranschlag vom 11. September half langfristig dem Neuseelandtourismus. All das Altmodische und Abgeschiedene von Aotearoa war plötzlich erstrebenswert. Heile Welt statt kaputte Urbanität, dazu Gletscher, Geysire, Delfine. Und nicht mal gefährliche Tiere.

Zum Abschluss zieht Gordon Humphreys für jeden von uns eine Kopie des Time-Magazins aus seiner Tasche. ›Cool Kiwis‹ lautet die Schlagzeile aus dem Jahr 2003.

»Schaut euch das an: Unser Image-Aufschwung war denen eine Titelgeschichte wert. Wahrscheinlich dauert es Jahrzehnte, bis wir es je wieder auf so ein Cover schaffen.«

Eva steckt das Heft in eine DIN-A-4-Mappe, die mit Nikaupalmen verziert ist. Die Schotten verwickeln Humphreys in eine letzte Diskussion über den Immobilienmarkt.

»Eigentlich sind wir doch Glückspilze«, sage ich zu Eva, als wir über den Schulhof laufen. Der Crashkurs hat Spaß gemacht und einiges ins Lot gerückt. Christchurch fühlt sich gerade wieder gut an.

Eva wickelt sich ein buntes Tuch um den Hals und schaut mich an.

»Ja, aber das ist so, als ob man sich verliebt: die Euphorie am Anfang, die Begeisterung, sich entdecken.« Sie bleibt am Fahrradständer stehen. »Aber wenn sich die ersten Schwächen zeigen, dann kommt doch die Frage: War's das jetzt – oder wird es noch die große Liebe?«

Claude hat mir die Adresse von ihrem Studio gesimst. Auf dem Rückweg vom Kurs fahre ich an manikürten Gärten entlang. Im Stadtzentrum entlädt die historische Straßenbahn vor der Kathedrale gerade eine Ladung Touristen. Vor allem Japaner sind von der ›britischsten Stadt außerhalb Europas‹ angetan und lassen sich von schmucken Stechkahnfahrern in Weste und Strohhut über den Avon gondolieren. Der Rest des Landes wird nicht so gerne daran erinnert, wie England vor fünfzig Jahren aussah. Von den Nordlichtern Neuseelands wird Christchurch so ähnlich eingestuft wie Bayern in Hamburg: als hübsch, aber hinterwäldlerisch und erzkonservativ. Im intellektuellen Wellington und der Kommerzhochburg Auckland gilt Christchurch als überdurchschnittlich weiß (stimmt) und langweilig (stimmt nur, wenn man die Kunstszene, das Art Festival, die vielen Restaurants, das Busker Festival, die Großkonzerte, das Literaturfestival, die Outdoor-Raves und internationale Sportveranstaltungen wie das jährliche ›Coast to Coast‹-Rennen komplett ignoriert).

Die Stahltür im ersten Stock eines alten Lagerhauses ist angelehnt. Claude sitzt im Schneidersitz auf dem Boden und hackt in die Tastatur ihres Laptops. Neben ihr hockt ein ausgestopfter Vogel, dem ein Flügel fehlt. In der Ecke steht eine Kamera auf einem Stativ, dahinter das übliche Fotografenzubehör wie Leuchten und Reflektoren.

»Sorry, ich chatte gerade«, sagt sie und starrt auf den Bildschirm. Sie pfeift und wiegt den Kopf. So kenne ich die Espressonistin noch gar nicht. Ich schiele über ihre Schulter aufs Laptop und sehe mindestens zehn Zeilen, die nur aus x und o bestehen – Küsse und Umarmungen. Die kühle Blonde ist im Flirtfieber.

»Ah, deine neue Flamme aus München?«

Claudes Deutschlandfetisch erstreckt sich auch auf die Einheimischen. Bevorzugtes Jagdrevier ist Bayern, wegen der niedlichen Mundart und der Weißwurst.

Sie nickt als Antwort und tippt dabei weiter. Wahrscheinlich störe ich.

»Schau dich nur um«, sagt sie und blickt kurz auf. »Das ist noch die alte Serie. Als Nächstes kommen Tui dran.«

An den Wänden lehnen gerahmte Schwarz-Weiß-Bilder. Auf allen sind überdimensionale Kiwivögel abgebildet, verfremdet und verzerrt. Was hatte ich erwartet – Aktfotografien? Sozialreportagen? Die Tiere sind frisch geschlüpft, überfahren, bei der Paarung, flüchtend, schlafend, aber niemals in der Luft. Kiwis können nicht fliegen. Auch ein riesiges Ei ist darunter. Es erinnert entfernt an ein Atomkraftwerk.

Dass die Künstlerin Claude Nationalsymbole verewigt, beruhigt mein verkorkstes deutsches Gemüt. Vielleicht kann ich als Immigrantenlehrling einfach mitziehen. Kiwiana als Chance. Fremdpatriotisieren statt fremdschämen. Langsam freue ich mich auf diese Urologenparty.

»Echt tolle Bilder.« Ich zeige in den Raum und stolpere dabei über das ausgestopfte Modell auf dem Boden. Der Tui-Flügel ist jetzt geknickt. Claude scheint es nicht zu registrieren.

»Fotografierst du auch noch anderes, außer Vögeln?«

Sie klappt endlich den Laptop zu.

»Eher ungern. Aber sag Bescheid, wenn du mal eine Fotografin brauchst. Ich hab früher einiges für Zeitschriften gemacht.«

Der Kaffee, den sie mir auf ihrem Gaskocher macht, schmeckt so gut wie der Flat White in Lyttelton. Wir pusten in unsere Becher. Ich erzähle ihr vom Kurs und dem ›cultural cringe‹. Claude meint, daraus sei doch in einer 180-Grad-Wende längst das Gegenteil geworden.

»Wir sind in unser eigenes Image verliebt. Alles Gute kommt jetzt aus ›Godzone‹.« Sie rollt die Augen und gießt sich Kaffee nach.

»Aber ist das nicht super für die Musikszene?« Ich erinnere mich an die Gespräche mit Baxter. So schnell will ich mir meine frisch entflammte Euphorie nicht nehmen lassen. »Früher hatten neuseeländische Bands doch nur im Ausland eine Chance.«

»Ach, es ist so inzestuös. Kunst, Literatur – alles dreht sich nur um dieses kleine Land. Zähl mal, auf wie vielen Bildern du Nikaupalmen und Pohutukawa siehst. Das ist doch viel extremer als bei euch mit den röhrenden Hirschen.«

Als ich eine Stunde später ins Auto steige, klebt eine schwarze Feder an meinem Schuh.

Kein schöner Land in dieser Zeit

UNSER ZWEITER SOMMER im Land der langen weißen Wolke ist ein Sommer der langen schwarzen Regenwolken. Es schüttet im Dezember, zur Weihnachtszeit, was wunderbar ist, weil es uns ganz besinnlich stimmt. Im Jahr davor zogen wir an Heiligabend die Gardinen zu, damit es etwas dunkler wurde und man den Kerzenschein vom Tannenbaum zumindest erahnen konnte. Draußen ging ein brüllend heißer Tag noch lange nicht zu Ende, halb Christchurch war am Strand, und unsere Ente mit Rotkohl lag in der Hitze viel zu schwer im Magen. Wir fühlten uns deplatziert in dieser halbgaren, halbheimatlichen Blockflötenstimmung – es war ein fauler Kompromiss. So einfach kann man die Kontinente nicht austauschen. Aber ein bisschen Tradition wollten wir uns noch bewahren. Dank des grauen Himmels kommen wir dieses Jahr noch mal drum herum, die Bescherung auf den Morgen des ersten Weihnachtsfeiertages zu verschieben und so zu feiern, wie es sich in diesem Land gehört: mit einem großen Lunch oder Grillen am Strand. Je nach Wetterlage werden wir uns dann zum nächsten Weihnachtsfest wohl endgültig assimilieren müssen.

Leider gießt es auch im Januar, während noch vier Wochen lang Sommerferien sind. Alles steht unter Wasser, von der Straßenkirmes in Lyttelton bis zum psychedelischen Rave in den Bergen. Aber schlechtes Wetter ist für naturverbundene Kiwis kein Grund, nicht zelten zu gehen. Das ist allein schon eine Frage der Egalität. Weil sich das ganze Land während der Ferien im Campingurlaub befindet, herrscht Sauregurkenzeit für die Tageszeitungen. Reporter werden losgeschickt, um festzuhalten, was sich im Arbeiter- und Zeltaufbauerstaat in diesen Wochen zwischen Nylonwänden und Luftmatratzen abspielt.

So findet das Lokalblatt prompt ein paar hartgesottene Camper in einem Küstendorf, die tapfer Heringe in den Matsch rammen. Die beiden Touristen sehen auf dem Foto in der ›Press‹ ziemlich vermummt aus. Es muss dort seit Tagen in Strömen gegossen haben. Auf ihren schwarzen Kapuzenpullis prangt der Schriftzug ›FC St. Pauli‹. Der Anblick wärmt mir das Herz. Der Campingplatz, so lese ich, wird von einem Deutschen geführt, der dort vor über 15 Jahren mit dem Motorrad hängen blieb. So weit, so gut.

Ich habe die durchnässten St.-Pauli-Fans längst wieder vergessen, bis ich eine gute Woche später in meinem Lieblingscafé sitze und durch das Sonntagsmagazin blättere. Der Starkolumnist des Heftes muss den gleichen Camping-Artikel gelesen haben. Ein Deutscher als Zeltwart? Zum Brüllen komisch, dachte sich der sonst so kluge Mann. Camping klingt nach camp, und das heißt Lager. Also schrieb er ein fiktives Schmunzelstück über einen ›Gunter Netzer‹, denn es ist ja auch schwer, sich einen deutschen Namen auszudenken. Immerhin kam er nicht auf Boris Bäcker. Der Zeltwart, so lese ich mit ansteigendem Unwohlsein, geht brav seiner Wartungstätigkeit auf der Zeltwiese nach. Erfundenes Netzer-Zitat: ›Ich führe nur Befehle aus.‹

Claude hat die Kolumne auch gelesen. Sie zeigt auf die Seite, als sie mir meinen Flat White bringt.

»Immerhin hat er dem Mann keine ›bratwurst legs‹ angedichtet oder ihn ›Jawohl!‹ brüllen lassen.«

»Ich kannte das bisher nur aus den Zeitungen in England«, sage ich. »Da gilt: Bloß keine Klischees vermeiden, vor allem solche aus alten Kriegstagen, denn die ziehen immer noch.«

»Aber das ist doch bei allen so. Du merkst es nur nicht.« Sie zeigt zu Liam hinüber. »Wenn ich ihm zum Beispiel von München erzähle, von den Ausstellungen in der Pinakothek und den Filmen, die ich dort gesehen habe, dann weiß ich genau, was in dem Moment in seinem Hinterkopf abläuft: ›Don't mention the war, don't mention the war‹. Er sieht im-

mer nur peitschenknallende Offiziere mit Monokel vor sich.«
Sie seufzt. »Vergiss nicht, wie weit weg Europa ist.«

Ich muss an Hamish Dickinson denken, den arroganten
Briten. Für den ist Europa ziemlich nah. Claude räumt meine
Tasse ab.

»Die Kiwis wissen gar nicht, was sie Hitler zu verdanken
haben«, bricht es aus ihr heraus. Ich zucke innerlich zusammen.
Ihre Germanophilie war mir von Anfang an nicht ganz
geheuer.

»All diese kreativen, klugen, kultivierten Europäer, die sei-
netwegen hierhergeflohen sind und uns kreativer, klüger und
kultivierter gemacht haben. Karl Wolfskehl, Ernst Plischke,
Karl Popper, Theo Schoon ...«

Ich atme leise auf. Bevor ich Claude fragen kann, wer
denn Theo Schoon ist, verschwindet sie wieder Richtung
Theke. Liams Zen-Geduld ist wohl bald am Ende, was unsere
Schwätzchen während ihrer Arbeitszeit betrifft.

Ich lege die Campingparodie zur Seite. Sie endet mit der
Prophezeiung Gunter Netzers, dass dieses Jahr ein ›Ansturm
von Deutschen‹ erwartet würde. Das klingt schwer nach
Stechschritt, selbst wenn die Germanen in Wohnmobilen einfallen. Soll ich einen Leserbrief schreiben? Ach was. Viel zu
deutsch.

Als Otto aus der Schule kommt, zieht er einen grün-weißen
Aufkleber aus seinem Rucksack.

»Den hat mir die Frau aus der Cafeteria heute mitgege-
ben.«

Er stammt von einer Orangensaftflasche. ›Squizeed Orange
Juice‹ steht darauf. Es ist ein Markenname.

»Und Mama, kannst du bitte nicht mehr Sachen auf meinen
Lunch-Zettel schreiben?«

Oh, diese Schande. Ich verschwinde schnell aus der Küche
in die Garage. Dort wühle ich mich durch die noch nicht ganz
ausgepackten Kisten. Tief unter den Schlittschuhen finde ich
sie: die St.-Pauli-Fahne mit Totenkopf. Lukas hat sie aus Sentimentalität damals mit in den Container gepackt. Vor unse-

rem Haus steht ein langer, verwitterter Pfahl, an dem wohl mal früher eine Laterne hing, als die ersten Siedler im Hafen einschifften. Otto klettert auf meine Schultern und bindet die Schnur so weit oben wie möglich fest. Falls die teutonischen Massen nach Christchurch vorrücken sollten, bin ich gewappnet. Seit heute zeige ich Flagge.

»Wart ihr früher Piraten?«, fragt das Nachbarskind über den Zaun hinweg und zeigt auf die Fußballfahne. Wie niedlich. Das kommt davon, wenn man in jungen Jahren zu oft auf dem Rainbow Gathering oder anderen Hippie-Festivals war. Dann besteht die Welt nur aus Seeräubern, Nomaden, Jonglierern und Feuerschluckern. Das Mädchen mit den verfilzten Haaren und Apfelbäckchen heißt Chili, aber zum Glück nicht mit Nachnamen Carne. Cumin ist ihr kleiner Bruder und Pepper das 18 Monate alte Baby. Mutter Judy ist meine Masseurin und wieder schwanger. Ich tippe mal, da ist ein Oregano oder eine Vanilla unterwegs. Unsere Nachbarn sind prima Leute mit ausgeprägtem Umweltbewusstsein. Familie Non-Carne lebt fleischlos, was ja sinnvoll ist, und mag auch keine Gelatine. Als Jakob Chili mal Gummibärchen anbot, gab sie die brav zurück: »Darf ich nicht essen.« Das kannte ich bisher nur aus deutschen Müttergruppen, Schwerpunkt ›Allergien auspendeln‹.

Die hochschwangere Judy, in verwaschenes Lila und indische Schals gekleidet, winkt mich oft auf eine Tasse Kräutertee auf ihre Veranda herüber. An der Brust nuckelt stets das kleine Pfefferkorn, festgezurrt in ein Wolltuch. Wir plaudern über Reisen nach Vietnam, über den geplanten Ausbau des Hafens, über Jakobs erstes Rugbytraining und das Scheitern Neuseelands, außer atomfrei auch frei von Genmanipulation zu werden. Bei jedem Besuch erfahre ich, welcher Vogel gerade im Garten trällert und aus welcher Richtung heute der Wind weht. Kiwis haben eingebaute Wetterfähnchen. Judy mag besonders den föhnartigen Nor'wester und fürchtet den garstigen, kalten Southerly, während ihr Lebensgefährte Nick nicht viel vom frischen Nor'easter hält. Ich kann gerade mal die Himmelsrichtungen auseinanderhalten und weiß, dass die Sonne mittags im Norden scheint.

Nick ist genauso handfest, naturverbunden und herzlich wie Judy. Meistens wurschtelt er irgendwo im Hintergrund rum und repariert etwas. Mit seinem langen Bart sieht Nick aus wie Jesus. Er trägt alte Karohemden und gerne Gummistiefel. Wenigstens einer, der seinem nationalen Stereotyp treu bleibt, wenn Lukas schon eine solche Enttäuschung ist und Lederhosen verschmäht.

Schwer zu sagen, ob und wann Nick arbeitet. Danach fragt man nicht sofort. Wer seine Karriere zu ernst nimmt und sich damit wichtigtut, macht sich schnell unbeliebt. Was zählt, ist Spaß zu haben und Zeit für Freunde und Familie. Das haben Nick und Judy in Massen. Vor ihrem Eingang liegen zwischen Wäschekörben und Dreirädern zwei alte Longboards herum, auf die Lukas immer neidisch schielt.

Judy ruft oben von der Veranda runter. »Anke?« Es klingt wie ›Änki‹, und das klingt wie ›hanky‹ – Taschentuch. Ich hätte mir bei der Einreise mal lieber eine gebrauchsfreundliche Abkürzung wie ›Ann‹ zulegen sollen. Jetzt ist es zu spät. Rotzfahne forever.

Judy winkt mit der freien Hand und hält mit der anderen ihr Baby in Michael-Jackson-Manier über die Brüstung, von der die rosa Farbe abblättert. Bis auf die Gelatinephobie ist sie eine sehr lässige Brüterin. Unsere Nachbarin ist der Gegenentwurf zu den 150-prozentigen Supermuttis, die deutsche Spielplatzbänke und Heilpraktikersprechstunden okkupieren, getrieben von dem Wahn, nicht genug für die perfekte Entwicklung ihres Kindes zu tun. Pepper hat gar keine Ahnung, wie gut sie's im internationalen Vergleich getroffen hat. Ihr Sabber tropft neben der Veranda ins Gras.

»Wir machen heute einen Kirtan-Abend, Chanting mit Ashana. Vorher gibt's ein Potluck. Kommst du auch?«

Klar komme ich. Böse Menschen kennen keine Lieder. Außerdem hat mir Stefano, mein ganzheitlicher Friseur, empfohlen, an meinen Chakras zu arbeiten, damit sie sich öffnen. Das soll auch den Haarwuchs unterstützen. Stefano sieht mit seinem langen Pferdeschwanz und sanften Blick sehr italienisch aus, ist aber eigentlich ein schwäbischer Stefan. Ein Buchstabe mehr macht sich in der neuen Heimat immer gut, solange der Akzent irgendwie fremd klingt. Und als Italiener hat man deutlich weniger Imageprobleme. Wie gerne würde ich mal jemanden ausrufen hören: »Nein, echt, du bist aus« – da geht dann die Stimme hoch – »Deutschland! Ach wie toll. Euer Essen, diese Kultur! Die Sprache, die Lebensart! Und dein Mann ist sicher ein feuriger Liebhaber …« – lang gezogenes Seufzen, frivoler Blick. Vielleicht nerven auch italienische Klischees irgendwann. Vielleicht. Ich werde es nie erleben. Stattdessen: Lagerwärter Gunter Netzer.

Vor dem spirituellen Einsingen gibt es ein vegetarisches Essen in gemeinsamer Runde. ›Potluck‹ bedeutet, dass jeder etwas mitbringt. Diese nette neuseeländische Tradition ist eine der größten gesellschaftlichen Stolperfallen für frisch Eingewanderte. So manche begriffsstutzige Deutsche, und nicht nur die, hat die Aufforderung »Ladies, bring a plate« wörtlich verstanden. Da staunten die Hausfrauen in Kerikeri oder Little River aber nicht schlecht, wenn die neue Nachbarin mit dem komischen Namen und dem zwanghaften Händedruck statt Würstchen im Schlafrock einen leeren Teller mitbrachte. Nun, es könnte doch durchaus sein, dass die Kiwis an Geschirr sparen, oder?

Solche historisch überlieferten Peinlichkeiten passieren mir nicht. Immigrieren für Idioten – das war gestern und anschließend in allen Auswandererdokus. Ich backe Kürbismuffins mit Feta: weltläufige Zutaten in einfacher Aufmachung, weder zu edel noch zu exotisch. Niemanden verschrecken heißt meine neue Devise. Käsespätzle heb ich mir fürs nächste Mal auf.

Das Schöne an Neuseeland ist, wie der Name schon sagt, dass alles so neu ist. Wo man kulinarisch so lange abgeschieden war, da wird sich noch richtig gefreut, wenn es unbekannte Lebensmittel ins Land schaffen. Das sind die letzten Zuckungen des cultural cringe. In einem Land, das seit Menschengedenken nur zwei Sorten Käse kannte – Cheddar mild und würzig –, ist Parmesan daher eine Evolutionsstufe. Selbst der simpelste Gouda erstrahlt in nie gekanntem Glanz und lässt sich neben Salami, Kapern und Olivenöl als Delikatesse feiern. Das ist alles sehr erfreulich und verträgt sich bestens mit dem hervorragenden Lamm, Lachs und anderen Leckereien aus heimischer Produktion. Aber bald kann man zwischen Kataia und Invergarcill nichts Essbares mehr kaufen, das nicht mit sonnengetrockneten Tomaten veredelt wurde. Da kann ich mit meinen mediterranen Muffins sicher mithalten, auch wenn die Dinger etwas trocken geraten sind.

Tibetische Gebetsfahnen wehen von der Veranda vor Judy und Nicks Holzhaus. Ich kenne garantiert niemanden dort drinnen. Was nicht verkehrt ist, wenn man zum ersten Mal »Hare Krishna, Hare Rama« schmettert. Mit meinem Muffinteller in der Hand klopfe ich an die Tür. Die fremde Frau, die öffnet, umarmt mich so lange, dass meine Muffins fast vom Teller rutschen. »Hi, ich bin Joke!«

Ich versinke in üppigem Fleisch und Moschusaroma.

»Ach – Yoko, wie Yoko Ono?«

Sie sieht wie das diametrale Gegenstück zu der Lennon-Witwe aus: groß, kräftig und weizenblond.

»Nein, J-o-k-e, wie der Witz. Ich komme aus Holland.«

Das Wohnzimmer ist dunkel, es brennen nur Kerzen. Auf dem Kaminsims liegen Kristalle, daneben steht eine kleine Buddhafigur. Räucherstäbchen glimmen. Judy und Nick sitzen auf dem Boden zwischen zwei Gestalten, die nach Askese und Heilfasten aussehen. Liam, der kampfsporterprobte Zen-Meister, ist auch da. Und daneben sitzt Eva aus dem Einwanderungskurs in einem ›Lord of the Rings‹-T-Shirt. Was für eine Überraschung. Den Deutschen kann man nicht entkommen. Der Kolumnist der Sonntagszeitung hatte doch recht.

»Bist du auch Vegetarierin?«, fragt sie. Ihr Lächeln bringt die Sommersprossen in Bewegung. Vielleicht verbindet gemeinsamer kulinarischer Glaube noch stärker als der Kölner Karneval.

»Äh, nein, nur Nachbarin.«

»Ach so. Aber immerhin chantest du mit uns, wie schön.«
Sie ist wirklich nett. Ich hoffe, ich muss sie nicht enttäuschen.

»Ich ... ich bin zum ersten Mal dabei.«
Eine Frau mit Indianerzöpfen und vielen Silberringen betritt
den Raum. Etwas Seidenes in Meeresfarben raschelt um ihre
Hüften. Judy rutscht zur Seite und macht ihr Platz. Die anderen werden still. Das muss Ashana sein, die Yoga-Queen von
Lyttelton. Sie gibt einmal im Jahr geheimnisumwitterte Tan-
tra-Workshops in Fidschi, bei denen es – je nachdem, ob man
Nick glaubt oder Judy – zu Massentrennungen oder Massen-
orgien kommt. In beiden Fällen ist Ashana mit ihrer Ganz-
körperarbeit involviert. »Ashana hat starke Energie«, hat mir
Stefan/o, der Friseur, vorgeschwärmt.

Vor dem Kamin haben Judy und Nick eine Tischdecke auf
dem Boden ausgebreitet. Ich stelle meinen Teller ab und setze
mich neben Eva und Liam in den Kreis. Wir fassen uns an den
Händen. Alle schließen die Augen.

»Danke für dieses Essen«, höre ich Ashana sagen. Sie ist
wohl so was wie die Zeremonienmeisterin. »Für die, die es
wachsen ließen und es mit Liebe zubereitet haben. Für die kos-
mische Kraft, die darin steckt. Danke.«

Muss ich jetzt »Om« statt »Amen« sagen? Wir öffnen wie-
der die Augen, schweigen uns an und lächeln. Ich lasse die
Hände los und greife beherzt zu. Einen Schlag Curryreis, einen
Haufen Salat, einen Löffel Kichererbsen – was das ebenerdige
Buffet halt hergibt. Die anderen sind noch nicht so weit. Erst
mal wird inspiziert. Meine Muffins sind im Visier.

»Ist da Tofu drin oder Käse?«, fragt mich die Holländerin,
die mich vorhin an der Tür fast erdrückt hat.

»Griechischer Feta«, antworte ich ahnungslos. Sie rückt
mitsamt ihrer Tüchermasse deutlich von mir und meinem
Gebäck ab. Kein guter Start. Ashana hat einen meiner Muffins auf ihrem Teller. Sie bricht ein Stück ab und prokelt den
Schafskäse heraus, als ob er Schimmel sei. Dann betrachtet sie
den bröckeligen Rest in ihrer Hand.

»Hast du Eier verwendet?« Langsam kapiere ich, was hier auf dem Spiel steht.

»Ja, von frei laufenden Hühnern«, sage ich. Die Schale war braun – ob das zusätzlich zählt, in einem bikulturellen Land?

»Glutenfreies Mehl?«, fragt sie. Ich nicke. Von wegen. Ashana guckt, als ob sie mich durchschaut hätte.

»Und welche Milch ist drin?«, fragt sie.

Ihr Lächeln hat jetzt Kühlschranktemperatur.

»Auch bio«, versichere ich. Dennoch reingefallen. Es hätte natürlich Sojamilch sein müssen. Ashana frostlächelt weiter. Das Stück Muffin lässt sie auf den Teller plumpsen, als ob es Asbest sei. Ihr Interesse an mir ist erloschen.

Ich kaue und lausche den anderen. ›Workshop‹ und ›Heilen‹ höre ich zwischen den Bissen heraus. Nick lehnt sich zu mir herüber.

»Na, vermisst du nicht Bier und Sauerkraut?«

Buddha sei Dank – jemand spricht mit mir. Erst jetzt bemerke ich, wie viele Lachfältchen Nick hat. Sein Jesusbart ist unten zusammengezwirbelt.

»Ich vermisse vor allem Lakritze«, sage ich. »Eine alte Sucht.«

Er nickt mir freundlich zu. Dann nehme ich mir ein Herz.

»Was machst du eigentlich, ähm, beruflich?« Es klingt so indiskret, wie einen Priester auszuhorchen, ob er auf kleine Jungs steht.

»Ach, ich bau nur so Sachen«, sagt er. Jetzt ist es mir wirklich peinlich. Womöglich macht er Laubsägearbeiten. Als Langzeitarbeitsloser.

»Er entwirft Spezialzelte für die Antarktis«, erklärt Judy und lehnt sich auch zu mir hin. »Nick geht als Ingenieur mit auf die großen Expeditionen. Gerade wurde ja das Eis aufgebohrt, weißt du, dieses Milliardenprojekt.«

»Wow.« Edmund Hillary, der Erstbesteiger des Mount Everests, bezeichnete sich auch immer nur als Bienenzüchter. »Wie viele Zelte hast du denn schon gebaut?«

»Ach, nur'n paar.« Er taucht eine Selleriestange in Hummus.

»Über fünfhundert«, sagt Judy. »Im Dezember geht's wieder los. Die Hütten von Scott und Shackleton werden gerade renoviert. Dann ist auch das Baby da.«

Nick reibt sanft Judys runden Bauch. Eva reicht mir eine aufgeschnittene Persimone zum Probieren. Ashana erklärt Liam, dass sie vegansexuell ist. Intimer Kontakt nur mit anderen Veganern.

»Du bist, was du isst. Wenn du Fleisch konsumierst, bist du ein Friedhof für Tiere. Stell dir mal vor, wie das in alle Körperflüssigkeiten geht.«

Ihr Lächeln für Liam ist wieder ganz Tantra. Ich glaube, ich bin satt.

Die holländische Drückerin mit der Käseaversion hebt den Deckel von einer Ofenform ab.

»Nachtisch für später!«, zwitschert sie, und eine Wolke aus ihrem Moschusgeruch und warmem Apfelaroma aus der Schüssel wabert herüber. Zu dem Auflauf hat sie eine Vanillesoße gemacht. Sie rattert die Zutaten herunter: Pfeilwurzelmehl, Reismilch, Agavensirup.

»Ohne Milchprodukte und Zucker!«

Ihre Augen glänzen in froher Erwartung, als ob sie auf Lob wartet. Ashana schenkt ihr ein Lächeln. Auch die anderen nicken anerkennend. Ich spüre einen Stich von Eifersucht. Italienisches Flair ist doch nicht alles. Meine Muffins werden trotz Trendzutaten verschmäht. Judy hat als Einzige einen verdrückt, aber sie ist schließlich schwanger und ständig hungrig. Irgendwas muss passieren, sonst versagt mir nachher beim Singen vor gebrochenem Selbstbewusstsein die Stimme. Eva stößt mich leicht mit dem Ellbogen an.

»So viel gute Energie um uns herum, was? Nach so einer Community musst du woanders lange suchen.«

Ich mache ihr ein Kompliment für ihren Curryreis, in dem ein Löffel mit grünem Plastik-Tiki als Stiel steckt.

»Ist aus der Dose«, raunt sie mir zu. »Ich kann nicht kochen.« Sie wird mir noch richtig sympathisch.

Ashana reicht einen handgetöpferten Teller mit sechs graubraunen Fladen herum. Sie sehen wie die Innenteile von

Hamburgern aus, die zu lange in der Sonne gelegen haben. Ich traue mich nicht zu fragen, ob die Jammerlappen aus Grünkern oder Quinoa sind.

»Nimm dir einen«, sagt sie mit ätherischer Stimme, aber schaut dabei an mir vorbei. Das Gefühl einer kläglichen, nie mehr gut zu machenden Niederlage kriecht mir ins Herz. Der Abend ist für mich gelaufen.

»Ich glaub, ich kriege Halsschmerzen.« Ich räuspere mich mit kratziger Stimme in Richtung Judy und Ashana. Beim Aufstehen lege ich Eva die Hand auf die Schulter. »Müsst mich bitte entschuldigen. Ein anderes Mal.«

»Na, schöne Lieder von Ravi Shankar gesungen?«, frotzelt der Arzt, mit dem ich lebe. Lukas schmiert sich gerade eine dicke Stulle mit Schinken, als ich vom Kirtan nach Hause komme. Konsterniert schaue ich ihm beim Kauen zu und erzähle von meinem kulinarischen Fehltritt: Eier, Milch, Käse.

»Schlimmer kann man sich kaum blamieren, Agrarnation hin oder her.« Ich stecke zwei von meinen Muffins in Ottos und Jakobs Brotdosen und zerknülle den Lunchzettel.

»Hast du schon mal von Orthorexie gehört?«, fragt Lukas. »Das ist die neueste Essstörung aus Amerika, entdeckt von einem Dr. Bratman.«

Was mein Mann nicht alles weiß.

»Orthorexie? Klingt gefährlich.«

»Das ist der Wahn, nur ultragesund zu essen. Bratman – guter Name, was? – war früher Koch in einer Kommune, und da haben sich die Makrobiotiker täglich mit den Rohköstlern um die reine Lehre gefetzt.«

»Ach.«

»Orthorexie – das ist die Hölle.«

Mayonnaise tropft aus seinem Brot, während er mit Pathos diagnostiziert. Ich höre weg. Was interessiert mich so ein Medizinergewäsch. Was weiß Lukas schon von der Hölle. Wie in Zeitlupe sehe ich Ashana vor meinem inneren – oder ist es das dritte? – Auge. Die Tantra-Queen, die mich kalt anlächelt und den Muffin fallen lässt. So fühlt es sich also an, ausgestoßen und gedemütigt zu werden. Vegetarisch versagen – die schlimmste Neurose für Neuankömmlinge. Es ist hart und erbarmungslos, so ein Immigrantenschicksal. Scheitern ohne Rückflugticket. Gestrandet wie ein Schiffswrack, während die Einheimischen eine Strandparty feiern.

Am besten krieche ich mit einer Tasse Yogi-Tee ins Bett. Ich setze den Wasserkessel auf. Durchs halb geöffnete Fenster dringen Gesangfetzen von der Nachbarveranda herüber: ›Shanti, shanti, Krishna, shanti‹. Ich öffne den Kühlschrank und nehme die Milch heraus, schaue sie an und stelle sie wieder zurück. Morgen werde ich Sojamilch kaufen.

Heyo, spann den Wagen an

DAS WASSER IST noch immer warm. Lukas und Baxter trocknen nach dem Surfen in der Sonne. Jakob und Otto lassen Strandkiesel übers Wasser flitschen. Ich blättere im Liegen durch das Kochbuch ›Be bold with Bananas‹ (Trau dich was mit Bananen), herausgegeben von der Vereinigung der Bananenzüchter Australiens im Jahre 1975. Es stammt aus dem gut sortierten Second-Hand-Buchladen in Lyttelton und ist hübsch bebildert, wenn auch thematisch etwas einseitig: Banane mit Würstchen, Bananen-Eiersalat, Bananen-Paella, Bananen-Auflauf. Ich lese den Männern die besten Passagen vor. Was dazu führt, dass Baxter uns wieder kulinarische Schauermärchen auftischt.

»Ein Porridge-Sandwich«, sagt er und kostet jedes Wort aus, »ist kalter Haferschleim zwischen weichem Toastbrot. Stellt euch das bildlich vor.«

Er lacht. Lukas schüttelt sich. Otto ruft »Bähh!«. Es klingt wie ein Schaf.

»Du lügst, Baxter«, sage ich. »Niemals musstest du das essen. Gab es bei euch keinen Kinderschutzbund?«

Bisher war ich immer neidisch auf die Kindheitserinnerungen unseres Freundes. In Baxters Familienanekdoten wimmelt es nur so von Hütten am Strand, Lagerfeuern aus Treibholz, Traktorfahrten im Sonnenuntergang, zerschlissenen Sofas auf der Ladefläche von Pick-up-Trucks, Hunden, Angeln und barfüßiger Freiheit. Aber wenn er vom Essen erzählt, dann läuft es mir kalt den Rücken runter. Meist kommt eine Mutter vor, die ein Stück vom Tier – in der Regel Schaf – stundenlang bis zur Unkenntlichkeit zerkochte und anschließend einen Kleister darüberkippte, den sie ›weiße Soße‹ nannte. Und immer, immer gab es dazu Erbsen.

»Wenn's mal was richtig Besonderes sein sollte, kam Obst ans Fleisch.« Baxter grinst. Es macht ihm einen Heidenspaß. »Mandarinenstückchen aus der Dose. Und wenn es die gerade nicht gab, dann wälzte meine Mum die Hühnchenschenkel in Orangenlimo-Pulver und hat sie in Cornflakes paniert.«

»China-Schmaus provenzalisch«, murmelt Lukas. Er schläft gleich hinter seiner Sonnenbrille ein. Die Wellen rauschen und lullen uns ein. Aber Baxter ist nicht mehr zu bremsen.

»Das Allerbeste ist das Popcorn-Hähnchen. Kennt ihr das?«

Wir schütteln den Kopf. Otto hängt an seinen Lippen. Unseren Freund verehrt er fast so sehr wie Michel aus der Suppenschüssel.

»Okay. Hört zu. Das Loch im Huhn mit Popcornmais ausstopfen, mit dem Halsende nach vorne in den heißen Ofen schieben und auf das Knacken des Popcorns warten.« Er schaut mich triumphierend unter seiner nassen Mähne an. »Wenn der Hintern des Huhns explodiert, die Ofentür aufspringt und das Huhn durch die Küche fliegt, ist es gar.«

Jetzt ist Lukas wieder wach.

»Habt ihr das mitbekommen von dem Mann in South Auckland, der seinen Pitbull zum Grillen in den Umu im Garten gelegt hat?«

Ein Umu ist ein polynesischer Erdofen. Ich habe die Meldung auch gelesen. Als der Tierschutzverein anrückte, war der Hund sauber ausgenommen und bereits etwas angekokelt. Getötet worden war er ordentlich mit einem Schlag auf den Kopf und einem Schnitt durch die Kehle.

»Das ist doch ganz human«, wirft Baxter ein. »So killt man halt alte Köter – ratzfatz. Frag mal einen Bauern.«

Der Hundekoch verstand die ganze Aufregung auch nicht. Er kommt nämlich aus Tonga, und dort ist Hund eine Delikatesse. Sein Pitbull musste dran glauben, weil er »zu mager und unkontrollierbar« geworden sei.

»Das wirft natürlich ethische Fragen auf«, sage ich. »Was

ist, wenn die Frau des Tonganers zu mager und zu unkontrollierbar wird?«

»Und legt sie sich dann vor der Exekution in ihre eigene Grillmarinade?«, überlegt Baxter.

»Neuseeland ist bikulturell und stolz darauf«, sagt Lukas. »Da sollte der Austausch der Kulturen doch wechselseitig sein.«

Er klingt, als ob er gerade im Einwanderungskurs gewesen wäre.

»Recht hast du. Es darf nicht damit aufhören, dass sich Südseeinsulaner westlichen Bräuchen anpassen«, stimme ich zu. »Nein, wir Pakeha müssen uns der Küche der polynesischen Einwanderer öffnen.« Wenn mich Eva jetzt hören könnte!

Jakob hört auf, Steine zu flitschen, und setzt sich neben mich auf die Decke.

»Also mehr Pitbulls auf den Grill«, sagt er. Wie schön, dass die bikulturelle Erziehung in der Schule so schnell gegriffen hat. »Dann verschwinden auch all die blöden Kampfhunde von der Straße.«

Baxter gluckst vor sich hin.

»Wisst ihr was«, sagt er, »ihr müsst unbedingt zum Wildfoods Festival nach Hokitika. Da gibt's zwar keine Pitbulls, aber Hammelhoden vom Grill. Nicht polynesisch, sondern westlich. Also, westlicher geht's nicht mehr. West Coast.«

Ich habe Gummistiefel, Buschmesser und Insektenspray im Kofferraum. Das Reisegepäck für meine Reportage lässt nur einen Rückschluss zu, der auf meine Unkultiviertheit schließen lässt: Westküste, wir kommen. Eine Feinschmeckerzeitschrift hat mir den Auftrag erteilt, vom Wildfoods Festival zu berichten. Lukas und Otto sind dabei, Jakob ist auf Klassenfahrt. Den Fotografen aus Auckland treffe ich erst in Hokitika. Baxter muss leider Jägis Backstube fertig kriegen und arbeitet das Wochenende durch – eigentlich unerhört in diesem Freizeitland. Ich frage auch Claude aus dem Café, aber sie winkt entsetzt ab.

»Danke, Sweetheart, aber der beschränkte Genpool von

Goldgräbern und Wildschweinjägern fasziniert mich nicht so sehr wie dich. Weißt du, was man in Westport unter einem Drei-Gänge-Menü versteht?« Sie trocknet eine Tasse ab und grinst. »Ein Pie und zwei Bier.«

»Jetzt klingst du wie ein Jafa«, stichele ich zurück. Jafa ist die Abkürzung für ›Just another fucking Aucklander‹. »Ich mag's halt gerne ungehobelt, rückständig und primitiv.« Dabei fällt mir ein, dass ich noch immer nicht nachgeschaut habe, wer eigentlich Theo Schoon ist.

»Du verklärst die Natürlichkeit dieser Leute, Anke.« Zumindest Claude kann meinen Namen so aussprechen, dass er nicht wie eine chinesische Foltermethode klingt. »Die Coaster haben nicht deine Sentimentalität für Flora und Fauna. Deren Vorfahren waren Pioniere. Natur ist dort drüben etwas, was man schießen, fischen, abholzen oder überfahren kann. Die wollen lieber Kohle abbauen, als Bäume zu erhalten. Die brauchen Geld.«

»Komm, die Natur an der West Coast ist doch einzigartig. Keine Promenaden und Hotels, sondern wilde Strände, Wasserfälle, Höhlen ...«

So schnell gebe ich nicht auf.

»Und Sandfliegen«, sagt Claude und verzieht das Gesicht. »Viel Spaß.«

»Die Sandfliegen kommen doch laut einer Legende der Maori von den Göttern. Damit nicht so viele Menschen die schönsten Flecken zerstören.«

Da habe ich aber etwas losgetreten.

»Verdammt, wir leben doch nicht nur in einer Ansichtskarte, oder?« Claudes stahlblaue Augen funkeln mich wütend an. Die Untertassen, die sie neben der Espressomaschine stapelt, scheppern. »Wir haben Hillary, den ersten Mann auf dem Mount Everest; Rutherford, der das Atom gespalten hat; Pickering, der für die Raumfahrt so wichtig ist wie euer Wernher von Braun.« Sie holt kurz Luft. »Wir haben den Expressionisten Colin McCahon, den Dichter Allen Curnow, das erste Wahlrecht für Frauen auf der Welt und eine Sozialpolitik, die für viele Staaten Modell stand.« Ihre Stimme ist jetzt ein Eisatem. »Und alles, wofür ihr euch interessiert, sind unsere verdammten Bäume und Berge.«

Eine Stunde später schickt sie mir eine SMS.

»Sorry. Komme auf die nächste Tour mit. Mount Erebus?«

Mount Erebus ist ein Berg in der Antarktis, an dem vor 30 Jahren ein neuseeländisches Flugzeug zerschellte. Alle Passagiere starben. Claude hat einen seltsamen Geschmack. Daher hat sie auch keinerlei Problem mit uns Deutschen. Wahrscheinlich schätze ich das bei ihr am meisten.

Wenn die Westküste all das ist, wofür Neuseeland sich seit jeher geschämt hat, dann liebe ich sie dafür. Außerdem bin ich, ob Claude will oder nicht, von dem Anblick aus dem Autofenster hingerissen. So viel Grün. So viele Farne. So wenige Häuser.

›Pongas, Handlesen, Seife‹ verkündet eine bunt bemalte Holztafel an einem Gartenzaun. Das Tor hängt lose in den Angeln, dahinter geht die Wildnis nahtlos weiter. Ponga heißen die Farnbäume, die hier im wilden Westen überall wachsen. Ich stelle mir die Wahrsagerin vor, die in ihrem Hexenkessel Seife braut und nebenbei ein paar Bäume abhackt. Ihr Mann zieht garantiert Possums das Fell über die Ohren und schrammelt abends Country-Songs auf der Ukulele.

›Kids in sport stay out of court‹ steht als Ermahnung auf einem Schild an der Einfahrt nach Greymouth. Bisher dachte ich immer, dass nicht Turnen am Reck, sondern Bildung und Erziehung vor einer kriminellen Karriere schützen. In anderen Landstrichen, zum Beispiel dem amerikanischen Mittelwesten, würde man auf den Slogan ›Kinder in der Kirche landen nicht vor Gericht‹ stoßen. Aber hier ist die Volksreligion eine andere.

Wir fahren weiter gen Norden, halten an Höhlen, einsamen Stränden, einer Robbenkolonie. Die nächste Kleinstadt, Westport, wirbt geradezu trotzig mit dem überdimensionalen Slogan: ›Wenn Sie die Schweiz sehen wollen, fahren Sie nach Queenstown. Wenn Sie Neuseeland wollen, kommen Sie nach Westport!‹. Queenstown ist der strahlende Dreh- und Angelpunkt der Touristen, die auf die Südinsel kommen, und Westport eher das Gegenteil davon. Claude hatte mich gewarnt: angeblich nichts als schäbige Pubs und Bewohner, die von Sozialhilfe, Kohleabbau und illegalem Marihuana-Anbau leben. Das Ende der Zivilisation. Selbst der nächste McDonald's ist hundert Kilometer entfernt.

Wir biegen von der Küstenstraße nach Westport ab. So sieht also der Gegenentwurf zur neuseeländischen Möchtegern-Toskanafraktion aus: eine windige, zu breite und ziemlich verlassene Hauptstraße, ein paar schlammbespritzte Allradfahrzeuge, ein großer Baumarkt und eine Tankstelle, in der sie Dichtungen für Gasflaschen mit der Bemerkung verkaufen: »Eigentlich darf man die so gar nicht verwenden« – aber wen schert's. Seine bescheidene Anmutung macht der 5000-Seelen-Fleck zwischen Brandung, Regenwald und der Schlucht des Buller Rivers durch Herzlichkeit und das Fehlen jeder Hektik wett. Im Supermarkt lassen mich zwei ältere Damen ungefragt vor. Sie stehen zwar in der Schlange vor der ›Express‹-Kasse, haben aber mehr Lust, erst mal zu plauschen. Würde ich mich dazustellen, dann könnte ich nicht nur eine Menge über den aktuellen Zustand der Angelreviere in nächster Umgebung aufschnappen, sondern würde garantiert auf ein Tässchen Tee eingeladen werden.

Im erstbesten rustikalen Schnellimbiss fragt Lukas nach einem Kaffee.

»Oh, wir haben diesen La-Te-i«, sagt der leicht verwildert aussehende, aber umso freundlichere Imbissbesitzer. Der Name des Milchkaffees hat sich bis hierhin herumgesprochen, nur mit der Aussprache hapert's noch. Ebenso mit der italienischen Zubereitung. Stolz zeigt der Mann auf eine lilafarbene Science-Fiction-Maschine hinterm Tresen.

»Geht ganz von selbst!« Mit fahrigen Händen – vielleicht akuter Alkoholmangel – stellt er einen Pappbecher in die Öffnung des Wunderapparats. Per Knopfdruck lässt es sich wählen: Latte pur, mit Zucker oder mit Kakao. Er drückt. Es zischt und blubbert.

»So einfach!«

Instantkaffeearoma steigt mir in die Nase. Gut, dass Claude das nicht mitbekommt. Lukas blättert am Stehtisch durch das Sortiment an Fachzeitschriften, das dort für die Gäste ausliegt. ›New Zealand Logger‹, das Heft für den professionellen Baumfäller, fasziniert auch Otto mit seinem Aufgebot an Baggern, Schleppern und Kettensägen. Ich greife mir ›More-Pork‹, das Zentralorgan für passionierte Wildschweinjäger. Die Titelstory von ›More-Pork‹ ist spektakulär, wenn auch thematisch eng an den Rest des Heftes angelehnt. Mann, Kumpel und Hund fahren in die Wildnis, kriechen zwei Tage lang durchs Dickicht, sauen sich ein, stöbern ein Wildschwein auf, knallen es ab und schleppen es auf dem Rücken zurück zum Jeep. Letzteres kann als Leistung gar nicht genug hervorgehoben werden, denn die Viecher sind gut und gerne hundert Kilo schwer. Das passt in keinen Rucksack. Das Cover von ›More-Pork‹ zeigt einen Wildschweinjäger in Baumfällerhemd, der ein blutiges Borstenvieh Huckepack trägt. Männer wie er sind für immer gegen Verweichlichung und Vegetarismus gefeit. Ich lese Lukas vor, was der Titelheld berichtet: »›Wir rannten wie ein paar Rodeo-Bullen in die Richtung, aus der das Kläffen kam. Keine Zeit verlieren – in dieser Schlacht wurde jeder gebraucht!‹«

Ich schlage das Heft zu und grinse. Lukas lächelt zurück. Aber eher ertappt.

»Würde mir auch mal Spaß machen. Ehrlich.«

»Was – auf die Jagd gehen? Etwa … schießen?«

Er nickt, halb entschuldigend.

»Baxter redet immer davon. Sein Bruder will uns irgendwann mal mitnehmen.«

Jetzt fällt es mir wieder ein: Letzte Woche hat Lukas die Klobrille oben gelassen. Die Assimilierung ist in schleichendem Gange. Vom Sitzpinkler zum Wildschweinjäger. Vom Kraut zum Kiwi. Wahrscheinlich gibt's bei uns demnächst Popcorn-Hähnchen zum Abendessen.

Wir kaufen Otto einen Instantkakao und fahren weiter. Hier irgendwo oberhalb der Küste muss das Happy Valley sein – ein Tal, in dem jahrelang Ökoaktivisten ausharrten, um eine Schneckenart zu schützen, die von einer Minengesellschaft bedroht war. Da aber viele Westküstenbewohner vom Bergbau leben, hassen sie engagierte Grüne fast noch mehr als Jafas. Da waren dann gerne mal die Reifen zerstochen, wenn die Schneckenschützer nach ihren Talbesetzungen zurück nach Westport kehrten. Hart ist die Natur und alle, die von ihr leben müssen.

Ganz im Süden der Westküste hat der ›Lonely Planet‹ als ›heruntergekommenste Touristenattraktion‹ das Mini-Museum in Pukekura – Einwohner: zwei – geadelt. Dort bekommt der Besucher, wenn er sich denn durch die Schwärme von Sandfliegen vorgearbeitet hat, ein trauriges Sammelsurium pelziger Hassobjekte vorgeführt. Denn ganz oben auf der Liste der Feinde der Westküstenbewohner steht – neben der Naturschutzbehörde – das Possum. Die Kneipe gegenüber serviert von der Straße Zusammengekratztes wie ›Possum im Scheinwerferlicht‹. Wer in Pukekura und Umgebung lebt, stellt nicht nur Fallen auf, sondern besitzt oft eine spezielle Rupfmaschine, durch die man die Kadaver jagt. Je südlicher das Possum, desto dichter sein Fell, und dafür gibt es Geld.

Pelz war bisher immer böse. Nicht so in Aotearoa. Da darf man auch als vegetarischer Hausbesetzer Pelzjacke tragen, solange die tote Haut vom Possum stammt. Aus Possums entstehen Ohrenklappen, Pantoffeln, Sofadecken und Nackenrollen, denn Possums sind eine Pest und werden mit grünem Segen gejagt. Das Tierchen mit Marderschnauze und Puschelschwanz – zoologisch korrekt ein Fuchskusu und nicht mit dem amerikanischen Opossum zu verwechseln – ist nicht einheimisch und damit ein Feind von Flora und Fauna. Es frisst kleine Singvögel und nagt Bäume ratzekahl. Auch Katzen werden als Vogelfeinde von vielen gehasst. Ein Parlamentsabgeordneter für die Westküste ließ sich mal im Fernsehen über Katzen aus. Belustigt erzählte der Lokalpolitiker vor den Kameras, wie er einst eine Katze ins Feuer schmiss. Erst als er die Miene seines offensichtlich zivilisierteren Gegenübers sah, fügte er hinzu: »Aber das Feuer war schon fast ausgegangen.«

Als ›ferals‹, Verwilderte, hatte Helen Clark diese Sorte von

Bürgern einst bezeichnet. Die Wilden danken es der früheren Premierministerin auf ihre Weise. Der Ekelwettbewerb, der im Rahmen des Wildfoods Festivals in Hokitika stattfindet, wurde ihr zu Ehren ›Feral Factor‹ getauft, und wir sind mittendrin.

Eine giftgrüne Zahnbürste steckt in der Gesäßtasche des Mannes vor uns. Sie leuchtet mit seinem Gesicht um die Wette. Der Pferdeschwanzträger heißt Rob, ist Gärtner und wäre gerne beim Fernsehen.

»Wo ich herkomme, wird man durch Kotzen berühmt«, sagt er, schiebt die verspiegelte Sonnenbrille ins Haar und betritt die ›Feral Factor‹-Bühne. Die ist eigentlich nur ein seitlich aufgeklappter Laster. Sechs weitere Kandidaten und eine Batterie von Schraubgläsern warten auf ihn. Der Inhalt ist von außen kaum zu identifizieren. Fischaugen, Bullensperma, Ochsenzunge, Schafskutteln, Grashüpfer und Hasenhoden liegen darin, schmierig und im Rohzustand. Der Moderator vom Lokalsender Coast F. M. schraubt die erste Dose auf und hält sie den sieben Mutigen unter die Nase.

»Nur riechen, noch nicht anfassen!«, ruft er.

Der Fotograf aus Auckland schiebt sich durch das Gewühl vor der Bühne. Ich winke ihm zu, damit er diese Szene nicht verpasst, auch wenn sie wohl nicht in einem Gourmetmagazin verewigt werden wird. Eine junge Kandidatin greift nach den Fischaugen. Sie sind so groß wie Ping-Pong-Bälle. Das Mädchen schluckt, würgt und greift zur nächsten Kugel. Ein anderer Kandidat verlässt freiwillig die Bühne. Rob, der verhinderte TV-Star, holt demonstrativ seine Zahnbürste raus und kratzt sich die letzten Fischfasern aus dem Gebiss. 9,3 Sekunden hat er gebraucht und alles unten behalten. Es kann weitergehen. Aus halbmeterlangen Inseminationsspritzen wird den Frauen und Männern Bullensperma einverleibt.

»Schmeckt wie Eiscreme ohne Geschmack!«, frohlockt der DJ und dreht die Anlage auf. Eine Kandidatin hält sich die Nase zu und schüttelt sich.

»Vanessa hat Angst, sie könnte davon schwanger werden!«,

ruft der DJ ins Publikum. Das johlt, klatscht, lacht. Seit Hella von Sinnen mir detailliert ihre liebsten Intimrasurfrisuren beschrieb, habe ich mich bei der Arbeit nicht mehr so weit in Grenzgebiete vorgewagt wie hier.

Die Kandidaten quälen sich kauend durch die weiteren Widerlichkeiten: ein langer Streifen rosafarbener Ochsenzunge, eine Handvoll zäher Karnickelhoden und ein Schälchen Currysoße, deren Hauptbestandteil rohes Chili ist. Allen tränen die Augen. Rob hat jetzt keinen Sinn mehr für Zahnbürstenspäße. Einen halben Kuttellappen würgt er herunter, zuckt, schluckt, grinst entschuldigend und greift dann reflexhaft zum gelben Plastikeimer unter sich. Endlich kommt alles wieder hoch. So ruhmreich es auch sein mag, fürs Vaterland zu reihern – damit ist Rob aus dem Rennen. Otto will wissen, warum »der Mann da oben« plötzlich »so krank« geworden sei.

»Wisst ihr, was schlimmer ist, als das schärfste Chili der Welt zu essen?«, fragt der kranke Mann, als er vor uns steht. Er wischt sich Schweiß, Curryspritzer und Mageninhalt vom Gesicht und diktiert mir die Antwort in den Notizblock: »Wenn es einem danach durch die Nase hochkommt.«

Eine Lawine ist inzwischen auf die Gemeindewiese von Hokitika gerollt. 15 000 Leute werden an diesem Wochenende in dem Fischer- und Farmerstädtchen erwartet, das kleiner ist als Lyttelton. Das Wildfoods Festival feiert Jubiläum. Die meisten Besucher sind wild entschlossen, sich in kürzester Zeit die Kante zu geben. Meine erste Recherche führt mich zu der kulinarischen Verirrung, die dem Fresstreff seinen legendären Ruf eingebracht hat: Larven – dick, weiß und roh. Ein Holzfäller schlägt morsche Stämme entzwei, greift in die Späne, zieht einen zappelnden Wurm hervor und ruft: »Wie viel?« Lukas reicht ihm zwei Dollar. Weil mein Mann es lieber mit weniger Livegefühl mag, bekommt er seinen Holzwurm in Butter gebraten.

»Schmecken eigentlich nach nichts«, gibt Lukas zu und kaut. Er reicht mir einen warmen Knusperhappen mit einem Zahnstocher an. »Schokosoße dazu?«

Mein Fotograf hat genug zu tun. Wir schlendern an Ständen mit eingelegtem Farnkraut und Algenmarmelade vorbei. Am Würmerstand gibt es Cappuccino mit getrockneten Wurmkrümeln statt Kakaopulver auf Milchkaffeeschaum. Außerdem Wurmtrüffel und Wurmsushi. Letztere gehen weg wie nichts.

»Wir köcheln sie eine halbe Stunde lang und kippen Wodka drüber, bis der Geschmack verschwunden ist«, verrät der Sushikoch, der normalerweise für die Naturschutzbehörde DoC arbeitet. Weil er auf die Schnelle nicht genug Würmer aus seinem Komposthaufen rekrutieren konnte – »es war so trocken, sonst regnet's hier ja immer« –, gab er eine Anzeige auf. Es meldete sich ein Friedhofsgärtner, der Würmer in Mengen anzubieten hatte. Vorsichtshalber greife ich zu den ›Würmern für Feiglinge‹: bunte Weingummischlangen.

Den Stand Nr. 70 zieren Fotos von kopulierenden Kühen und ein eigenartiger, säuerlicher Geruch. Jugendliche, Damen im besten Alter und erstaunlich viele Männer drängeln sich zu den drei stämmigen Frauen von ›Coast Cock-Tail‹ durch. Bridget, Wendy und Heather hantieren mit Pipetten, die furchteinflößend lang sind. 1300 Portionen besten Bullenejakulats haben sie anzubieten. »Eine Woche lang haben wir gebraucht, bis wir das Zeug zusammenhatten«, sagt Bäuerin Heather stolz. Sie stammt aus der Zuchtbranche und hat drei verschiedene Geschmacksrichtungen des Fortpflanzungsmittels im Sortiment: als Drei-Milliliter-Schuss per Pipette direkt in den Mund; auf Eis mit Wodka oder Baileys; oder alkoholfrei mit Fruchtsaft. Das Gerücht, der tierische Samen sei ein Potenzmittel, scheint sich auf dem Festival schneller zu verbreiten als die Rauchschwaden der vielen Grills und heimlichen Joints. Die Fünf-Dollar-Gedecke gehen weg wie warme Semmeln.

Wir schieben uns weiter. Whitebait fritters, rohe Seeigel, Möweneier. Und schließlich aus Vollkornmehl gebackene Wildschweine unter einem Schild von ›Jägi's Bakery‹. Sieh mal an – der Biobäcker aus Christchurch, der seinen Schreiner wegen eines Tropfens Klebstoffs zusammenfaltet, hat fürs Wildfoods-Wochenende eine mobile Filiale errichtet.

Meister Olewski bedient uns persönlich. Eine Bäckermütze

sitzt über seinem fleischigen Gesicht mit farblosen Wimpern und Ziegenbärtchen.

»Leute, greift zu«, sagt Jörg und hält uns ein Probierschälchen mit Hufen und Hauern hin. Am Handgelenk funkelt eine klobige Uhr. Die fällt mir nur auf, weil Kiwis so selten Uhren tragen. Otto knabbert bereits an einem Dinkelschweineohr.

»Esst mal was Anständiges. Ihr habt doch sicher genug von dem Schaumstoff, den die hier Weißbrot nennen, was, haha!«

Genug haben wir von Besserwissern, die alles verachten, was nicht dem deutschen Reinheitsgebot entspricht. Leider ist diese Sorte verdammt weit verbreitet. Jörg zeigt auf einen bunt bemalten Hippiebus, der hinterm Nachbarstand steht. Eigentlich ist es kein Bus, sondern ein Housetruck. Solche selbst gezimmerten Häuschen mit einem alten Laster als fahrbarem Untersatz und Schornstein auf dem Dach sieht man oft an der Westküste. Ein Housetruck ist perfekt für ein Nomadenleben zwischen Strand und Regenwald und seit Langem mein heimlicher Traum. Die Hintertür des Trucks ist offen und gibt die Aussicht frei auf eine Matratze, zerwühlte Schlafsäcke, Kochgeschirr, Bierkartons und einen schlafenden Hund. Ein echtes Stillleben.

»Schaut euch mal den Saustall da drin an«, empört sich der deutsche Bäcker. Sein Ton setzt voraus, dass wir aufgrund unserer Nationalität sofort mitziehen. »Wie Leute nur so leben können! Da wimmelt es doch sicher von Ungeziefer. Also, was man hier so sieht ...« Er schüttelt sich demonstrativ. »Und von Mülltrennung haben die auch noch nie was gehört. Schmeißen alles in einen Sack. Die totale Sauerei.«

Lukas zieht mich sanft am Ärmel und deutet Richtung Hammelhodenstand.

»Hunger?«

Auch Otto will weiter. Aber Jörg Olewski hat noch nicht ausgemeckert.

»Habt ihr gesehen, wie sich manche hier benehmen?«

Wir schauen uns das feuchtfröhliche Treiben um uns herum an. Ein Pulk gleich gekleideter Männer steht eng und leicht schwankend zusammen. ›Bush Pigs‹ prangt in rot auf den weißen, nicht mehr ganz sauberen T-Shirts. Die selbst ernannten Wildsäue sind die neuseeländische Antwort auf den Stammtisch. Ein Mitglied dieses Drinking Clubs wird gerade als Neuer initiiert. Seine Kumpel halten ihm etwas unter die Nase, das wie eine außerirdische Organspende aussieht. Ich trete näher zu den Trinkbrüdern. »Abalone-Titten!«, erklärt mir einer von ihnen stolz und zeigt auf den wabbeligen Abschnitt der Riesenmuschel. Der Neuling muss das Meeresbrüstchen roh herunterschlucken. Die anderen johlen, klatschen, feuern ihn an: »Du schaffst es, du kannst das!« Er kann's, aber übergibt sich trotzdem mit sattem Schwall in einen Altglaseimer. Von Mülltrennung keine Spur, da hat Jägi recht.

»So ähnlich stelle ich mir das Oktoberfest vor«, sinniert Lukas, das Kieler Nordlicht. »Oder den Kölner Karneval.«

Ich protestiere. Jörg Olewski ringt sich ein säuerliches Lächeln ab. Er arrangiert die Teller mit den Brotstückchen zurück in eine akkurate Reihe. Rötlich blonde Haare sprießen auf seinen Händen, die locker drei Kilo Teig auf einen Schlag durchwalken können. Mit den Quadratpranken wedelt er eine Fliege weg.

»Hau ab!«

Es brodelt in ihm. Er hätte sicher gerne weiter ausgeholt und im Kreise von Gleichgesinnten das beliebte Einwanderquiz ›Was haben wir alles zu beanstanden?‹ gespielt. Und zwar in der Profivariante ›Kein Kiwi hat von irgendetwas Ahnung‹. Aber uns locken die Hammelhoden mehr. Der Meister entrollt einen Fliegenfänger.

»Kennt ihr beiden eigentlich meine Frau?«, grummelt er.

Im hinteren Teil des Brotstandes dreht sich eine Frau um, die Buchweizenwaffeln backt. Sie trägt ein im Nacken geknotetes Kleid mit Farnwedelmotiven, streicht sich eine rot gefärbte Rastasträhne aus dem Gesicht und winkt mit dem Schöpflöffel. Es ist Eva.

Lukas liegt im Gras und schlürft Sangria, in der Seegurkenscheiben und Stückchen vom Pongastamm schwimmen. Otto tunkt Wilderdbeeren in Sahne. Den anderen Gerichten traut er nicht. Ich verabschiede mich kurz von meinem Fotografen.

»Deine Kursbekanntschaft, diese Eva – die ist doch sehr alternativ?«, sagt Lukas, als ich wiederkomme. Er hat die Augen halb geschlossen.

»Glaub schon. Und ein bisschen spirituell. Eigentlich ganz nett.«

»Aber ihr Kerl, dieser Jägermeister, der muss sich mal etwas entspannen.«

Ich schaue auf die Serviette mit Muschelmotiven und Waffelteigklecksen, auf die ich ihre Nummer gekritzelt habe. Eva Schebbenberg-Olewski.

»Seltsames Paar.«

»Ein bisschen mehr Chillen würde vielleicht schon helfen.«

Der Abend mit Ashana bei meinen Nachbarn fällt mir wieder ein. Jägi im Yogi-Retreat – das wär's überhaupt. Vielleicht hat er eine akute Chakrablockade und sieht daher nur Unordnung und schlechtes Benehmen. Vielleicht ist er aber einfach zu dem geworden, was ihn so an seiner Heimat gestört hat: konservativ, engstirnig, verbissen. Das ist ein gängiges Phänomen. Man verlässt Deutschland, um den Spießern zu entkommen, und wird dadurch selber zu einem. Hoffentlich sind Lukas und ich gegen diese unheimliche Metamorphose immun. Zur Vorsicht impfen wir uns lieber mit Stechginsterwein. Mein Pappbecher ist schon wieder leer.

Jeder Meter Gras auf der Festivalwiese ist mittlerweile von Picknickdecken bedeckt. Die Nachmittagssonne knallt auf uns nieder. Die neuseeländische Sonne ist brutal, aber das Licht bestechend. Alle Farben leuchten. Oder kommt das vom Stechginster? Ich knabbere an einem knorpeligen Buschhühnerfuß. Eine Marimba-Band treibt den Geräuschpegel nach oben. Eine Frau tanzt barfuß zum Rhythmus der Xylofone. An ihrem Folklorerock baumelt hinten ein Possumschwanz. Ihre Haare und Arme wirbeln durch die Luft, als ob sie in einem verdorrten Maisfeld Regen für Hokitika und Afrika herbeitanzen will. Wir sind zu satt zum Freilufttanzen. Oder noch zu deutsch.

Die letzten Kräcker mit Schneckenpastete und Fischaugen in Wackelpudding wandern in Mägen, die vorher mit Moonshine-Likör geölt wurden. Am Grashüpferstand packt ein Mann in Kochschürze und Halstuch das Terrarium ein. Zweitausend Insekten hat er bis zum späten Nachmittag verkauft. Die letzten zwei an eine Vegetarierin, die den Hüpfern das Leben schenken wollte.

»Die Viecher sitzen jetzt irgendwo zwischen den Dixieklos und freuen sich, dass sie nicht auf einer Scheibe Toastbrot gelandet sind«, berichte ich von meiner Recherche und lege mich zu Lukas ins Gras.

»Ist schon ein verdammt nettes Land. In jeder Hinsicht.«

In Lukas' Gesicht hat sich die Sonne eingebrannt. Bis auf die Stelle, wo Seetang klebt. Oder ist es ein Fischauge?

»Holst du mir noch ein paar Hammelhoden, bevor sie alle weg sind?«, murmele ich aus der Horizontalen. »Und die Rinderpeniswürstchen musst du unbedingt probieren, als Urologe.«

Im tasmanischen Ozean geht die Sonne unter. Dutzende kleine Lagerfeuer aus Treibholz flackern nach und nach am Strand von Hokitika auf, eine Lichterkette die Küste entlang. Niemand schert sich an diesem Tag darum, ob das erlaubt ist oder nicht. Niemand, bis auf einen. Jörg Olewski redet am Straßenrand mit einem Polizisten. Verstehen können wir ihn auf die Entfernung nicht, aber wir sehen ihn gestikulieren. Seine Frau steht regungslos daneben. Erst, als der Beamte die Schultern zuckt und freundlich nickt, ziehen Eva und Jörg weiter in Richtung Strand. Wir verlieren sie aus den Augen. Qualm und Flammen vernebeln das Abendlicht.

Vor der Kneipe am Anfang des Strandes beginnt ein Freiluftkonzert. Einlullender Beat schwappt zu den versprengten Wildfood-Indianern hinüber. Lukas, Otto und ich setzen uns an eines der Feuer, schauen in die Glut, lauschen und verdauen. Jemand reicht unserem Jüngsten auf einem Stock einen angesengten Marshmallow. Er mampft, glücklich und mit klebrigen Fingern. Nirgendwo ist es in diesem Moment schöner, verwildert zu sein. Selbst der Name der Band könnte für den Anlass nicht besser passen. Es ist Salmonella Dub.

»Ist bei euch noch ein Plätzchen frei?«

Ich schaue hoch. Eva lächelt uns an. Sie hat sich eine Kapuzenjacke über ihr Kleid gezogen. Über der rechten Brust ist der Schriftzug ›Whale Watch Kaikoura‹ aufgenäht. Jörg steht neben ihr.

»Mahlzeit«, sagt er und kickt einen angekokelten Ast zur Seite. Seine Bäckermütze hat er gegen ein Armeekäppi getauscht. Das sieht zwar lässiger aus als vorher, aber das Gesicht darunter ist noch immer verkniffen. Vielleicht mag er keine Lagerfeuer im Sonnenuntergang.

Die beiden setzen sich. Jörg zieht seine Sportschuhe aus, schüttet den Sand heraus, klopft sich gründlich die Socken ab und zieht die Schuhe wieder an. Vielleicht mag er auch keinen Strand. Er zeigt auf den Pappbecher mit Deckel, aus dem Lukas gerade den letzten Rest Kaffee saugt.

»Das Zeug kannst du trinken?« Ein verächtlicher Blick. »Die kennen hier ja nicht mal richtigen Filterkaffee. Echtes Entwicklungsland, ich sag's euch. Ich lass mir von meiner Mutter aus Jena jeden Monat ein paar Päckchen Kaffee schicken.«

Zum Glück ist Claude nicht hier. Im Café in Lyttelton rösten sie die Bohnen selbst, und besser als bei Tchibo.

»Meine Mutter hat früher auch immer Kaffee verschickt«, sage ich, »aber in den Osten.«

Eva lacht einmal kurz. Jörg findet den Scherz wohl nicht so gelungen. Er schaut auf seine Uhr.

»In 27 Minuten müssen wir gepackt im Auto sitzen«, sagt er zu seiner Frau und tippt dabei auf das Taucheruhrglas. »Ich will in Greymouth sein, bevor dort die Tankstelle zumacht. Der Sprit ist bei den Pappenheimern einen Cent billiger als hier.«

Er zieht einen Blackberry aus der Jackentasche und scrollt darauf herum.

»Bei Shell in Darfield sogar zwei Cent teurer. Ich sag euch, alles Halsabschneider, diese Brüder! Erst 25 Kilometer vor Christchurch wird es weniger.«

»Das hast du alles eingetippt?«, fragt Lukas halb beeindruckt, halb entgeistert.

Jörg nickt.

»Für so was habe ich eine eigene Excel-Datei. Spart Geld und Ärger. Ich lass mich nicht mehr übers Ohr hauen.«

Eva schaut peinlich berührt zur Seite und dann ins Feuer.

»Dann lass uns mal lieber los, was«, sagt sie. »Wir müssen Takaka noch bei der Babysitterin abholen. Es sind ja sicher schon viereinhalb von deinen 27 Minuten um.«

Sie stapfen durch den Sand davon. Eva trägt ihre Crocs in der Hand und ist barfuß. Hinten auf ihrer Kapuzenjacke prangt ein großer Wal. Jörg schaut auf seine Uhr und fängt an zu laufen.

Heidschi Bumbeidschi

DIE KIWIANA-PARTY steigt heute Abend auf einem Weingut außerhalb von Christchurch. Aber bevor mit Lukas' Kollegenschar gefeiert wird, gehen wir auf eine Demo. Die findet in der Innenstadt statt und ist gegen Ausländerfeindlichkeit. Demonstrieren ist eine alte Angewohnheit, die wir uns nicht gleich abgewöhnen können.

Spätestens, seit ein Flüchtling aus Mosambik vor Jahren bewusstlos geprügelt wurde, hat Christchurch einen einschlägigen Ruf. Die letzten Worte, die der Afrikaner vor seinem Tod hörte, waren ›Willkommen in Neuseeland, du Arsch‹. Seitdem hat sich die Stimmung verschlechtert. In letzter Zeit gab es Angriffe auf Asiaten. Koreaner, deren Häuser beschmiert wurden, indische Ladenbesitzer, denen die Scheiben eingeschmissen wurden, eine Vietnamesin, die brutal angerempelt und Japaner, die verprügelt wurden – ihnen reicht's. Zum ersten Mal veranstalten Neuseelands Asiaten einen Protestmarsch. Das ist in etwa so typisch wie mit Stäbchen essen für Europäer. Es muss sich einiges an Leidensdruck aufgebaut haben. Doch unser Bürgermeister befürchtet, dass das Image der Gartenstadt im Ausland Schaden nehmen könnte, und durch negative Schlagzeilen all die zahlenden Sprachstudenten aus Seoul und Peking fortbleiben, die jedes Jahr Millionen ins Land pumpen. Er wirft den Organisatoren der Demo Überreaktion vor. Neuankömmlinge hätten es überall auf der Welt schwer, Christchurch sei da keine Ausnahme. ›Manche nennen es Rassismus, andere nennen es sich kennenlernen‹, wird das Stadtoberhaupt zitiert.

»›Kennenlernen‹?! Wie kann man so was von sich geben?«

Lukas liest Baxter und mir den Satz am Küchentisch laut vor, so aufgebracht ist er. »Warum muss der Idiot dafür nicht zurücktreten?«

Baxter studiert das Surfertattoo auf seinem Oberarm. Es ist ihm sichtlich unangenehm. Aber um keine schlechten Schwingungen zu verbreiten, pflichtet er Lukas lieber bei, wenn auch lauwarm. Unser Handwerkerfreund hat an diesem Morgen nur kurz auf einen Plausch über die bevorstehenden Wellen hereingeschaut. Ein Sturm aus Samoa ist im Anmarsch und verspricht besten ›swell‹ im Nachbarort Sumner. Das Thema lässt sich aus sämtlichen Perspektiven ausgiebig erörtern. Für Materialabwägung (Shortboard? Longboard? Kurze Fußleine oder lange?) kommt normalerweise noch mal eine Viertelstunde obendrauf. Aber Lukas hat gerade keinen Sinn für wilde Wellen. Er war vor vielen Jahren in Rostock dabei, mit einer Sanitätertasche ausgerüstet und von Polizeiknüppeln bedroht. Davon zehrt er bis heute.

»Wieso kommst du nachher nicht mit auf die Demo?«, bohrt er schon zum zweiten Mal nach. Baxters Augen sprechen Bände, als ich ihm einen Milchkaffee reiche: ›Kaum schaut man nichtsahnend bei den Deutschen vorbei, schon wird man einem Verhör unterzogen.‹ Ich zeige kein Erbarmen, sondern verfalle ebenfalls in bewährte Lichterkettenmanier.

»Sollen sich diskriminierte Menschen etwa nicht wehren?«

Er zuckt leicht zurück. Dann füllt er die Surferlungen mit Luft.

»Also, ich finde das alles, mmhh, vielleicht etwas übertrieben.«

Das war die Schaumkrone von Baxters Empörungswelle. Der Gipfel an Konfrontation. Sein Blick wandert wieder in die Kaffeetasse. Irgendetwas Faszinierendes spielt sich zwischen Milchschaum und Kakaostaub ab. Dann schaut er auf.

»Alles wird immer sofort angeprangert, auch wenn es mit der Hautfarbe oder so nichts zu tun hat. Ihr solltet mal nach Australien gehen, da gibt's echten Rassismus. Sorry, Leute, ist mir alles zu piißii.«

Mit ›pc‹ meint er nicht seinen Computer, sondern ›politically correct‹. Kein Kiwi, der im Vergleich zum Rest der Welt vorbildlich bikulturell, feministisch, tierlieb, schwulenfreundlich, behindertenintegrierend und anti-antisemitisch tickt, würde sich freiwillig als politisch korrekt bezeichnen. Genauso wie sich niemals jemand rassistisch nennt, selbst Kyle Chapman nicht. Der ist der Kopf der südlichsten Zweigstelle der National Front, hat mal eine Bombe gezündet, trägt Glatze und will keine Fremden in seinem Land. Er hat zur Gegendemonstration vor der Kathedrale aufgerufen.

Lukas, der Gutmensch, hat endlich Erbarmen. Er schiebt die Zeitung weg und wechselt das Thema.

»Hey, was machen deine Chancen bei ›The Total Home Make-Over‹, Bax?«

Da Neuseeland das Mekka der begeisterten Häuslebauer und Do-It-Yourself-Experten ist, wimmelt es im Fernsehen von Renovierungssendungen. Baxter hat sich für eine Reality-Doku beworben – als Schreiner, der den Kandidaten beim Verschönern ihres Heims zur Hand geht. Auch ich schwenke um. Bax, der Baumeister, jawohl!

»Sie müssen dich schon deshalb nehmen, weil du so gut aussiehst. Klare Sache.«

»Oha«, meint Lukas dazu. Er macht einen affektierten Kussmund und säuselt Baxter auf Deutsch zu: »Du bist ein echter Schnuckelputz. Pass auf, dass dich kein Bauer vernascht, mein Lämmchen.«

Baxter grinst zurück. Er hat kein Wort verstanden.

»Also, wenn ich raten soll«, sagt er und kratzt bedächtig seine Salzwassermähne, »dann tippe ich mal, das war der Einmarschbefehl nach Polen. Wenn ihr in eurer Sprache redet, klingt das immer wie in den alten Filmen.«

›No to racism, Yes to harmony‹ steht in Regenbogenfarben auf einem Banner, das in der Mitte schlackert. Eine Lokalpolitikerin, ein bekannter chinesischer Geschäftsmann und der Kopf des mächtigen Südinselstammes Ngai Tahu halten das Spruchband hoch. Dahinter marschieren Hunderte, vielleicht sogar tausend Leute in Richtung Kathedrale. Ich sehe Gewerkschaftsfahnen, Megafone, Kinderwagen. Asiatische Gesichter, europäische, indische, afrikanische, polynesische. Da ist Kim, der Koreaner aus meinem Sprachkurs. Weiter hinten in der Masse der Leute leuchtet Evas weinroter Haarschopf. Ihren Mann, den Meckerbäcker, sehe ich nicht.

Der Protestzug kommt zum Stehen. Der Ngai-Tahu-Chef spricht ein Gebet auf Maori. Dann steigt der chinesische Geschäftsmann auf die Holzbühne vor der Kathedrale. Seine Stimme schallt über den Platz.

»Lasst euch von denen dort nicht irritieren! Wir können sie einfach ignorieren.«

Er deutet auf die komplett schwarz gekleidete Truppe, die von Polizisten abgeschirmt rechts von der Bühne steht. Alles Männer. Die meisten haben kahl geschorene Köpfe, tragen Fliegerjacken und Biker-Brillen. Manche halten Fahnen hoch. Einer hat ein Hakenkreuz auf den Schädel tätowiert. Ihr Anführer Kyle Chapman trägt einen Schwabbelbauch vor sich her und eine Kappe im Muster der neuseeländischen Flagge auf dem Kopf. ›Right Wing Resistance‹ steht auf seiner Fahne, daneben ein Totenschädel auf einem seitlich liegenden Z. Chapmans Visage hat man in den letzten Tagen oft in der Zeitung gesehen, meist begleitet von einem ausführlichen Interview. Genau wie die Neonazis in Deutschland weiß er, was PR bedeutet.

Während die Lokalpolitikerin und ein junger Mann von einem Friedensnetzwerk Ansprachen von der Bühne halten, stehen die Anhänger der National Front stumm herum, ihre Hände in den Hosentaschen vergraben. Sie rufen nicht, sie schüchtern nur ein. Einer von ihnen ist Maori. ›We grew here – you flew here‹ steht in weiß auf seinem schwarzen T-Shirt. Ein waschechter Maori-Nazi.

»Wie geht denn das zusammen?«, sagt Lukas entgeistert zu mir. »Ich dachte, der Verein ist traditionell nur für Weiße.«

Ich zucke die Schultern.

»Ich glaube, hier sind selbst die Neonazis bikulturell.«

Der Hass auf asiatische Immigranten, auf die ›gelbe Flut‹, vereint den rechten Rand und einige extrem nationalistische

Maori. Daher ›Wir sind hier aufgewachsen – ihr seid nur hergeflogen‹.

Immer mehr Demonstranten haben sich vor der Schlägertruppe aufgebaut. Sie zücken Digitalkameras, warten auf Action. Die Appelle auf der Bühne sind vorbei. Ein bärtiger Mann tritt vor, wirft sich seine Jeansjacke über die Schultern und zeigt mit dem Finger auf Chapman.

»Habt ihr nichts zu sagen? Seid ihr etwa stumm?«

Der Glatzkopf schweigt weiter. Die Passanten murmeln lauter. Jemand reicht ein Megafon durch und hält es dem Vordersten im schwarzen Block hin. Doch da schießt ein Kopf mit roter Rastamähne aus der Menge.

»Seid ihr verrückt?«, ruft Eva Schebbenberg-Olewski. »Ihr dürft denen doch kein Sprachrohr geben!«

Die Passanten schauen sie überrascht an. Das Megafon hängt unentschlossen in der Luft. Eva ist aufgebracht. Sie streicht sich die Dreadlocks aus dem Gesicht.

»Wir müssen aus der Geschichte lernen. Keinen Fußbreit den Faschisten!«, ruft sie ins Megafon. Es fiept schrill. Jemand knipst ein Foto von ihr.

»Alles etwas anders als in Rostock«, raunt Lukas mir zu. »Und diese Eva ...«

»Lass sie. Ich mag sie. Sie traut sich wenigstens was.«

»Aber ging sie dir nicht anfangs auf die Nerven?«

»Vielleicht hat sie mich einfach an zu vieles erinnert.«

Lukas schaut mich an. Er runzelt die Stirn.

»Die Deutschen passen dir nicht, die Kiwis passen dir nicht – kannst du nicht endlich mal deinen Frieden machen? Sonst bleibt uns am Ende nur noch die Antarktis. Vielleicht brauchen sie ja auf Scott Base einen Urologen.«

Ich schlucke. Von hinten rempelt mich aus Versehen ein Rechter an. Er entschuldigt sich höflich. Dann singen die Demonstranten gemeinsam mit den Neonazis zum Abschluss die Nationalhymne.

Pinkes Satin umhüllt mich in fließenden Bahnen. Darüber sprenkle ich Wattebällchen, die ich locker am Stoff festtackere. Lukas fragt, ob das Miss Piggy sei, die im Schönheitssalon ausgerutscht ist. »Das ist ein Lamington«, belehre ich ihn. Ich gehe als Nationalgebäck auf die Kiwiana-Party.

Lukas, mit einem Großreservoir an schlechtem Geschmack ausgestattet, spielt kurz mit der Idee, sich ein wollenes Plüschtier vor den Latz zu schnallen und untenrum lediglich ein paar Gummistiefel zu tragen. Denn nichts verkörpert einen klassischen Kiwi besser als ein Schafficker – glaubt man den Witzen, die über Neuseeländer in Sydney und London kursieren. Witze aus den dunklen, dunklen Zeiten des nationalen Minderwertigkeitskomplexes. Witze, die so beginnen: Warum tragen Kiwis so gerne Gummistiefel? Weil man da so gut die Hinterbeine vom Sch … – genug! Witze, die unter gar keinen Umständen jemals innerhalb der Landesgrenzen wiederholt werden sollten. Es hat schon Verschwundene gegeben.

Nur zwei Vergehen werden in Neuseeland ähnlich schwer geahndet: Rugby und Edmund Hillary nicht zu lieben. Der Mount-Everest-Bezwinger war ein Mann von beeindruckender Bescheidenheit, Weisheit und Würde. Er ist jedem Kiwi heilig. Als Partypersiflage fällt Sir Ed wohl besser flach. Ich warne Lukas, der schon nach Karabinerhaken und altem Lederrucksack Ausschau hält. Die Tretminen liegen überall. Nur zur Erinnerung: gepresster Orangensaft.

Aufgeblasene Kondome baumeln als Ballons von der Decke. Vom üblichen Weinblattdekor des Restaurants ist nichts mehr zu erkennen. Vom üblichen Aussehen der Gäste auch nicht. Buzzy Bee, die dicke Hummel am Eingang – ist das nicht eine von den Sekretärinnen? Und der Inder in Anglermontur muss der Anästhesist sein.

Lukas trägt eine Klobrille um die Hüften und ein kleines Holzdach auf dem Kopf. Unterm Arm klemmt eine Klopapierrolle und die neueste Ausgabe der Jägerpostille More-Pork. In einer Hand hält er einen Becher mit Sägespänen, auf seinem

Schuh sitzt ein Hundehaufen aus dem Scherzartikelladen. Er geht als Plumpsklo.

Auf kleinen Tabletts werden Pineapple Lumps und Marmite-Kräcker herumgereicht. Marmite ist ein salziger Brotaufstrich aus Hefe, der die Farbe und Konsistenz von altem Schmieröl hat, genau wie das ähnlich gewöhnungsbedürftige Vegemite.

»How do you like New Zealand?«, fragt mich eine Krankenschwester, nachdem sie neckisch mit Lukas' Klodeckel geklappert hat. Sie strahlt mich voller Erwartung an. Zehn Minuten später fragt eine Air-New-Zealand-Hostess aus den Siebzigerjahren, wie es mir in ihrem Land gefällt. Dann fragt die Assistenzärztin, aus deren blonder Föhnwelle Farnwedel aus Plastik ragen. Der vierte – ein Kathetervertreter als Peter-Jackson-Doppelgänger – könnte es auch einfach mit der Abkürzung HDYLNZ versuchen. Ich reagiere mittlerweile auf Knopfdruck. Mit jedem Mal steigere ich mich, bis hin zum finalen G-Punkt: »It's Godzone!«

Meine Begeisterung ist nicht geheuchelt, aber kalkuliert: Je überschwänglicher ich klinge, desto glücklicher sieht mein Gegenüber aus. Als ob mit jedem »Oh, we love it!« ein Stückchen vom cultural cringe abgetragen wird. Diesen Beitrag zur Entwicklungshilfe leiste ich gerne. Umgekehrt funktioniert das leider nicht. Denn wann immer mit ausländischen Freunden in Köln oder Hamburg das D-Thema aufkam, konnte ich gar nicht genug Demoralisierendes über mein Land hören. Jedes schlechte Wort war Wasser auf meine linksdrehenden Mühlen. Tiefschürfende Erkenntnis, während ich mich an zwei Hobbits vorbei zum Buffet mit den ironisch gemeinten Retro-Häppchen – Hauptbestandteil: Dosenananas – schiebe: Mein Hang zum Lästern ist genauso ein von Komplexen genährtes Ritual wie das Abfeiern der Kiwis.

Und abgefeiert wird, dass es kracht. Die Band spielt einen Kiwi-Hit aus den Achtzigern. Sänger Dave Dobbyn dürfte außerhalb Ozeaniens nur in ein paar Ex-Pat-Kneipen bekannt sein, was schade ist. Alle grölen bei ›Loyal‹ mit – es war die Hymne der Neuseeländer beim America's Cup. Der wurde in

Auckland zum ersten Mal außerhalb Amerikas gewonnen. Auch Lukas und ich tanzen und summen, aber kennen den Text nicht. Wir spüren die Nostalgie, in der alle schwelgen, doch wir können sie nicht teilen. Kein geschliffener Akzent, keine neue Staatsbürgerschaft würden die Tatsache ändern, dass wir nicht in Kiwianaland aufgewachsen sind.

Lukas gewinnt doch glatt den Preis für das beste Kostüm. Die Krankenschwestern bespritzen ihn johlend mit Sekt. Er bewirft sie mit Sägespänen und kassiert ein paar Küsschen. Großes Hallo und Oldie-Zugabe von der Band.

»Glückwunsch, mein Freund!«

Hamish Dickinson schlägt meinem preisgekrönten Ehemann mit einem Schaumgummischwert aufs Holzdach. Der englische Chefchirurg ist von Kopf bis Fuß in eine Rugby-Montur gekleidet, die ihm um die Brust schlackert. Normalerweise stecken muskelbepackte Spieler aus Samoa in den schwarzen Trikots der All Blacks. Dickinsons Beine staken dünn und blass aus den schwarzen Shorts heraus. An einer Krampfader klebt Konfetti.

»Ihr Deutschen – immer allen technisch voraus, selbst im Toilettenbau, haha!«

Jetzt, wo er nicht mehr in einem Anzug von der Saville Row steckt, klingt sein Lachen weniger bedrohlich. Verkleidungspartys haben einen erfreulichen Nebeneffekt: Sie unterstreichen den Charakter. Verklemmte wirken im Kostüm noch klemmiger, Draufgänger noch dreister, Dumme noch dümmer.

»Anke«, aus seinem Mund klingt mein Name diesmal wie eine mentholhaltige Halspastille, »das ist meine Frau, Jocelyn.«

Das hagere Wesen an seiner Seite ist in ein lachsfarbenes Mieder aus Pionierzeiten gepresst. Die Engländerin erinnert mich an die Backpflaumen im Speckmantel, die ich damals den Assistenzärzten zum Aperitif serviert habe.

»Nice to meet you«, schnarrt sie und hält mir eine manikürte Hand hin. »Ich habe so viel von Ihnen gehört!«

Jocelyn Dickinson ist von ausgesuchter Höflichkeit, aber im Vergleich zu den warmherzigen Krankenschwestern so trocken wie ein Martini. Mit Eisrand. Es folgt das naheliegende »Und-was-machen-Sie-so?«

»Auslandskorrespondentin«, sage ich und bereue es sofort – es klingt nach mehr, als es wirklich ist. Angeben ist eine weitere Todsünde, die man in diesem Land begehen kann. Dafür gibt es sogar ein Wort, das nur in Neuseeland und Australien existiert: skiting. Hat mit Skiern nichts zu tun. Vielleicht sollte ich aber übers Skifahren reden, das ist immer ein sicheres Terrain. Mit der Arztgattin lässt sich sicher gepflegte Konversation betreiben. Ich brauche eine kleine Pause von all den Plumpsklowitzen.

»Ach, Journalistin?« Sie klingt interessiert. »Schreiben Sie auch für diese deutsche Zeitung, wie heißt sie noch – ›Der Stürmer‹?«

Ich kann kaum antworten. Presse nur hervor: »Über 60 Jahre her. Andere Regierung. Führer tot.«

Der Rest des Abends verschwimmt mit viel Alkohol und wenig Konversation mit den Dickinsons. Dafür vier weitere HDYLNZ-Fragesteller, vielleicht auch mehr. Eine Laborantin verwickelt uns in ein interessantes Gespräch über Komposttoiletten der Marke ›Wormorator‹. Eine Behörde in Auckland hat entschieden, dass ein psychologisches Gutachten der Würmer erstellt werden muss, bevor man ihnen Fäkalien zumuten darf. Aber vielleicht habe ich es auch falsch verstanden. Buzzy Bee und Peter Jackson liefern sich ein hitziges Wortgefecht. Es geht darum, ob Vegemite besser schmeckt als Marmite.

Es ist dann doch noch ein sehr lustiges Fest geworden. Irgendwann habe ich mit den anderen die Arme hochgerissen und im Chor gebrüllt: »Kiwi, Kiwi, Kiwi – Oi, Oi, Oi!« Auf dem Rückweg nicke ich im Auto auf meiner Lamingtonhaut ein, in der Hand ein All-Blacks-Fähnchen. Lukas behauptet, er habe Schafe in Ekstase blöken gehört.

Wir lieben die Stürme

HEUTE FRÜH IST Lukas mit Jakob in den Baumarkt gefahren. Das war schon immer einer ihrer liebsten Ausflüge. Neu ist diesmal, dass nicht nur ein paar Schrauben besorgt werden. Baxter hat gestern Abend angerufen und Lukas zusammen mit drei anderen Männern zur ›working bee‹ eingeladen. In seinem Garten müssen an diesem Wochenende Bäume gefällt werden. ›Arbeitsbiene‹ bedeutet, dass jeder kommt und mit anpackt. Eine antipodische Tradition, die verbindet, den Bierkonsum fördert und reihum für kostenlose Arbeitskräfte sorgt. Baxter hat natürlich vorausgesetzt, dass Lukas als XY-Chromosom-Träger eine Motorsäge besitzt. Um sich nicht noch einmal der Blöße preiszugeben, muss mein Mann mal eben schnell einkaufen.

Otto klettert draußen im Garten den knorrigen Ngaio-Baum hoch und verschwindet im Baumhaus. Ich habe ungestört Zeit für die wichtigste Arbeit einer Korrespondentin: in der Lokalpresse nach Themen stöbern. Der größte Aufreger von heute ist ein Ortsname. Nein, nicht Taumatawhakatangihangakoauauotamateaturipukakapikimaungahoronukupokaiwhenuakitanatahu. Der Bürgermeister von Wanganui weigert sich, seine Stadt in ›Whanganui‹ umzubenennen. Letzterer ist der historisch korrekte Maori-Name und daher ein Politikum. Dass neuseeländische Soldaten jetzt in Afghanistan der US-Armee zur Hand gehen, beschäftigt die Nation nur halb so sehr wie der Kampf ums kleine H. Das ist das Privileg einer friedfertigen Nation.

Meine Prioritäten waren auch mal anders geartet. Denn dummerweise wird man, wenn man einmal Showredakteurin war, nicht sofort Kriegsreporterin. Davon träumte ich damals in den Anfangsjahren immer noch. Aber mein Weg aus den Untiefen des Boulevards führte mich nicht nach Tadschikistan, sondern zu Talkshows. Zuerst landete ich tatsächlich in einem Krisengebiet: bei einem Hamburger Lifestylemagazin. LAX war fast so großformatig wie die KREIS-Zeitung. Man konnte sich also prima in der Straßenbahn dahinter verstecken, musste sich aber nicht so arg dafür schämen. LAX war zwar lange nicht so avantgardistisch und subversiv wie das legendäre TEMPO, aber sah ziemlich flott aus. Nena ließ sich für LAX ihren nackten Körper bemalen, was ihren Schwangerschaftsstreifen gut stand. Desirée Nosbusch räkelte sich für den Fotografen lasziv im Hotelbett, Nina Hagen kiffte beim Interview und Peter Maffay entblätterte seine Seele. Für deutsche Verhältnisse war das ziemlich glamourös.

Während im Boulevardjournalismus die Geschichte Gott ist, war bei meinem neuen Arbeitgeber die Optik der Guru. Geschriebenes, vor allem mühsam Recherchiertes, störte eher zwischen all den Fotos von halb nackten Supermodels und gegelten Rockstars. Wenn es nach den LAX-Grafikern gegangen wäre, hätte man auch gerne Blindtext zwischen den Bildern drucken können. Ein langes Interview sah nicht so gut aus wie ein künstlerisch geschossenes Oben-ohne-Bild und wurde daher gerne mal um ein Drittel gekürzt. Es tat jedes Mal weh.

Stars, Designer und Fotografen erwähnte man in den wöchentlichen Redaktionskonferenzen möglichst nur mit Vornamen. Unsere Fotochefin, die bis auf ihre stämmigen Beine als Model hätte durchgehen können, schien mit allen schon mal essen gewesen zu sein. Mindestens. »Also, Steven« – natürlich Meisel – »ruft mich gleich aus New York an, er will auf jeden Fall das Shooting mit Boris machen. Aber dafür müssen wir die Strecke mit Tatjana schieben.« Seufzen, verzweifeltes Montblanc-Füller-Kritzeln, laszives Prada-Blazer-Zurechtrücken. »Das macht Gianni« – Versace lebte damals noch – »auf keinen Fall mit, das hat er mir neulich nach der Schau in Mailand gesagt. Ich rufe ihn gleich in Miami an.« Die Nerven lagen

blank. Es war mindestens so spannend wie in der Auslands-
redaktion des SPIEGEL zu Beginn des Golfkriegs.

Ziemlich locker war nur unser Chefredakteur. Der hatte
sich fürs Mediengeschäft dadurch qualifiziert, dass er ständig
zum Thema ›Singles‹ durch die Talkshows tingelte. Die dunklen Haare trug er halblang, an den Fingern steckten breite
Platinringe. Er hatte Stil. Seine Ledertaschen und Anzüge waren stets vom Feinsten, genauer, Bestechungsgeschenke von
Anzeigenkunden. Überhaupt glich die Redaktion mehr einem
Luxusflohmarkt als einer publizistischen Einrichtung. In den
Schränken stapelten sich Kosmetik, Bücher, Strumpfhosen,
Designer-Sweatshirts und CDs. Wer sich mit der Mode-, Kos-
metik- oder Kulturredakteurin gut stellte, hatte für die nächsten Weihnachtsfeste ausgesorgt. Schon allein aus dem Grund
der Eigenversorgung galt als höchstes journalistisches Prinzip
bei LAX: Du darfst über alles schreiben, solange es keinen Anzeigenkunden, Pressesprecher oder Model-Manager stört. In
dem Fall darf der Sprecher oder Manager deinen Text um-
schreiben. LAX war halt ein Zeitgeistmagazin, und der Zeit-
geist verlangte ungehinderten Konsum.

Leserbefragungen zeigten ein erschütterndes Bild auf. Am
intensivsten gelesen wurden nicht die Reportagen, investigati-
ven Recherchen oder langen Interviews, sondern die Seiten mit
neuen HiFi-Produkten. Kein Wunder, denn im Schnitt saß der
LAX-Leser täglich vier Stunden vor der Glotze. Von unserer
Zielgruppe konnte ich mir am besten ein Bild machen, wenn
ich in die Kartons schaute, wo all die Fotos von Lesern lagen,
die sie uns für die letzte Seite zuschickten. Mit tiefer geleg-
ter Hose vor Comic-Tapete und Gelsenkirchener Barock, die
Freundin mit wehendem Haar im Arm irgendwo verwackelt
auf Ibiza, oder gerne auch als Steppenwolf im Deppengolf inmitten der Lüneburger Heide. Dazu Sinnsprüche wie »This is
the first day of the rest of your life«. Das letzte Wort wurde
oft falsch geschrieben.

Irgendjemand aus der Redaktion war immer gerade auf einer Pressereise. Mal wurde eine Ferienanlage auf den Kanaren
eingeweiht, mal testete ein Kosmetikkonzern eine neue Wim-

perntusche in Paris. Die Pressekonferenzen und Interviews dazu waren das Rahmenprogramm, um zu rechtfertigen, dass wir Flug, Essen, Unterkunft und Ausflüge spendiert bekamen. Und ähnlich korrumpierbare Kollegen kennenlernten. ›Pressereise‹ war das Synonym für ›Speed-Dating auf Kosten einer PR-Agentur, als Arbeit getarnt‹. Ärzte kennen das auch, unter dem Namen ›Medizinkongress‹, obwohl Lukas das alles abstreitet.

Jedes Jahr im Oktober produzierten wir einen Jahresrückblick, der im Dezember auf den Markt kam. Er bestand vor allem aus großformatigen Fotos, die ich betexten musste. Peinlich, wenn im letzten Vierteljahr dann doch noch irgendetwas Wichtiges passierte. Was bis dahin wichtig gewesen war, beratschlagten die Köpfe von LAX – also Fotochefin und Beautyexpertin – meist anhand der Anzeigenlage. Absolutes Großereignis: Ein Supermodel (Claudia/Nadja) und ein der Chefredaktion wohlgesinnter Modemacher (Wolfgang/Jil) kreierten einen neuen Duft (›Claudia‹/›Nadja‹). Gerne wurde auch vom Creative Director die Weltlage danach beurteilt, welche Fotos gerade gut ins Layout passten. Einmal waren das zwei sich paarende Nashörner. Unser oberster Chef im Hause, in der Lokalpresse gerne als ›junger Turnschuh-Verleger‹ bezeichnet, stand halt auf Tiere. Das musste man berücksichtigen. Als ich die Bildunterschrift zu den nagelnden Nashörnern tippte, war mein Tiefpunkt erreicht. Es war wieder Zeit zu gehen.

An diesem Morgen steuere ich auf einen neuen Tiefpunkt zu. Meine Heimat springt mir schon beim Frühstück ins Gesicht. Der Auslandsteil ist fest in deutscher Hand. Seite zwei: ›Holocaust-Geschwister vereint‹. Seite drei: ein Foto von drallen Bierzeltmadln, eingedirndelt von ›German fashion designer Verona Pooth‹. Jo mei, wenn die wüssten! 18 000 Kilometer Entfernung können viel ausmachen. Seite vier: eine Anzeige des History Channels auf Sky TV. Adolf Hitler steht in der Küchenschürze an einer Spüle und wäscht ab. Gute Fotomontage. Seite fünf: der Papst. Mein Müsli kleckert auf Big Benedict.

Jedes Druckwerk, das ich aufschlage, hat irgendwo einen peinlichen oder faschistischen Deutschen versteckt. Ich ertappe mich dabei, wie ich Texte nach dem großen ›G‹ überfliege: Heißt es ›German‹, heißt es nichts Gutes. Ich habe einen Tunnelblick bekommen. Das kann doch kein Zufall sein, dass von Angela Merkel nur Fotos gedruckt werden, auf denen sie besonders griesgrämig dreinschaut? Dabei hat es mich früher keineswegs gestört, wenn dieses Gesicht auf Wahlplakaten mit Filzschreibern verunstaltet wurde.

Wie dankbar bin ich, wenn die Klischees mal nicht bedient werden. Wenn irgendein Blatt über Germans berichtet, die keine Bergtracht, Papstkutte oder SS-Uniform tragen. Große Freude löste bei mir ein Artikel in einem Nachrichtenmagazin über den Kölner Verleger Benedikt Taschen aus. Der Mann fläzte sich, ganz Kosmopolit, in feinem Tuch im Designersessel und gab kluge Sätze von sich. Er trug noch nicht mal Socken. Solche Bens lob ich mir.

Das fünfte »German« an diesem Morgen versteckt sich in einem Artikel auf Seite 8. Es geht um einheimische Vögel. Die finden sich fast so oft in den Nachrichten wie Diktatoren und Designer. Diesmal geht es um Kiwis und Kakapos, die einen stärkeren Geruch absondern als ihre europäischen Genossen, weil sie nie natürliche Feinde kannten. Ein Wissenschaftler denkt zu ihrem Schutz über ein Deodorant nach. Eine Wachsprobe aus dem Gefieder ist unterwegs an ein deutsches Labor. Ich registriere mit einem winzigen Anflug von Befriedigung, dass die deutsche Forschung anscheinend olfaktorisch hoch entwickelt ist, und zucke gleichzeitig ein letztes Mal zusammen. ›Deutsche‹ und ›Labor‹: Das weckt doch garantiert wieder bestimmte Assoziationen. Bin ich schizophren oder nur paranoid?

In meinem Herzen rumort es. Ich werfe die Zeitung in den falschen Recycling-Mülleimer, laufe durchs Haus, vergesse meine Teetasse im Bad und bleibe vor dem Schlafzimmerspiegel stehen. Was ich sehe, sind rostbraune Haare, die zum Friseur müssen, große Augen ohne Schminke, etwas zu ausladende Hüften und ein T-Shirt, auf dem Ottos Nutellafinger

Flecken hinterlassen haben. Sieht so gar nicht nach erfolgreicher Auslandskorrespondentin aus. Was andere sehen, ist klar: eine Deutsche. Das ist das erste herausstechende Merkmal an mir. Daran können kein Haarschnitt, keine Wimperntusche und kein frisches T-Shirt etwas ändern.

Ich weiß, was ich brauche. Musik. Um in Stimmung zu kommen, lege ich die Lassie Singers auf. Jahrelang nicht gehört, die Mädels ohne Dirndl. Die CD muss ich Claude unbedingt brennen. Selbst sie hat sicher noch Bildungslücken. Heimwehlieder aus uralten Zeiten dröhnen durchs Haus, so laut, dass die Kauri-Böden beben und Otto verwundert den Kopf aus seinem Baumhaus steckt.

»Du sexy Hamburg!«, gröle ich mit der Musik. Sexy? Das glaubt mir doch keiner. Ich krame in meiner Tasche nach der Serviette vom Wildfoods Festival. Dann wähle ich Evas Handynummer. So weit ist es schon gekommen. Ich brauche Gleichgesinnte. Leidensgenossen. Landsleute.

»Komm doch einfach vorbei«, sagt sie. »Wir sind gerade umgezogen, nach Sumner.«

Wenn Lyttelton das Altona von Christchurch ist, dann ist Sumner Blankenese: viel Wasser, viel Blond, viel Geld. Unser Nachbarort hat Strände, Cafés, schicke Neubauvillen, Ferienapartments, zwei Surfshops, einen Tennisplatz und gut besuchte Charityveranstaltungen. Lyttelton und Sumner pflegen ungefähr die gleiche gereizte Beziehung zueinander wie Köln und Düsseldorf. Das reicht dann auch an Ortsvergleichen. Denn nichts nervt mehr, als kritischen Neuseelandbesuchern (also den deutschen) bei diesem beliebten Gedankengeplänkel zuzuhören: »Fjordland? Wie Norwegen, nur viel mehr Regen.« »Die Skigebiete sind kein Vergleich zu Frankreich. Aber dafür weniger Gedrängel.« »Die Hügel sind ja so kahl wie in Schottland.« »Hatte ich mir alles grüner vorgestellt.« Der letzte Spruch fällt meist eine Viertelstunde nach Ankunft, bei der Fahrt vom Flughafen durchs Industriegebiet.

Schraubt man sich die südliche Serpentinenstraße in Sumner hoch, dann vergisst man sofort, dass Neuseeland eine angeblich klassenlose Gesellschaft ist. Hier stehen Häuser, die gut und gerne eine Million Dollar kosten. Der Blick allein ist unbezahlbar: Unten rauschen Wellen, im Hintergrund räkeln sich die Berge, und dazwischen liegt eine sonnige Passstraße, die nach Fahrradfahren schreit. Lupinen und Allradwagen säumen den Straßenrand vor Evas Einfahrt. Hierhin hat es also meine alternative Mitdemonstrantin verschlagen? Nobel, nobel.

Das Haus ist groß und beige. Sandsteinfarbener Toskana-Look mit einer Palme davor. In der Garageneinfahrt steht Jörg Olewski vor einer Plastikwanne. Um ihn herum liegen gestreifte Übergardinen zum Trocknen in der Sonne. Der Biobäcker streift sich die gelben Spülhandschuhe ab, zieht eine Digitalkamera aus der Hosentasche und fotografiert das Wasser im Wascheimer. Die Lauge ist ziemlich trüb, mehr kann ich nicht erkennen. Klick, klick. Manche Leute haben ungewöhnliche Hobbys.

»Hier herrschen vielleicht Zustände!«

Jörg begrüßt Otto und mich mit tiefem Seufzer und Augenrollen Richtung Toskana-Palast.

»Alles voller Staubmilben. Der Vermieter macht jedes halbe Jahr eine Ordnungskontrolle, aber so eine Sauerei, die wird dann einfach ignoriert.«

»Großputz?«

»Nutzt ja nichts. Muss man alles selber machen. Hier schert sich ja niemand drum. Dass andere Leute so im Dreck leben können!«

Er zeigt auf die Gardinen in der Einfahrt.

»Die musste ich über Nacht einweichen.« Er sagt es so, als ob sich mit der Plackerei Pokale gewinnen ließen.

»Wofür machst du die Fotos?«, frage ich. »Willst du was im Internet versteigern?«

»Die Bilder? Die kriegt der Vermieter vorgelegt. Das muss alles schriftlich und mit Beweisfotos festgehalten werden.«

»Beweis …?«

»Dafür, dass wir hier erst mal richtig Grund reinbringen. Alles blitzblank machen.«

»Klar. Sieht man.«

Ich winke Eva zu. Sie ist ebenfalls mit Gummihandschuhen bewaffnet und schrubbt im Hintergrund die Terrasse.

»Wenn er die Teppichreinigung nicht wiederholt, wird ratz-fatz die Miete gekürzt. Ich meine – wo sind wir denn hier?« Jörg Olewski erwartet keine Antwort, sondern kratzt selbst-gefällig sein Bärtchen. »Und der Vertrag, das ist ja nur ein Wisch, ein echter Witz. Da fehlen die wichtigsten Paragrafen. Erzähl das mal meinem Mieterverein in Klein-Machnow. Da war ich zweiter Vorsitzender.« Wieder schlägt er diesen Pokal-gewinnerton an. »Mit uns war echt nicht zu spaßen, schon gar nicht bei Teppichmilben. Ich sag dir, wenn meine Tochter eine Allergie bekommt, gibt's sofort eine Anzeige.«

»Dürfen wir denn reinkommen?«

Ich wollte eigentlich zu Eva, nicht zum Mieter- und Milben-verein Sumner. Was ich vom Teppich im Flur sehen kann, sieht einwandfrei aus. Keine Parasiten springen mich an. Schon in-teressant, womit man seinen freien Samstag verbringen kann.

Jörg ist mir ins Haus gefolgt. Er meckert weiter.

»Keine Klingel, natürlich, und einen richtigen Flur kennen sie hier ja auch nicht. Noch nie was von einer Garderobe ge-hört, die Kiwis. Da läuft man schön von draußen mit dre-ckigen Stiefeln und Mantel direkt ins Wohnzimmer und bringt den ganzen Schmutz mit rein.«

Er streift sich seine nassen Spülhandschuhe ab und legt sie auf ein Stück Küchenkrepp, um die Anrichte nicht zu benet-zen.

»Ich meine, stell dir das mal in Deutschland vor! Und er-klär mir mal, warum all die alten Häuser hier immer Teppich im Bad haben. Total unhygienisch. Na, wem sag ich das. Ihr wohnt doch in Lyttelton?«

»Toller Blick«, sage ich. »All die Fenster. Und Wandschrän-ke, wie praktisch.«

Vor allem: Wie gut, dass Baxter hier nichts einbauen muss. Der Arme ist noch immer gezeichnet vom Tischlerjob in ›Jägi's Bakery‹. Letzten Freitag hat er eine Spätschicht eingelegt und noch einen Kollegen dazugeholt, damit der Verkaufstresen auf Wunsch des Jägimeisters vor dem Wochenende fertig würde.

113

Als nach zehn Stunden ohne Pause endlich die letzte Schicht Biowachs aufgetragen und die Sägespäne vom Boden gefegt waren, entdeckte Baxters Kollege im Kühlschrank neben der Hefe ein kühles Sixpack. Da lag der Bäcker schon längst in den Federn. Die Männer tranken jeder ein paar Bier. Am nächsten Morgen war die Freude über den fertigen Tresen nur halb so groß wie der Aufstand um die geleerten Flaschen. »Vertrauensbruch«, »Bereicherung an persönlichem Eigentum«, und »in meiner Firma in Deutschland wäre das ein sofortiger Kündigungsgrund« waren noch die netteren Bemerkungen. Weniger nett war, dass Jörg Olewski sich weigerte, die letzten beiden Arbeitsstunden zu bezahlen. Da hätten die Handwerker ja »nur gesoffen«. Diesmal wurde Baxter, der Dauerentspannte, sauer. Worauf Jörg erwiderte: »Ich kann auch deine Kunden warnen, dass du klaust.«

Wieso ist die nette Eva nur mit diesem Fiesling zusammen? Es muss am Vollkornbrot liegen. Dafür bringt eine echte Ökofrau sicher einige Opfer.

Die Bäckersgattin steckt ihren Rotschopf durch die Terrassentür.

»Hast es also über den Hügel geschafft!«

Zwischen ihren Beinen drängelt sich ein Mädchen durch. Seine Füße stecken in pinken Crocs, auf dem T-Shirt purzeln Kiwivögel und Delfine durcheinander, und um den Babyspeckhals hängt ein winziger Jadestein an einem Lederbändchen. Sie hat Sommersprossen wie ihre Mutter. Fehlen nur noch Bonsai-Dreadlocks.

»Mum, will Beach gehn«, quengelt die Kleine in fließendem Denglisch.

»Lass uns unseren Wagen nehmen«, sagt Eva. »Jörg hat ihn vorhin frisch gewaschen.« Natürlich. Es ist ja Samstag.

Neben Schebbenberg-Olewskis Einfahrt ist ein wildes Grundstück, von Goldregen überwuchert. Eva zeigt aus dem Auto auf die Büsche.

»Das muss alles weg, hat Jörg gesagt. Er hat schon an die Gemeindeverwaltung geschrieben, dass die es in Ordnung bringen sollen.«

»Am besten planieren«, sage ich, »und Waschbeton drüber. Dann Stacheldraht drum.«

Eva verzieht das Gesicht, aber dann grinst sie.

Unsere Kinder buddeln im Sand. Eva stellt einen Eimer dazu. Zum Glück ist er nicht mit ihrem Namen beschriftet. Für heute habe ich genug von deutscher Zwanghaftigkeit.

»Dein Mann ist, äh, ziemlich ordnungsliebend?«, taste ich mich vor, während Sonnenlotion auf mein Bein tropft. Ich muss ja nicht gleich nach alter Richterscher Sitte mit der Tür ins Haus fallen und alles Unangenehme sofort ansprechen. Ein bisschen was habe ich immerhin gelernt. Aber im Gegensatz zu den Kiwis redet Eva gerne Klartext. Ehrlichkeit, diese anstrengende Tugend, ist ihr im Exil noch nicht abhanden gekommen.

»Jörg hat massive Probleme«, kommt sie gleich zur Sache. »Seitdem wir nach Neuseeland gezogen sind, haben wir ständig Stress. Er hat sich in Golden Bay total verändert.«

»Wie denn?« Ich strecke mich auf der Decke aus und stelle mir den Analspastiker vor, wie er den Barfußläufern, Batikhemd- und Birkenstockträgern im Hippienest Takaka korrekte Mülltrennung beibringt.

Eva zupft sich ihren Bikini zurecht. Zur Abwechslung ist er ohne Neuseelanddekor, aber dafür hat ihr Handtuch ein paar Pinguine aufzuweisen. Ich tippe, es sind Gelbaugenpinguine, denn die sind vom Aussterben bedroht.

»Zu Hause in Berlin hatte er einen großen Betrieb. Aber ihm wurde das alles zu viel. Das frühe Aufstehen, die ganzen Zwänge, weißt du, immer nur an die Altersversicherung denken. Es war seine Idee wegzugehen. Eigentlich ist er ein freiheitsliebender Mensch, so ein bisschen verrückt, voller Träume und Abenteuer.« Genau mein Eindruck.

»Aber dann kam er nicht damit zurecht, dass er hier wieder ganz klein anfangen musste«, sagt Eva. »Auf ihn hat hier keiner gewartet. Dann all die Bürokratie. Und dass er für die Kiwis erst mal nur ›The German‹ war. Alles war anders, als er es kannte.«

»Anders ist ja nicht automatisch falsch. Nur anders.«

»Er misst aber alles an Deutschland, und daher ist es für ihn verkehrt.« Sie zerdrückt ein vertrocknetes Stück Alge. »Sein Englisch war anfangs auch nicht so gut. Das ist frustrierend, wenn man sich nie ganz richtig ausdrücken kann. Seinen Humor hat daher niemand kapiert.« Humor?

»Wahrscheinlich fühlt er sich verkannt«, sage ich. »Ist ja auch nicht leicht, wenn man immer das Gefühl hat, dass ein Stück von einem fehlt.«

»Als ob man amputiert wäre.« Eva seufzt. Sie kennt diesen Phantomschmerz offensichtlich. »Aber er weiß immer alles besser. Und das muss er jedem auf die Nase binden. Er hat sich im Bioladen aufgeführt, wenn sie nur ›organic‹ aufs Schild neben sein Brot geschrieben haben und nicht ›zertifiziert‹. Oder wenn sie die Lieferung einen Tag zu spät bezahlten. Im Kindergarten und im Schwimmbad hat er darauf bestanden, dass vor jeder Tür eine Fußmatte liegen muss. Solche Sachen hat er durchgeboxt, mit Anträgen und Beschwerden. Die kannten ihn schon bei der Stadtverwaltung in Nelson. Und wie er mit den Leuten umgesprungen ist!«

Ich kann's mir lebhaft vorstellen. Korrigieren und kritisieren tut ein Kiwi schon aus Takt und Höflichkeit nicht. Ganz im Gegensatz zu unsereins. Jägis Auftritt klingt nach guter germanischer Schule.

Eva redet sich in Fahrt. Der aufgestaute Einwanderungsfrust von fast drei Jahren entlädt sich. Ich fühle mich wie eine Gesprächstherapeutin.

»Warum seid ihr denn nach Christchurch umgezogen?«

»Weil Jörg meint, dass man in Golden Bay keine anständigen Angestellten finden kann. Zu schlechte Arbeitsmoral.« Das Wort habe ich lange nicht mehr gehört. Den Geruch von Freiheit und Abenteuer verströmt es nicht. Eher klingt es, als ob Jörg Olewski zwischen zwei Stühlen sitzt. Und das zermürbt auf Dauer.

»Habt ihr jemals überlegt, nach Berlin zurückzugehen?«, frage ich. Otto tritt gerade Takakas Sandburg zusammen. Evas Züge verhärten sich.

»Er ja, aber ich nicht. Klar, ich finde viele Kiwis oberflächlich und gleichgültig. Man darf nie über Ernstes reden. Und mir fehlen meine alten Freunde. Aber ich habe hier etwas gefunden, das ich niemals in Deutschland hätte.«

Ihre Augen sind plötzlich feucht. Ich denke an das Mietshaus mit Meerblick oben in Sumner. Aber das meint sie nicht.

»Dieser Zusammenhalt der Leute untereinander. Sumner und Lyttelton – das sind noch richtige Communities. Und wie Takaka hier aufwachsen kann, so natürlich, mit der Maori-Kultur, und ohne all den Druck, den die Kinder in Deutschland haben ...« Ihre Stimme schweift ab. Dann fängt sie sich wieder. »Aber Jörg findet es unmöglich, dass es hier kaum Hausaufgaben gibt und so wenig kontrolliert wird. Dass die Kinder in der Grundschule manchmal zehn Minuten durch die Klasse laufen, bevor der Unterricht losgeht.«

»Da wird er sich aber noch umschauen. Viele Leute nehmen im Winter einfach ihre Kinder aus der Schule, um mit ihnen nach Europa zu fliegen oder Ski zu fahren. Dafür wirst du in Deutschland doch fast verhaftet. Manche steigen sogar für ein ganzes Jahr aus.«

Eva nickt. »Ich wünschte, wir würden auch mal in die Berge fahren. Aber Jörg will ja erst drei Filialen aufbauen, bevor er Urlaub macht.«

Ich habe das Gefühl, da kommt noch was.

»Aber das Allerschlimmste«, sie holt hörbar Luft und streicht ihr Handtuch glatt, »ist die Sache mit dem Fernsehen.«

»Regt er sich darüber auch auf?« Da würde ich Jörg Olewski glatt recht geben. Die drei hausgemachten TV-Programme sind wirklich überholungsbedürftig. Erfrischend anders ist nur Maori TV, der jüngste Sender des Landes. Aber Eva meint das deutsche Fernsehen.

»Er hat sich bei einem dieser Idiotensender für eine Auswanderersendung beworben. Du weißt, diese peinlichen Doku-Soaps, wo sich irgendwelche Deppen im Ausland blamieren.«

Das gucken jedes Mal eine Million Zuschauer. Ich denke an die drei geplanten Filialen.

»Vielleicht will er seinen Leuten zu Hause beweisen, wie toll er es hier geschafft hat?«

»Mir egal. Ich sag dir: Das kann er machen, aber ohne mich. Die verdrehen einem das Wort und schneiden alles irgendwie zusammen, damit es dramatischer klingt. Das ist für mich ein sofortiger Trennungsgrund.«

Es klingt, als ob sie den Absprung geradezu herbeisehnt. Keine Ahnung, was da genau bei Schebbenberg-Olewskis abläuft, aber sicher nichts Gutes.

»Du warst doch auch beim Fernsehen, oder?«, will sie wissen. »Was hast du denn noch so in Deutschland gemacht?«

Ich traue mich kaum, Eva von LAX zu erzählen, geschweige denn der Zeit davor. Wahrscheinlich hält sie ›Schrot & Korn‹ für das einzig akzeptable Druckerzeugnis. Aber ich habe mich getäuscht.

»Was, du hast Promis interviewt?« Ihre schlechte Laune ist verflogen. Ihre Augen leuchten auf. »Weißt du, was ich manchmal zu gerne hätte?«

Ich spreche es für uns beide aus: »Die neueste BUNTE.«

Eva lacht und zieht ein verknautschtes Tütchen aus der Strandtasche. Sie raschelt damit unter meiner Nase. Weiße Schaumgummifläschchen? Sie sehen unscheinbar aus, wenn auch etwas zerdrückt. Takaka streckt gierig ihre sandverklebte Hand danach aus.

»Milk bottles«, sagt Eva. »Müsst ihr kosten. Gibt's hier überall, kennst du die nicht?«

Nein, kannte ich nicht. Was nicht von Katjes oder Haribo stammt, kam mir bisher nicht über die Lippen. Neuseeländischen Naschkram gilt es als eingefleischter Lakritzefan besser zu vermeiden. Das führt nur zu Enttäuschungen. Eva raschelt wieder, also greife ich zu. Das Milchfläschchen flutscht zwischen Zunge und Zähnen hin und her. Es ist cremig, vanillig, sahnig. Einfach köstlich. Ich muss zugeben: fast so gut wie eine Lakritzschnecke.

»Eva«, sage ich kauend, »schieb noch mal die Tüte rüber. Ich glaube, du hast mich umgefixt.«

Wenn es doch mit allem anderen auch so einfach wäre.

Eva schüttelt sich Salzwasser aus ihrer roten Mähne. Mit Kindern, Strandtasche und dem Gefühl einer vielversprechenden Freundschaft zwischen uns schlendern wir zurück zum Parkplatz. Ich zerkaue mein letztes Milchfläschchen, Otto zieht sein Boogieboard aus Schaumstoff übers Gras. Schöner könnte der Sommer in Sumner nicht ausklingen. Baxters VW-Bus knattert an uns vorbei. Der Surfer wackelt kurz mit dem Kinn und nickt den Kopf leicht zur Seite. Er lässt sich die Wellen an diesem Nachmittag natürlich nicht entgehen. Ich winke ihm zu, aber er ist schon fort.

Als wir an Evas Auto ankommen, fährt mir eine Faust in die Magengrube. So fühlt es sich an, als ich sehe, was jemand auf den Geländewagen gesprüht hat. Auf der Heckscheibe: ein schwarzer Penis. Auf der Motorhaube: ein Hakenkreuz. ›Fick dich, Nazi‹ heißt das Bilderrätsel. Oder ›Fick nicht mit Nazis‹?

Eva ist gefasst. Nur ihr Gesicht ist versteinert.

»Jörgs Mutter schickt uns immer so ein Spezialmittel.« Die Finger umkrallen den Autoschlüssel. »Damit kriegt man alles weg.«

Wildgänse fliegen durch die Nacht

IN MEINER INBOX liegen zwei Überraschungseier. Das erste davon ist ein faules: eine E-Mail von Dietmar Sägel. Sein schleimiges »Hallöchen, Frau Kollegin!« transportiert mich zurück in das verqualmte Redaktionszimmer mit Blick auf den Dom. Zu den Tennissocken und der Kantine am Mittag, dunkelblauen Blazern mit Schulterpolstern und Konferenzen über Aufmacher.

»Hat mich gefreut, dass Sie uns letztens bei dieser Horror-Haus-Geschichte spontan ausgeholfen haben. Wir sollten wieder öfters zusammenarbeiten. Sie haben ja wirklich schöne Themen, so wie diese Würmerfresser neulich im ›Leckerschmecker‹.« Was soll das alles? Warum diese unspezifische Kontaktaufnahme mit einer freien Journalistin, die weder in Hollywood noch in Bagdad sitzt und schon gar nicht vorhat, für die KREIS-Zeitung zu arbeiten? Ein bisschen viel Alarm für meine Wenigkeit. Ich traue Ditze auch nach all den Jahren nicht. Dann kommt's.

»So wie Sie schreiben, bekommt man direkt Lust, mal selber nach da unten zu fliegen. Wann ist denn in Ihren Breitengraden die beste Reisezeit? Könnte mir gut vorstellen, meinen nächsten Urlaub bei den kauzigen Kiwis zu verbringen. Wäre ja witzig, wenn man sich nach all den Jahren wiedersieht. Ich halte Sie auf dem Laufenden. Gruß aus Berlin, DS.«

Ich starre auf meinen Laptop und lache hart auf. Ein deutscher Tourist mehr oder weniger ist nicht das Problem. Aber die KREIS-Säge ist eine Zumutung. Nur sollte man es sich mit ihr nicht verscherzen, falls sie noch immer scharf ist. Also antworten, aber nicht so schnell.

Die zweite E-Mail ist leichter verdaulich. Flutschig geradezu. Ein Münchner Männermagazin startet eine Serie namens ›Flirt global‹. »Wir wollen berichten, wie Menschen in beliebten Urlaubsländern auf Partnersuche gehen«, schreibt mir die Redakteurin mit Adelstitel. Endlich mal ein wichtiges Thema von länderübergreifender Relevanz. Aufklärerisch geradezu. Genderpolitisch. »Es geht los mit Italien, dann kommt Dänemark, Spanien, USA, DomRep usw. Ganz zum Schluss hätten wir dann gerne Ihr kleines Paradies.«

Das letzte Wort löst sofort eine extreme Allergie bei mir aus. Wahrscheinlich habe ich es früher selbst zu inflationär verwendet und damit zu seiner Abnutzung beigetragen. Wie schon die Eagles in einer alten Ballade sangen: »You call some place paradise – kiss it goodbye«. Um einen allergischen Schock zu vermeiden, sollte es der Tourismus- und Medienbranche untersagt sein, den P-Begriff im Zusammenhang mit Neuseeland (wahlweise Südsee) zu erwähnen. Besonders in der Koppelung mit ›klein‹ oder ›grün‹. Schon mal irgendwo von einem ›großen braunen Paradies‹ gehört? Na also. Ich schwöre: Wenn ich es noch mal lese, gründe ich den Verein ›Klischeefreiheit für Aotearoa‹. Wenn daraus mal nicht eine militante Splittergruppe wird. Tod der Verniedlichung. Hallo, RAF.

»Jedes Jahr findet die südlichste Single-Party der Welt auf Stewart Island statt«, schreibe ich der Dame zurück. »Das ist die Insel ganz tief im Süden, der letzte Außenposten vor der Antarktis. Dort kann man auch Kiwis (also die Vögel) nachts in freier Wildbahn beobachten. Wäre das was für Ihre Serie? PS: Neuseeland ist ungefähr doppelt so groß wie England.«

Wir werden uns schnell einig. Das Honorar klingt in diesen Krisenzeiten astronomisch. Außerdem war ich noch nie auf einer Insel so tief im kalten Süden. Und Claude hat versprochen, dass sie mitkommt. Sie will fotografieren – Vögel für sich, Singles für mich.

Am Samstagmittag sitzen wir neben Dana, Barbette und Suzy im Flughafen von Invercargill. Die Stadt ist bis heute dafür berühmt, dass die Rolling Stones sie 1965 als ›Arschloch der Welt‹ bezeichneten. Die Band wurde bei ihrem Auftritt ausgebuht und mit halb gegessenen Pies beworfen.

Der Flughafen ist so klein, dass man in drei Schritten von der Wartehalle aufs Rollfeld tritt. Dana, Barbette und Suzy sind Melkerin, Verkäuferin und arbeitslos, keine zwanzig und noch zu haben. Ihr Gepäck besteht aus einer großen Plastiktüte. Etwas Schwarzes mit Acrylspitze lugt daraus hervor.

»Mein Abendkleid«, sagt Dana. »Hab ich mir eben noch besorgt. Nur 39 Dollar bei Tippsy's, super, was?«

Ihre Freundinnen gackern.

»Mal sehen, wie lange du den Fummel anbehältst!«

Claude lässt sich nichts anmerken. Sie hantiert mit ihrem iPod. Vielleicht fährt sie gerade ein Hermann-Hesse-Hörbuch hoch. Ich bin gespannt, wie lange sie die unbeteiligte Fassade aufrecht hält. Ein Provinzbesäufnis für notgeile Heteros rangiert auf ihrer Skala sicher noch tiefer als das Wildfoods Festival in Hokitika.

Die Vorfreude der Mädchen ist nicht zu übersehen. Sie scheinen wild entschlossen, ihre womöglich noch vorhandene Unschuld bei der subantarktischen Sammelstelle für einsame Herzen loszuwerden. Das Nachtleben in Invercargill kann nicht allzu spannend sein. Das letzte Mal war das Farmerstädtchen in den Nachrichten, als der 112 Jahre alte Henry, ein Tuatara und damit eines der ältesten Reptilien der Welt, im Southland Museum zum ersten Mal Vater wurde. Seit 1972 hatten Tierpfleger ihn zur Paarung animiert, aber nichts passierte, obwohl man ihm die 20-jährige Juliet unterschob. Erst Mildred, ein 70- bis 80-jähriges, gebärfreudiges Tuataraweibchen, konnte Old Henry rumkriegen.

Mein Magen hüpft auf dem kurzen Flug in der Achtsitzermaschine nach Stewart Island. Aber die Anreise mit dem Schiff würde bei wilder See viele Stunden dauern und meinen Gleichgewichtssinn noch mehr belasten. Die Foveaux Strait ist ein berüchtigter Wasserweg, den schon Walfänger vor zweihundert Jahren zu fürchten wussten. Viele verzichteten damals lieber auf die Heimreise und blieben bei den Ureinwohnern von Rakiura hängen – so heißt Stewart Island korrekt. Claude weiß das alles.

»Darum sind so viele der Maori hier blond und blauäugig«, sagt sie. Das Ruckeln in der Luft erträgt sie mit stoischer Ruhe.

Der Stamm der Rakiura ist bis heute der einzige, der auf den umliegenden unbewohnten Inseln die Küken der Muttonbirds jagen darf. Das sind Sturmtaucher, die sich dort jedes Jahr millionenfach zum Brüten einfinden. Claude zeigt aus dem Fenster. Noch mehr Heimatkunde.

»Wusstest du, dass auf Codfish Island der berühmteste Kakapo der Welt lebt?« Sie schaut durch ihre Kamera und richtet das Objektiv aufs Wasser tief unter uns. »Er heißt Sirocco.«

»Ich hab ihn schon auf YouTube gesehen.«

Sirocco ist ein Papagei und wurde von Hand aufgezogen. Als ihn der britische Schauspieler Stephen Fry für eine Dokumentation filmen wollte, sprang der Vogel Frys Kollegen in den Nacken und versuchte, sich dort zu paaren. Seit der Vergewaltigung von hinten hat er über dreitausend Fans bei Facebook. Was ich sonst noch von dem Grenzgebiet an der Schwelle zum Polarmeer weiß, ist nicht viel, aber so viel steht fest: Alles dreht sich dort um Vögel.

Gerade mal vierhundert Leute leben in Oban, dem einzigen Ort von Stewart Island. Rund ein Fünftel davon sind männliche Singles, vor allem Fischer und Handwerker. Männer von der Sorte, die sich nach der Arbeit das Gewehr schnappen, um schnell was fürs Abendbrot zu schießen. Jetzt sitzen sie in der Nachmittagssonne vor dem South Sea Hotel, das gleichzeitig als Kneipe fungiert, und prosten der weiblichen Fracht vom Festland zu. Mit der Morgenmaschine sind bereits Grüppchen von amüsierfreudigen Frauen angereist und haben sich auf die Bed & Breakfasts verteilt.

»Dort laufen jetzt die Lockenstäbe heiß«, lästert Claude. »Von Vibratoren hätten sie sicher mehr.«

Sie trägt wie immer hautenges Schwarz, dazu Motorradstiefel und eine Ohrenklappenmütze aus Filz. Die Männer vor dem Hotel mustern sie unentschlossen bis irritiert. Auf den ersten Blick könnte man sie für einen schlaksigen Jungen halten. Auf den zweiten Blick wird klar, dass sich hier jemand todesmutig in Feindesland begeben hat.

Dana, Barbette und Suzy quartieren sich in ein Backpacker-Hostel ein. Der frühere Besitzer der Rucksackherberge war berüchtigt dafür, dass er alleinreisenden Frauen nachstellte. Mit diesem Ruf schaffte er es sogar in eine Ausgabe des Lonely Planet.

»Ich schätze, hier ist es ziemlich einsam im Winter«, sage ich zu Claude. Wir sitzen in der guten Stube des Hostels: ausgeleierte Sofas, Resopaltische, ein Fernseher. Ein schüchtern aussehender Mann nickt uns aus dem Sessel zu.

»Genau, viel zu wenig Mädels!« Ein schiefes Lächeln. Er stellt sich etwas unsicher vor. Gary ist der ehemalige Müllmann der Insel und seit zwei Jahren ohne Freundin. Jetzt hockt er im Hostel, Wodka-Orangensaft vor sich in der Kaffeetasse, und hofft auf den großen Abend. Warmtrinken für später.

»And, how do you like New Zealand?«, fragt er mich. Mein Akzent hat mich auch hier verraten. Im Rumpelwohnzimmer wird es lauter. Dana, Barbette und Suzy gesellen sich zu uns. Dass Gary recht einsilbig ist und Vokuhila trägt, scheint die Frauen nicht zu stören.

»Wir wollen heute nur ein wenig Spaß haben, oder, girls?«, sagt Dana.

Sie lacht den anderen zu und schenkt sich aus Garys Wodkaflasche ein. Der Resopalstuhl wackelt gefährlich unter ihr. Noch knapp zwei Stunden bis zum Ballanpfiff.

Claude geht ins Motel, um ein wenig zu lesen. Zum Fotografieren ist es bereits zu dunkel. Mit den Frauen aus Invercargill schlendere ich durchs Zentrum von Oban, das aus zwei Straßenecken besteht. Gary trabt mit. Wenn die Zeit in Neuseeland um zwanzig Jahre zurückgedreht wurde, dann ist der Zeiger in diesem Ort noch mal so lange stehen geblieben. Oban ist charmant und überschaubar: ein kleiner Supermarkt, ein paar Cafés und eine Pizzeria, die auch als Kino fungiert. Gerade mal 22 Kilometer an befahrbarer Straße hat die Insel zu bieten. Wenn es tagelang geregnet hat, was hier

124

oft geschieht, ist sie schnell von einem Erdrutsch verschüttet. Historische Holzhäuser am Hügel mit Hafenblick verströmen kolonialen Charme und erinnern mich ein wenig an Lyttelton. Dazwischen quillt die Natur hervor: üppig, saftig, ungezügelt. Keine Gartenzäune weit und breit.

Gary zeigt auf die Straßenkreuzung. Plötzlich taut er auf.

»Hier stand mal eine neue Verkehrsinsel«, sagt er zu den Frauen. »Keiner wollte sie. Alle sind drübergefahren. Drei Tage lang, dann hab ich sie mit einer Kette an meinen Pick-up-Truck gebunden.«

Barbette ist beeindruckt.

»Du hast sie … entfernt?«

»Hab sie ins Hafenbecken geschmissen.« Er zeigt aufs Wasser. Ein Anflug von Stolz breitet sich über sein notdürftig rasiertes Gesicht aus. »Da liegt sie noch. Hey, girls, das war vielleicht ein Spaß!«

Die Mädchen hängen an Garys Lippen. Er wird gesprächig und erzählt mir vom deutschen Ranger, den sie hier mal hatten. Der wollte das Altöl von seinem Jeep unbedingt ökologisch korrekt entsorgen.

»Ich hab ihm gesagt: ›Buddel einfach ein Loch hinter deinem Haus.‹ Er dachte, dass das Öl aufs Festland muss. Ich zu ihm: ›Da buddeln sie auch nur ein Loch.‹«

Er lacht in sich hinein. Die Mädchen haken ihn unter und ziehen mit ihm in Richtung South Seas Hotel davon. Noch eine Stunde bis zum Ball. Die kühle Luft riecht nach Tang und Fischernetzen. Nach einer Weile gewöhnt sich mein Ohr an die veränderte Geräuschkulisse. Wind, Wasserschwappen, Kaka-Kreischen in der Dämmerung. Der Waldpapagei ist laut und frech. Er lässt sich von den Pensionsbesitzern mit Zuckerwasser anlocken. Das lieben die Touristen, viele sind es ja um diese Jahreszeit nicht. Wer nach Stewart Island kommt, will unbedingt einen Kiwivogel sehen. Nirgendwo ist die Chance so groß, dem scheuen Wappentier in freier Wildbahn zu begegnen. Hunde sind daher auf der Insel so unerwünscht wie Kinderschützer im Vatikan, weil sie den Vogel, der nicht fliegen kann, sofort zur Strecke bringen. Doch die Besucher an diesem Herbstwochenende sind weder Wanderer noch Ornithologen. Sie interessiert in erster Linie das Balzverhalten der Insulaner.

Ich schaue kurz im Backpacker-Hostel vorbei. Dana hat sich ins große Schwarze gezwängt. Ihre Freundinnen ziehen mit vereinten Kräften den Reißverschluss hoch. Die Wodkaflasche ist fast leer und Ex-Müllmann Gary schon ziemlich voll.

»Noch zehn Minuten«, trällert Barbette und winkt mir zu.

Ich gehe zu Claude ins Motel. Sie liegt angezogen auf dem Bett und blättert in einem Buch, ›Jade Country‹ von Theo Schoon. Ihre schweren Stiefel hat sie gegen Lackstilettos ausgetauscht und statt der Filzkappe sitzt auf ihrem Kopf ein enges Mützchen aus gehäkeltem Lurex.

»Ich bin so weit«, verkündet sie, schnappt sich einen Taschenspiegel vom Nachttisch und malt ihre Lippen knallrot an. Ich habe sie bisher noch nie geschminkt gesehen. Die Verwandlung zum Vamp ist vollzogen. Sie greift nach ihrer Kameratasche.

»Zwei Stunden, länger nicht. Und ich warne dich: Wenn es zu schlimm wird, werde ich mich betrinken.«

Es nieselt sanft, als wir auf hohen Hacken den Gemeindesaal von Oban betreten. Er platzt, genau wie Danas Abendkleid, aus allen Nähten. Musik dröhnt uns entgegen.

»Zweihundertfünfzig Eintrittskarten sind weggegangen wie nichts!« Der Veranstalter der Party brüllt mir fast ins Ohr. »Unser Fest ist einfach legendär. Komplett ausverkauft!«

Der Veranstalter sieht wie ein alternder Rockstar aus, sonnengegerbt, schwer sympathisch und in zu engen Jeans. Den Ball hat er eigenhändig aus der Taufe gehoben. Der Mann ist ein Held, wie es nur noch wenige gibt.

»Damals saßen wir an einem Regenabend im Pub. Alles Männer, nur eine einzige Frau. Und die war auch noch verheiratet«, erzählt er, während er uns zur Bar lotst. »Vier von uns tanzten zu ›YMCA‹, und ich dachte: Das musst du irgendwie ändern.«

Er spendiert den »two nice ladies« erst mal einen Drink. Claude kippt ihren Gin Tonic mit gefrorener Miene hinunter. Der Saal ist mit aufgeblasenen Delfinen dekoriert. Rund um die Bühne stehen Seeräuberschatzkisten. Maritim mutet auch das Schuhwerk einer Besucherin an: Sie hat sich zum pinken Abendkleid in schwarzweiß gemusterte Gummistiefel geworfen. Dana, Barbette und Suzy sieht man die vorschnell geleerte Wodkaflasche bereits an. Sie zucken und wackeln zur Musik der Oldieband. Ich schaue mich um. Die Männer wirken deutlich zurückhaltender und halten sich an Bierflaschen fest, eine Hand halb in der Hosentasche vergraben und leicht zur Musik auf den Fersen wippend.

Claude lässt ihren Blick über die Reihen schweifen. Ihre eisige Zurückhaltung hat sie endlich aufgegeben.

»Ein Mann aus dem Süden tanzt nicht vor zehn Uhr abends oder bevor er sturzbetrunken ist.« Sie schraubt ein Objektiv auf die Spiegelreflexkamera. »Er zieht sich auch nicht schick an, denn dann könnte er als schwul gelten. Gib ihm ein kostenloses T-Shirt, und er trägt jede Biermarke auf seiner Brust spazieren.«

Ich folge ihrem Blick. Sie dreht sich zu mir. Die anthropologische Nachhilfestunde ist noch nicht beendet.

»Ja, ein paar sehen gut aus, aber versuch mal eine Konversation mit denen. Dagegen kommt dir Kaspar Hauser wie Goethe in Höchstform vor. Und falls sie den Mund aufkriegen, ist ihr größtes Kompliment ›nice tits‹. Ich habe dich gewarnt, sweetheart.«

Vielleicht flirten Kiwis einfach anders. Oder gar nicht. Noch so ein Feld, auf dem ich die neuen Spielregeln nicht beherrsche. Ich habe das Gefühl, dass ich mit der Einwanderung schlagartig unattraktiv und asexuell geworden bin, und das liegt nicht an Lukas.

»Die Männer werden entweder ganz rot vor Schreck«, fährt Claude fort, »weil sie dank ihrer christlichen Privatschulen prüde und verklemmt sind. Oder sie geben einen Grunzlaut von sich, greifen nach ihrer Keule und ziehen dich an den Haaren in die nächste Höhle.«

Sie klimpert mit den Eiswürfeln im leeren Glas und greift sich den Zitronenschnitz heraus. Ich denke an den verspielten, frechen Baxter. Dem fliegen alle Frauenherzen am Strand zu, und er jongliert gekonnt damit, ganz ohne Boss-Anzug. Claude übertreibt mal wieder.

»Aber in Australien ist es doch viel schlimmer«, sage ich. »Gilt es im Outback nicht als Anmache, wenn man laut rülpst oder furzt, sobald eine ›Sheila‹ die Kneipe betritt?«

Baxter erzählt uns gerne Schauergeschichten vom Erzfeind am anderen Ufer der tasmanischen See. Gleichzeitig überlegt er, dort zu arbeiten, weil man in ›Oz‹ so viel besser verdient.

Claude saugt an der Zitrone.

»Wusstest du, dass die Aussies weltweit am häufigsten das Wort ›porn‹ googeln? Wir Kiwis kommen erst an zweiter Stelle.«

»In Neuseeland wird angeblich am häufigsten ›cats‹, ›horses‹ und ›make bombs‹ eingegeben.«

Ihre Zähne zerrupfen das Fruchtfleisch.

»Da kannst du mal sehen, was sexuelle Unterdrückung für wundersame Blüten im Agrarbereich treibt.«

Das erste Glas geht zu Bruch. Dana und Suzy halten Barbette fest, die beinahe auf den Scherben ausgerutscht wäre. Die Band lässt Oldies krachen, die Tanzfläche füllt sich jetzt auch mit Männern, und die Delfine an der Decke schaukeln im Takt. Als um kurz vor Mitternacht das Seafood-Buffet eröffnet wird, können viele kaum noch gerade gehen. Umso besser schmecken die halben Hummer und Lachse, vom Veranstalter persönlich über Manukazweigen geräuchert. Dana greift sich ein ölig glänzendes Stück gepökelten Muttonbird. Fett tropft ihr vom Kinn auf die kunstseidene Robe. Ihre Stimmung kann das nicht trüben. Sie ist wild entschlossen, sich für den kurzen Rest der Nacht zu amüsieren.

»Mit Gary, da geht noch was.« Sie zwinkert mir bestens gelaunt zu, während Barbette und Suzy wieder zur Tanzfläche streben. Die beiden Freundinnen umkreisen hüftschwenkend und »Yeah!«-kreischend einen Backpacker aus England, der nicht weiß, wie ihm geschieht. Vielleicht hat es ihn nur durch Zufall in diesen Saal am untersten Rand der Südsee verschlagen. Wenig später steht er neben Claude an der Bar. Sie bestellt sich noch einen Gin Tonic. Ich höre halb hin. Sie reden über Filme.

»Herr der Ringe?« Sie schnaubt. »Hör mir auf. Mal abgesehen von den Hobbits – aber diese Filme sind für unser Land, was Leni Riefenstahls Propaganda für Deutschland war.«

Der Engländer weicht zurück und schaut sie mit großen Augen an. Claude ist es egal, wen sie verschreckt. Sie verzieht den Mund.

»Und komm mir nicht mit ›Whale Rider‹. Netter Film, süßes Mädchen, bla bla bla. Oder ›Die letzte Kriegerin‹. Ergreifend, ja. Rührend.« Sie winkt ab. »Weißt du, welcher Film großes Kinoformat hat und wirklich Neuseeland rüberbringt?«

»›Das Piano‹?«, fragt er eingeschüchtert.

»Nein, mein Lieber. ›In my Father's Den‹. Nach einer Geschichte von Maurice Gee. Das ist das wahre Leben, wie es hier wütet. Nicht so ein Öko-Disneyland, wie ihr es gerne hättet.« Sie dreht sich zu mir um. »Das Buch solltest du lesen, Anke. Unbedingt.«

Aus dem Funkeln in den Augen ist ein müdes Flimmern geworden. Dann sagt sie, dass sie jetzt ins Motel ginge, sie wolle noch »mit München plaudern«. Das leere Gin-Tonic-Glas hat Spuren von ihrem Lippenstift. Ich muss noch ein wenig durchhalten, schließlich läuft dieser Abend unter Arbeit. Der Engländer klebt jetzt an meiner Seite. Er ist auch nicht mehr ganz nüchtern.

»Ich kann ein bisschen Deutsch«, sagt er grinsend und beginnt zu singen: »99 Luftballons ... äh, 99 Luftba-lo-hons!«

Ich will keine Spielverderberin sein, außerdem singt er ganz passabel.

»Hast du früher etwa Nena gehört?«

»Klar! Ich fand sie so sexy. Bis sie einmal bei einem Auftritt den Arm hob – sie hatte keine rasierten Achseln, sondern einen vollen Busch. Shocking! Ich war ja erst zwölf.« Er lacht. »Ihr seid schon etwas pervers, ihr Deutschen. Warum steht ihr bloß alle auf David Hasselhoff?«

O nein. Hoffentlich singt er mir jetzt nicht ›I've been looking for Freedom‹ vor. Ich versuche mich herauszureden. Dass das ein hartnäckiger Mythos sei, eine Spätfolge der Achtzigerjahre, ein böses Gerücht. Dass es vor allem Neunjährige waren, die damals die Schallplatten von Knightrider gekauft haben, und deren Mütter alle mit auf die Konzerte gehen mussten, und nur daher – aber er lässt mich nicht ausreden.

»Nur in Deutschland«, feixt er, »hat der Typ konstante Hits gehabt. Nur in Deutschland.« Douze points für England, um beim Schlager zu bleiben.

In den frühen Morgenstunden wird es leer auf der Tanzfläche. Das Fest verlagert sich nach draußen.

»Jetzt geht es Reste ficken«, konstatiert der Backpacker und trabt los Richtung Strand. Dort wird im nasskalten Sand ein Feuer angezündet, was die Resterunde wärmen soll. Es nieselt noch immer. Daher also die Gummistiefel zum Abendkleid. Ich kann nicht viel im Dunkeln sehen, aber da vorne treibt hundertprozentig ein pinker Fummel im Wasser, das knapp über null Grad sein dürfte. Die drei Mädchen aus Invercargill sind nirgendwo zu sehen. Es ist an der Zeit, mich diskret zurückzuziehen. Auch wenn dies nicht im Sinne meines Auftraggebers ist und meine Laufbahn anderes vermuten lässt: Aber auch ich habe eine Schamgrenze.

Claude ist noch wach, als ich ins Motelzimmer schleiche. Sie räkelt sich im Sessel, ein leeres Weinglas neben sich, und legt gerade den Hörer auf. Ihr Gesicht sieht wieder frischer aus. Die Schuhe und das Glitzerkäppi hat sie in die Ecke geworfen.

»Komm, wir trinken noch einen«, sagt Claude und nimmt ein Glas für mich vom Tisch. Ich lasse mich auf mein Bett fallen.

»Aber nur, wenn du mir verrätst, warum du ständig auf den Kiwis rumhackst. Ich versuche nämlich, mit diesem Land zurechtzukommen. Und ich finde euch alle insgesamt ziemlich klasse.«

»Ich war mal Austauschschülerin in Augsburg, hab ich dir das nie erzählt?« Claude hat eine Art, Fragen mit Gegenfragen zu beantworten. »Das hat mir in vieler Hinsicht die Augen geöffnet. Ich komme ja ursprünglich aus der tiefsten Provinz, aus Twizel.« Bisher hielt ich Augsburg für Provinz. Es ist alles relativ.

»Warst du damals schon Claude?« Ich setze mich wieder auf und schenke mir Wein ein.

»Du meinst, ob ich mein Coming-out schon hatte, Fräulein Neugier?«

»Hmm. Ja. Zum Wohl.«

Sie prostet nicht zurück, sondern spielt mit dem Schraubverschluss der Weinflasche. ›Spielen‹ ist untertrieben. Sie zerdrückt das Metall. Es tut weh, ihr zuzuschauen. Claude nimmt das malträtierte Teil und wirft es über mein Bett hinweg an die Wand. Ich kann sie mir plötzlich mit ungefärbten Haaren vorstellen, peitschenknallend, in Reitstiefeln und Flanellhemd, das Mädchen von der Farm.

»Mein Coming-out«, sagt sie und betont jedes Wort, »hatte ich, als mein Vater mich grün und blau und blutig geprügelt hat. Er hat immer den Ledergürtel genommen, aber diesmal war es das Ende mit der Schnalle.« Sie klingt fast lakonisch. »Eine Extraabreibung, weil ich mit einem Mädchen aus der Highschool rumgemacht hatte.«

Sie steht auf und knöpft sich die Stretchhose auf, zieht sie von den schmalen Hüften, dreht sich mit dem Rücken zu mir und streckt mir ihren Po im schwarzen Slip entgegen. Wie eine Raupe prangt eine Narbe auf der Außenseite ihres rechten Oberschenkels, wulstig und weiß.

»Keine Angst, sie beißt nicht. Tat auch fast nicht weh.« Ihr Grinsen ist eher tapfer als ironisch.

Ich bin noch immer stumm. Am liebsten möchte ich sie in den Arm nehmen und den Mann, der ihr das angetan hat, durch eine Rupfmaschine für Possums jagen. Claude zieht die Hose wieder hoch. Die Raupe verschwindet.

»Ja, unser Recht auf körperliche Züchtigung – das darf uns keiner nehmen.« Sarkasmus tropft aus ihrer Stimme. Die Augen blitzen wieder. »Na, mir hat es ja auch nicht geschadet, wie du siehst.«

Sie dreht sich um und verschwindet Richtung Bad. Ich höre Wasser rauschen, während ich davondämmere.

Am nächsten Morgen wärmt die Sonne gnädig auf, was von den Resten von gestern übrig geblieben ist. Dana, Barbette und Suzy hocken auf der Bank vor dem Supermarkt und kramen in ihren Handtaschen. Sie sehen ziemlich derangiert aus. Das Abschminken kam offensichtlich zu kurz, vom Zähneputzen ganz zu schweigen. Unsere Frühstückseinladung lehnen die jungen Frauen aus Invercargill höflich, aber leidend ab.

»Bloß nichts essen«, sagt Suzy. »Habt ihr Paracetamol dabei?«

»Beim nächsten Mal nur noch getrennte Zimmer«, stößt Dana gequält hervor. Ihr Kleid stopft sie wieder in die Tüte. Sand klebt an der schwarzen Spitze. Es lässt sich nicht mehr recherchieren, ob sie lieber mehr Schlaf oder lieber mehr Sex gehabt hätte. So oder so: Ein Jahr Erholung vom Singles-Ball wird den dreien sicher guttun.

Claude will noch durch Oban laufen und Kakas fotografieren. Ich schaue für ein letztes Interview beim Partyveranstalter vorbei. Er räumt gerade Delfindeko und Seeräuberkisten aus der Halle. Als ich gehen will, schenkt er mir die geräucherten Reste vom Seafood-Buffet, denn »so was Gutes bekommt man oben bei euch in Christchurch doch sicher nicht, was?« Alte Neuseelandweisheit, frisch bestätigt: Je tiefer in der Pampa, desto herzlicher sind die Leute.

Ab mittags spielt die Oldie-Band von gestern Abend im Pub auf. Vor dem South Seas Hotel sitzen verkatert aussehende Jungmänner und schauen müde all den Damen hinterher, die auf den Transfer zum Festland warten. »Here go the birds«, sagt einer und greift nach seinem Bier: Jetzt ziehen die Vögel von dannen.

Mit der Arbeit bin ich fertig, aber mit Vögeln noch nicht. Deshalb schlagen wir uns heute Nacht in die Büsche. Ich will unbedingt, bevor ich Stewart Island verlasse, einen nicht ausgestopften Kiwi in freier Wildbahn sehen. ›Kiwi Spotting‹ ist die größte Attraktion auf der drittgrößten Insel des Landes, und Dan Percy veranstaltet die besten Touren.

In Dans Kutter sind heute nur Frauen an Bord. Unser Reisegrüppchen tuckert auf einen Strand zu, wo sich der scheue Kiwi-Vogel tagsüber versteckt. Nachts kreucht und fleucht er dort angeblich in Massen, weil es so einsam ist. Wir haben Taschenlampen eingesteckt. Es dämmert. Keine Großstadt erhellt hier unten im tiefen Süden den Abendhimmel. Ein paar Sterne funkeln bereits. Claude sieht meinen verklärten Blick Richtung Horizont.

»Ihr Deutschen seid elende Romantiker, weil es bei euch keine Wildnis mehr gibt. Eigentlich steckt doch ein Caspar David Friedrich in jedem von euch. Vor einer dramatischen Landschaft wollt ihr irgendwas fühlen.«

Die gefühlte Fahrtrichtung ist Antarktis, die Stimmung an Bord ganz Grzimek. Skipper Dan liefert uns den Soundtrack dazu. Er hat einen kleinen Kassettenrekorder dabei. Sein Steuerrad lässt er nur kurz los, um die Play-Taste zu drücken. Es fiept, gurrt, kreischt. Was wie ein Hühnerhof auf Speed klingt, sind die Brunftschreie eines Kiwis. Dan hat sie in freier Wildbahn aufgenommen. Er zwinkert uns zu.

»Na, wie gut, dass ihr keine Männer mitgebracht habt!«

Gut vor allem, dass er im Halbdunkel Claudes Gesichtsausdruck nicht sehen kann. Nach der akustischen Einstimmung schiebt Dan ein Fotoalbum in unsere Richtung. Ich blättere es durch. Es zeigt nichts anderes als zu Tode erschrockene Katzen, im Blitzlicht erstarrt. Dan stellt mit Fallen und Knüppeln allem nach, was seine Einnahmequelle bedrohen könnte: Ratten, Possums, streunende Miezen. Über die Exekutionen führt er akribisch Buch. Schon wieder so ein Hobby, dessen Faszination sich mir entzieht.

Als wir anlegen, ist es bereits stockdunkel. Wir klettern von Bord.

»Nicht mehr reden«, schärft uns Dan ein, »und Taschenlampen immer nach unten.«

Im Gänsemarsch tappen wir einen Pfad entlang. Links und rechts hängen die Schatten niedriger Bäume, über uns der Mond. Das ist schön und geheimnisvoll, auch ohne Kiwis. Unser Spotting-Führer leuchtet ins Gebüsch und bleibt stehen. Er lauscht. Wir lauschen ebenfalls. Da raschelte doch was? Fehlanzeige. Der Taschenlampentross trabt lautlos weiter. Nach einer Weile lichtet sich der Wald. Das Gras in den Dünen teilt sich, und wir stehen am Meer. Ein echter Traumstrand, wenn es nicht gerade mitten in der Nacht wäre. Meter für Meter leuchtet Dan die Sanddünen ab. Er murmelt mehrmals etwas, das so klingt wie »Hier kommen sie normalerweise runter«. Aber nichts kommt irgendwo runter. Kein einziger Kiwi gibt sich zu erkennen. Wir laufen den gesamten Strand zurück.

»Ich schau noch mal eben da hinten«, sagt Dan und stapft in eine Nachbarbucht davon. Das hören wir jetzt schon zum dritten Mal. Wir warten. Wir pinkeln. Wir leuchten heimlich mit der Taschenlampe aufs Meer. Unsere Karawane setzt sich endlich in Bewegung. An einem Fallenkasten bleibt Dan kurz stehen und linst hinein. Keine Beute. Ebenfalls Fehlanzeige.

»Ich schau noch mal kurz da hinten«, sagt er und verschwindet im Unterholz, ein Getriebener auf der Suche. Wir warten. Der Mond leuchtet. Leise diskutieren wir Frauen die Lage. Ob wir heute Nacht noch einen Flattermann im Lichtkegel sehen oder nicht, ist uns nach zwei Stunden Strandspaziergang unter Sternen eigentlich längst schnuppe. Aber Dan zuliebe sollte ein Vogel auftauchen, da sind wir uns einig. Keiner will dem gestandenen Kiwispotter und Katzenkiller diese Schande zumuten. Wir haben schließlich nicht für seine Niederlage bezahlt.

»Ein toller Nationalvogel«, lästert Claude. »Er ist langweilig, übellaunig, fast blind, kann nicht fliegen und sieht völlig lächerlich aus. Und dann verpisst er sich auch noch.«

»Welcher Vogel wäre denn für eure Identität besser?«

Dan kommt aus dem Unterholz zurück. Wir müssen wieder flüstern.

»Der Kea«, raunt mir Claude ins Ohr. »Der ist ein Fleischfresser und lacht über sich selbst.«

Nach drei Stunden Suche traben wir endlich zurück zum Fischerboot. Dan macht schon lange keine Späßchen über Brunftschreie mehr.

»Das ist mir in 17 Jahren noch nie passiert«, entfährt es ihm. Er ist sichtlich enttäuscht. Mit Neid denke ich an die älteren Damen aus dem Tierschutzverein, die kürzlich auf Kiwi-Spotting-Tour gingen. Die hatten dabei richtig was erlebt. Dan erledigte nebenbei die Katzen in den Fallen direkt vor ihren Augen. Das kam wohl nicht so gut an, denn eine der Damen erlitt einen hysterischen Anfall. Der Ausflug machte Schlagzeilen bis nach Invercargill. Alte Reporterweisheit, frisch bestätigt: Immer wenn es spannend wird, ist man gerade nicht dabei.

❮ ❮ ❮

Baxter ist am Telefon. Am Wochenende will er seine Geburtstagsparty feiern. Das Motto ist ›Hawaii 5-0‹. Unser Freund wurde mit der legendären amerikanischen Fernsehserie in den Siebzigerjahren groß. Das in Kombination mit seinem Surfer-Gen – kein Wunder, dass aus ihm ein Beach Boy geworden ist.

»Wünschst du dir irgendwas Bestimmtes, Bax?«

»Eigentlich nur, dass alle Frauen als Hulagirls kommen. Mit Kokosnussbikini!«

Ein unbekümmert freches Lachen. Er meint das ernst.

»Baxter, ich bin käseweiß! Es ist Winter.« Und ich habe noch kein Gramm abgenommen. Vom Rennradfahren werden bisher nur die Beine kräftiger.

»Mach dir doch einen Spraytan. Den haben jetzt alle, sagt meine Freundin.«

Baxters Freundinnen sind unter 25 und werden nach einer Saison schmerzfrei ausgewechselt. Der Spraytan ist für weißhäutige Kiwis, was für unsereins früher die Sonnenbank war. Er erzielt einen ähnlich prolligen, aber verschlankenden Effekt – wenn auch hautfreundlicher, was angesichts der Melanomrate in diesen Breitengraden nicht verkehrt ist. Die Cancer Society gibt sicher ihren Segen dazu.

Kommt man in ein neues Land, erlebt man vieles zum ersten Mal. Den ersten Fumigator. Die erste Honesty Box. Den ersten Pottwal aus nächster Nähe. Die ersten Spaghetti aus der Dose, auf Toast serviert. Zwillingswasserhähne, von denen aus dem einen nur kaltes, aus dem anderen nur brüllend heißes Wasser kommt. Mir steht eine weitere Initiation bevor: mein erster Spraytan.

Im Schönheitssalon muss ich nackt in eine Metallkabine treten, die mich an Autobahntoiletten mit Komplettknopfdruckreinigung erinnert. Frei von falscher Scham ignoriere ich den angebotenen G-String aus Papier, was ein Fehler ist. Es beginnt mit einem Discotanz. Rechter Arm hoch, rechter Arm geknickt. Linker Arm hoch, linker Arm geknickt. Eins und zwei, und sprüh, und sprüh. Rechter Fuß hoch, linker Fuß hoch. Halbe Drehung, stopp. Das Einsprühen kitzelt gemein. Ich fühle mich wie ein Obstbaum, der mit Pestiziden behandelt wird. Es wird besonders prekär, als die Selbstbräunungsexpertin auf dem Boden hockt und mich bittet, die Beine zu spreizen, um gezielt das untere Zonenrandgebiet der Bikinizone mit der Bräunungsdusche zu bearbeiten. Genauer gesagt hängt sie fast im Todesstreifen.

Als das Teufelszeug getrocknet ist, streife ich mir eine Art Umstandskleid über und stakse ohne Schuhe aus der Lackierwerkstatt hinaus, breitbeinig wie nach einer Mehrlingsgeburt, damit sich die Schenkel bloß nicht berühren. Jeder Hosenbund oder enge Stoff würde die Pracht ruinieren. Meine Haut klebt und riecht nach Chemie, und meine Füße sehen aus, als habe jemand eine Tasse Kaffee darauf verschüttet. Lukas holt mich ab, denn selbst fahren kann ich in dem Zustand nicht. Abruptes Bremsen würde mir die Bräunung der rechten Wade ruinieren. Zehn Stunden muss ich in diesem Zustand verharren und darf so lange nicht duschen, bis der Spraytan seine volle Wirkung entfalten kann. Es ist eine körperliche Extremerfahrung, die ich nicht in absehbarer Zeit wiederholen möchte. Nur der Gedanke, dass Paris Hilton jede Woche auf diese Weise gequält wird, hält mich aufrecht. Die Tortur ist damit aber nicht zu Ende. Keine weiteren Details. Nur ein Wort: Kokosnüsse.

Am Montagmorgen sehen meine Hände wie die Rücken von Streifenhörnchen aus, aber die Hornhaut an den Ellbogen ist noch immer orange. »Hallo, Frau Richter«, lese ich in der

E-Mail aus der Männermagazinredaktion, während im Kamin die Kokosnusshälften und Reste vom Bastrock verbrennen, »leider ist aus der schönen Flirtreportage von der Vogelinsel nur ein kleiner Kasten geworden (als heißer Insidertipp). Australien sagt unseren Lesern einfach mehr, meint der Chefredakteur.«

Leise rieselt der Schnee

»GESTERN HABE ICH Heizdecken gekauft. Für die ganze Familie«, erzähle ich Eva, während sie mit dem Wasserkessel hantiert. »Meine Kinder sollen es mal besser haben. Sie sollen es so gut haben wie Kiwi-Kinder.«

Durch die offene Küchentür hört man den Fernseher im Wohnzimmer. Klein-Takaka bessert seit einer Stunde ihr Englisch auf. Jörg ist in der Garage. Der Schuppen, wie Kiwi-Männer ihr Liebstes nennen, bietet Zuflucht vor den Anforderungen eines Haushalts und der Familie. Im Schuppen wird nur streng maskulinen Tätigkeiten nachgegangen: Motorräder auseinanderschrauben, eigenes Hefebier brauen, Fische ausnehmen, Inbusschlüsselsammlung vorführen. In manchen Kreisen wird der Schuppen auch zum Labor umgewandelt, um mit der Herstellung illegaler Methamphetamine die nächste Halbkörpertätowierung zu finanzieren.

Eva trägt fingerlose Handschuhe. Schwarze Tui-Vögel sind auf die rote Merinowolle gestickt.

»Kiwis haben doch alle Frostschutzmittel im Blut«, stellt sie kategorisch fest. »Daher kommen sie ohne Heizung aus. Auch wenn man seinen Atem in weißen Wolken sieht, wenn man aufwacht. Wenn wir jemals ein eigenes Haus haben, bauen wir als Erstes eine Wärmeumluftpumpe ein.«

Dass sie das Wort kennt, zeugt von großem Leidensdruck. Technik ist Eva so fremd wie mir. Meine Freundin schüttet Roibuschtee in Tassen mit Delfinmotiven und rührt Manukahonig hinein.

»Warum hast du eigentlich so orangebraune Flecken im Gesicht?«, fragt sie mich.

Ich lenke ab.

»Taut ihr auch morgens eure Erfrierungen mit dem Föhn auf?«

»Wir wärmen uns immer am Sandwichtoaster. Du weißt, dieses zusammenklappbare Ding. Muss man haben, wenn man dazugehören will.«

Sie zieht das sperrige Teil aus dem Küchenregal und demonstriert es mir. Der Sandwichtoaster funktioniert ähnlich wie das Prinzip Heizdecke: oben Decke(l), unten Hitze. Für alle, die nicht in meinen Breitengraden verkehren oder nie auf einer Kaffeefahrt waren, sei die Heizdecke kurz erklärt. Es ist eine vliesartige Matratzenauflage mit Kabelauswuchs an der Seite. Damit gibt man dem Bett regelmäßig Elektroschocks, damit der Federkern nicht Gefrierbrand ansetzt. Unter der Auflage schlängeln sich Heizschlangen. Den Grill betätigt man per Schalter, bevor man ins Bett steigt. Wichtig ist, dass man ihn wieder ausknipst, wenn man wegdöst, sonst könnte es im Schlaf zu Verschmorungen kommen.

»So ein Winter in Neuseeland ist wunderschön, wenn man nicht gerade hier wohnen muss.«

»Und nicht mal Weihnachten oder Silvester hat, um das Ganze erträglicher zu machen.«

Wir seufzen beide und schauen Richtung Fenster, an dem Kondenswasser in kleinen Bächen herunterläuft. Gefühlte Temperatur: subantarktisch. Draußen stapft Evas und Jörgs Nachbar vorbei. Er ist Rugbyspieler bei den Crusaders und hat einen Halsumfang, gegen den meine Oberschenkel Zahnstocher sind. Der Mann trägt mitten im Winter Shorts. Dazu Wollsocken, die vom Steg seiner Flipflops eingeschnitten werden. Der camel toe, also Kamelzeh, ist die antipodische Version eines Winterstiefels und wird auch in Australien gerne getragen. Dort ist es allerdings deutlich wärmer.

»Ich glaube, wir sind einfach verweichlichte Europäer. Wenn man Pioniere als Urgroßeltern hat, ist man abgehärteter ...«

»... indem man sich im Haus einfach zwei Wollpullis übereinander anzieht. Daran merkt man, dass man drinnen ist und nicht mehr draußen.«

Jörg Olewski kommt in die Küche. Er trägt Daunenweste und eine Wollmütze in den Maori-Farben Rot, Weiß und Schwarz. Die hat Eva ihm in besseren Tagen gestrickt.

»Wie lange werkelst du denn noch rum? Wirst noch zum echten Do-it-yourself-Kiwi«, stichelt seine Frau und reicht ihm eine Tasse Tee. Aber Jägi versteht heute keinen Spaß. An anderen Tagen eigentlich auch nicht.

»Ich muss diese Risse in der großen Holztür flicken. Alles völlig verzogen. Da zieht es ja durch wie Hechtsuppe.«

Ich wusste gar nicht, dass unser Bäckermeister mit Hammer und Säge umgehen kann. Aber das lernt man sicher schnell, wenn man alle Schreiner vergrault hat. Angewidert schüttelt Jörg den Kopf.

»Das sind doch keine richtigen Häuser hier. Ich bitte dich: keine Doppelverglasung, keine Unterkellerung. Und von soliden Steinmauern haben die doch auch noch nie was gehört. Da kann man ja gleich im Zelt wohnen.«

»Was die meisten Kiwis auch den ganzen Sommer über machen«, sage ich. »Nennt sich Ferien. Solltest du mal versuchen.«

Jörg verzieht keine Miene. Er ist noch nicht fertig mit seiner Litanei.

»Zumindest haben sie Dächer. Sagenhaft. Das schützt vor Regen.«

»Meistens.« Eva zeigt nach oben in die Ecke der Küche, wo die Wand grauschwarz schimmelt.

»Einfach Farbe drüber. Man muss halt ein bisschen erfinderisch sein, so wie alle«, schlage ich vor. »Daher ist hier der Gardinenstoff ja auch immer von einer Seite beschichtet. Da reicht ein simpler Gummifilm als Isolierung, wo Weicheier wie wir Rollläden brauchen.«

Wir grinsen beide. Aber der Meckerbäcker lässt nicht locker.

»All diese offenen Kamine – das ist doch die größte Umweltsauerei! Ganz Christchurch ist im Moment unter einer Smogglocke. Von wegen ›grünes Paradies‹ – da kann ich nur lachen.«

Das sollte er wirklich mal tun. Würde ihn entspannen.

»Aber ist doch gemütlich, so ein prasselndes Feuer«, versucht es Eva. »Irgendwie romantisch.«

»Ja, weil du davor so ins Schwitzen kommst, dass du dir die Kleider vom Leib reißt«, höhnt Jörg. »Aber drei Meter weiter fängt dann Sibirien an. Hör mir bloß auf – das ist doch alles primitiv. Da hatten wir's sogar in der DDR besser.«

Eva fällt ihrer schlechteren Hälfte genervt ins Wort.

»In der Tätärä habt ihr die Balkontüren bei Schnee und Eis aufgerissen, weil die Bude immer automatisch durch Fernwärme überhitzt war. Echt umweltfreundlich.«

Jörg guckt, als ob er seinen Tee über ihrem Kopf ausschütten will. Dann dreht er sich zu mir.

»Letzte Woche, als wir Nachtfrost hatten, habe ich morgens die Temperatur bei uns im Bad gemessen.« Er triumphiert. »Acht Grad Celsius! Die Weltgesundheitsorganisation empfiehlt in ihren Richtlinien mindestens das Doppelte. Ich hab im Internet geschaut.«

Er guckt mich an, als ob er erwartet, dass ich daraus eine Zeitungsmeldung mache. Eva seufzt auf.

»Ich werde mal beim Roten Kreuz nachfragen. Vielleicht spendieren sie dort Fußbodenheizungen.«

»Oder zumindest Wärmflaschen«, schiebe ich nach. Meine Heizdeckenquittung muss ich unbedingt behalten. Da lässt sich doch sicher steuerlich was machen, als humanitäre Spende an verfrorene Einwanderer. Wo aber nichts mehr zu machen ist, ist zwischen Eva und Jörg. Der Haussegen der Schebbenberg-Olewskis hängt offensichtlich schiefer als deren schlecht gezimmerte Eingangstür. Kaum hat sich Jörg wieder in die Garage verzogen, knallt Eva ihre Tasse in die Spüle.

»Ich weiß nicht, wie lange ich das noch aushalte. Soll er doch zurückgehen in sein Klein-Machnow, wenn ihn hier alles stört. Aber gerne ohne mich.«

Jetzt schnaubt sie, verzweifelt und wütend. Das hat gerade noch gefehlt: nach der Einwanderungskrise die Ehekrise. Oder ist es eine Ost-West-Krise?

»Er hat sich mit allen überworfen. Die Handwerker laufen

ihm davon. Die Nachbarn hassen ihn. Alle sind genervt, und ich kann es total verstehen.«

»Fahr doch mal für eine Weile weg«, schlage ich vor. »Allein.«

Sie denkt nach. Ihre Miene hellt sich auf.

»Nächsten Monat bin ich auf Exkursion.«

»Mit deinen Kommilitonen?«

Eva hat in den sauren Apfel gebissen und drückt mit lauter Zwanzigjährigen die Schulbank. Seit Neuestem ist sie wieder Studentin, um doch noch die Zulassung fürs neuseeländische Schulsystem zu bekommen. In ihrem Sportlehrerstudium gibt es ein auf der ganzen Welt einmaliges Fach namens Maori Movement, dem Vertrag von Waitangi sei Dank. In Evas Fall bedeutet die Einhaltung dieses wichtigen historischen Abkommens, dass sie nicht nur lernt, wie man den Schülern Weitsprung und Turnen beibringt, sondern auch polynesischen Stockkampf, das rhythmische Herumwirbeln von Poi-Kugeln an Schnüren und natürlich Haka, den berühmten Kriegstanz. Den beherrscht auch Jörgs und Evas stiernackiger Nachbar wie eine Eins. Rugby finden Eva und ich sterbenslangweilig, aber der Haka zum Auftakt der Länderspiele – der ist sexy. Auch meine Söhne können ihn. »Ka mate, ka mate«, brüllen sie dabei, »der Tod, der Tod!« So was lernt man in der Schule.

»Wir müssen zu einem einwöchigen Kurs. Einführung in die Maori-Kultur. Oben in Northland, wo es richtig ländlich und wild ist. Da leben kaum Weiße, ich meine Pakeha.« Eva klingt begeistert. »Stell dir mal vor: Wir wohnen alle im Marae!«

Das Maori-Versammlungshaus gibt es in jeder Stadt und auf vielen Dörfern. Im Marae findet seit jeher alles Traditionelle statt: Trauerfeiern, Tänze, Treffen der Stammesältesten und Tiki-Figuren-Schnitzen. Heutzutage aber auch Raucherentwöhnung, Bauchtanz oder, wie auf einem Marae in Auckland, Kabbala. Man passt sich an.

Eine Woche Marae – ich bin neidisch. Dafür müssten Touristen eine Stange Geld abdrücken, falls sie überhaupt hineingelassen werden. Glückliche Eva. Sie kann endlich ungehemmt ihrer liebsten Eingeborenenkultur huldigen. Danach wird sie garantiert nicht nur ein läppisches »kia ora« in ihre Konversation einbauen. Nein, sie kann ihre Kleinfamilie – sorry, ihre whanau – demnächst mit »kataou kite kai!« zum Essen rufen. Und Takaka darf dann hoffentlich nicht mehr ihren Hintern auf jeden Tisch pflanzen, denn da sind Maori sehr empfindlich. Ich denke, ein bisschen Bikultur tut den Schebbenberg-Olewskis sicher ganz gut.

»Stell dir vor, sie würden dich als Referendarin in Deutschland eine Woche in ein anatolisches Dorf schicken, um türkische Kinder aus Neukölln besser zu verstehen«, sage ich.

»Dieses Land ist schon schwer in Ordnung.«

Evas Gesicht entspannt sich endlich wieder.

»Warum kommst du nicht mit? Kannst doch darüber berichten. Hast du nicht gesagt, dass jemand vom Fernsehen was von dir haben will? Irgendein komischer Kollege von früher?«

Es stimmt. Dietmar Sägel hat sich wieder gemeldet. Aber nicht nur aus touristischem Interesse. Er ist plötzlich von der KREIS-Zeitung zum Privatfernsehen gewechselt und leitet jetzt ein Infotainment-Magazin. Ein Netz von »internationalen Mitarbeitern« will er dafür aufbauen. Intern wird die Sendung nur ›Rotlicht/Blaulicht‹ genannt, aber vielleicht kann ich ja mal einen Kurzbeitrag über ein ernstes oder zumindest ehrenwertes Thema loswerden. Job ist Job, Promis sind Promis, the past is the past – ich rufe in Berlin an.

»Ma-oooris? Sind die nicht so was wie Aboriginals?«

Dietmar Sägel klingt am anderen Ende der Leitung richtig begeistert. Daher verstimme ich ihn lieber nicht mit der Information, dass der Plural Maori bzw. Aborigines heißt. Und die beiden indigenen Völker einander im Lebensstil ungefähr so ähnlich sind wie Indios und Inuit. Apropos Inuit, Stichwort Skandal. Es gibt in Neuseeland daumengroße Figürchen aus Marshmallowmasse, ähnlich den Milk Bottles und blass in der Farbe, die ›Eskimo‹ heißen. Wie der Name und die dicke Kapuzenjacke samt Stiefeln vermuten lassen, handelt es sich hier um einen Polarkreisbewohner, ausgehbereit für die Robbenjagd. Jahrzehntelang verschwanden Tütchen um Tütchen an Eskimos in Kindermündern, und niemand störte sich daran, bis eine junge Kanadierin letztens der Südhalbkugel einen Besuch abstattete. Im Supermarkt blieb ihr die Spucke weg. ›Eskimo‹-Naschwerk sei beleidigend für ihr Volk, die Inuit, beklagte die Touristin sich vor Fernsehkameras, denn ›Eskimo‹ bedeute in der Sprache der Ureinwohner des Nordens ›Rohes-Fleisch-Fresser‹. Der Eskimoeklat hat Aotearoa in Wallung gebracht. Bikulturell hin, Maori her – aber beim Schleckern hört das Verständnis für andere Ethnien auf. Der Süßigkeitenhersteller lehnt es jedenfalls ab, den Namen zu ändern. Ich mache mir jetzt Sorgen um eine andere Kaubonbonsorte. Was, wenn eine Indianerin – hallo, neues Wort gesucht! – in unserem Supermarkt auf ›Red Skins‹ stößt? Rothäute, au weia. Die Rache Manitus ist den Kiwis sicher. Aber das ist nun wirklich kein Thema für Dietmar Sägel.

»Finde ich toll, Frau Richter, wenn Sie echte Ma-ooris kennenlernen können. Wie die leben, all das Exotische, das interessiert uns. Aber nicht im Kochtopf landen, hahaha!« Er fängt sich wieder. »Wir haben demnächst eine Reihe in der Sendung, wo Normalos, also keine Promis, bei irgendwelchen Stämmen im Busch von Afrika oder so leben. ›Allein unter Wilden‹. Vielleicht lässt sich so was ja auch mal mit Ihren Ma-ohren da unten machen?«

Er ist kaum zu bremsen. Wer hätte gedacht, dass sich hinter dem hartgesottenen Boulevardschwein ein feinfühliger Ethnologe verbirgt? Ich sage ihm, dass ich mir den Kurs erst mal anschaue und dann entscheide, ob das überhaupt ein Thema ist.

Um mal wieder einen Maori live zu sehen, gehe ich am Abend mit Lukas und Baxter auf ein Bier in die Wunderbar. Denn heute spielt dort Aaron Tokona, der so was wie der Carlos Santana von Christchurch ist. Eine seiner Bands nennt sich ›A Hori Buzz‹. Hori ist ein fast so schmeichelhafter Ausdruck für Maori wie Nigger für Afroamerikaner. Das hat Stil, und Aaron hat Talent. Claude kommt auch. Die Wunderbar ist weit über Lyttelton hinaus bekannt. Sie liegt im zweiten Stock über einem Supermarkt, ist nur vom Hinterhof aus erreichbar und bietet den besten Blick über den Hafen. Sie ist plüschig, verschroben, legendär. Ausgehöhlte alte Plastikpuppen und Spitzenunterröcke hängen als Lampen über rotem Samt. Der frühere Besitzer und Gründer der Wunderbar war ein Berliner und liebte alten Trödel. »Wer die Wirtin kränkt, wird aufgehängt« steht auf Deutsch auf einem Schild hinter der Bar aus Bambusstäben. Darüber baumelt ein Akkordeon.

Claude trägt heute Wunderbar-Stil. Am Revers ihres engen Herrenanzugs mit Weste steckt ein Marlene-Dietrich-Button. Fehlt eigentlich nur die Zigarettenspitze. Auch Baxter wartet bereits am Tresen.

»Was wollt ihr trinken?« Seine gute Laune ist mal wieder unschlagbar.

»Danke, lass mal, ich hol mir selber was«, sagt Lukas.

Claude verdreht die Augen und stößt ihn leicht an.

»Wie lange seid ihr jetzt hier? Habt ihr immer noch nicht kapiert, dass man abwechselnd eine Runde ausgibt?«

»Außer dir sagt uns das ja niemand.«

»Okay, ihr wart anfangs ja auch noch Neulinge. Gäste von außerhalb werden eingeladen.«

Lukas legt den Kopf schräg.

»Aber was ist, wenn du zehn Leuten eine Runde ausgibst, aber selber nur drei Bier am Abend trinkst? Ich meine, wie geht das auf? Und wenn jemand früher abhaut und gar nichts zahlt?«

Die Kulturbotschafterin nickt.

»Ist kompliziert, du hast recht. Über das ›round-buying‹ sind schon anthropologische Abhandlungen geschrieben worden. Glaub mir, jeder weiß genau, wer wann was gezahlt hat. Ob du ein ›fair player‹ bist oder ein ›freeloader‹. Es gleicht sich immer aus.«

Baxter reicht uns Bier und Wein an.

»Er muss sich keine Sorgen machen, dass die Augenbrauen hochgehen und hinter der Hand gemurmelt wird«, frotzelt Claude.

»Machst dich mal wieder über uns kleine Kiwis lustig,

was?«, sagt Baxter zu Claude, aber es klingt versöhnlich. Er dreht sich zu Lukas: »Lust auf Tischfußball?«

Claude schaut den beiden nach und zeigt auf das Kickerspiel in der Ecke.

»Dieser Deutsche, dem damals die Wunderbar gehörte, der hat die Figuren bemalt«, sagt sie. »Die eine Mannschaft mit Hakenkreuzen, die andere mit Judensternen. Das ging im ganzen Land durch die Presse.«

Mir rutscht fast das Weinglas aus der Hand.

»Wie – als Scherz etwa?«

»Vielleicht ist irgendwas bei ihm ausgerastet. Was meinst du, wie oft die ihm hier vor zwanzig Jahren am Tresen aus Jux ›Heil Hitler‹ entgegengelallt haben.«

»Vielleicht ist er aber auch nur ein totaler Idiot«, mischt sich eine Stimme hinter mir ein. Ich drehe mich um. Eva steht an der Bar. Was für eine Überraschung – »du auch hier«, »darf ich euch vorstellen« –, die Damen kannten sich bisher noch nicht. Eva trägt einen gefilzten Poncho, auf dem Monde und Sterne prangen. Das gelbe Ding auf der linken Schulter dürfte das Kreuz des Südens sein. Neben der herben Lippenstiftlesbe wirkt sie wie die personifizierte Portion Müsli. Ich hoffe, dass Claude sich ihre Kommentare verkneift, und gehe auf die Toilette, die mit einem Bügeleisen als Türklinke ausstaffiert ist. Als ich wiederkomme, drückt Claude Eva gerade einen Flyer für eine Ausstellung in die Hand.

Baxter kommt aus der Kickerecke zurück zur Bar. Eva verabschiedet sich schnell, als sie ihn sieht. Claude fängt an, über Münchner Sexshops zu fachsimpeln. Die Männer lauschen.

»Da gibt es Doppeldildos, die wie die Türme der Frauenkirche geformt sind.« Sie berichtet so beiläufig, als ob sie ein Fleurop-Gesteck für ihre Tante in Twizel beschreibt. Lukas guckt etwas betreten. Baxter staunt.

»Ihr Deutschen, ihr seid sexbesessen, stimmt's? Ihr geht doch auch alle nackt in die Sauna.« Er feixt.

Das Kombibad Paffrath in Bergisch Gladbach taucht vor meinem inneren Auge auf – Fliesen, Fichte und Frottee im Exzess.

»Das ist doch wieder so ein Quatsch«, sagt Lukas. Das Licht der Puppenlampen leuchtet rot auf seine Ohren. Baxter lässt nicht locker.

»Ein Freund von mir war auf seiner Europareise auf der Hamburger Reeperbahn. Mannomann, was die dort auf der Bühne mit dänischen Doggen anstellen!«

»Bei uns gibt's halt nicht so viele Schafe«, sagt Lukas.

»Und der Führerbunker in Berlin, das soll jetzt ein Underground-Club für Schwule sein.«

»Baxter, du musst wirklich mal raus aus Neuseeland«, sagt Claude. »Geh doch mal reisen, Darling.«

»O ja. Und wenn ich nach Deutschland komme, dann hoffe ich, dass alle Frauen für mich singen: ›I want to hold your Hans‹.«

Er gluckst. Ich brauche einen Moment länger. Lukas legt ihm die Hand auf die Schulter.

»Kommt, lasst uns nebenan zur Bühne gehen. Ben tritt vor Aaron auf.«

Ben Brown ist unser Dorfdichter und ebenfalls leibhaftiger Maori. Er raucht pausenlos Selbstgedrehte und hat eine Stimme wie Salzlakritz. Ben Brown ist schlaksig, verwittert und undurchschaubar. Er und die Samoanerin Tusiata Avia, die barfuß mit Machete auftritt, sind die besten Poeten weit und breit.

Discokugeln funkeln überm roten Plüsch. Der kleine Saal füllt sich. Ben Brown steht auf der Bühne der Wunderbar, halb ins Licht getaucht, den langen Pferdeschwanz zurückgeworfen, eine Hand am Mikrofon. »YouTube History Blues«, kündigt er sein letztes Gedicht an. Es handelt von Dylan Thomas, von John F. Kennedy und von einem Adolf, dessen Vater Schicklgruber hieß, aber den Nachnamen 1876 änderte. Keine Zeile über Kannibalen, die in Kochtöpfen rühren. Wir fordern eine Zugabe.

Über Nacht hat es frisch geschneit. Nicht in Lyttelton, aber der Gipfel gegenüber auf der Banks Peninsula ist weiß überpudert. Das nächste Skigebiet hat zwanzig Zentimeter Neuschnee und liegt keine zwei Stunden entfernt. Lukas hat an diesem Freitag frei, und so nehmen wir unsere Kinder einen Tag aus der Schule. Beide Klassenlehrer geben ihren Segen dazu. Es lebe die staatlich sanktionierte Unkompliziertheit.

Skifahren ist in Neuseeland nichts Elitäres. Viele Skigebiete sind ›club fields‹, haben statt eines Schlepplifts nur ein Drahtseil zum Einhaken und werden von einem Verein von Privatleuten betrieben. Jeder packt mit an und zahlt dafür weniger. Wir haben ein Picknick dabei, denn um die Mittagszeit sitzt man auf dem Parkplatz unterhalb des Lifts vorm Auto auf Campingstühlen. Profis bringen einen kleinen Grill für ihre Würste mit.

Auf dem Weg in die Berge halten wir hinter der Stadt an einem Skiladen, um Schneeketten auszuleihen. Der junge Mann dort verlangt weder nach einer Kaution noch nach einem Ausweis. Aber zumindest Name und Telefonnummer wird er brauchen?

»Ich heiße Lukas Körner«, sagt Lukas und buchstabiert: »K-o-e-r-n-e-r.«

»Hi, und ich bin Jason. J-a-s-o-n.« Er grinst, aber schreibt nichts auf. »Legt die Ketten einfach auf dem Rückweg wieder in den Schuppen, okay? Wir haben dann schon geschlossen, aber hinten ist ja offen.«

Wir könnten einfach mit den Schneeketten durchbrennen und später auch noch Jasons Schuppen plündern. Aber davon, dass wir schlechte Menschen sein könnten, geht dieser Optimist einfach nicht aus. Jeder andere Kiwi wäre genauso positiv drauf, was Fremde und die Menschheit generell betrifft. Auf so viel Urvertrauen und Unkompliziertheit waren wir nicht vorbereitet. Ja, wo gibt es denn so was? Die Welt um uns herum ist mal wieder schwer in Ordnung.

»Erinnere mich daran«, sagt Lukas und klopft sich die nassen Hände an der Hose ab, als er nach dem Anlegen der Ketten wieder ins Auto steigt. »Wenn ich irgendwann über die

Kiwis meckern sollte, dann sag nur ›Schneeketten‹, und ich höre sofort auf.«

Der Wagen frisst sich knirschend die 15 Kilometer lange Schotterstraße zum Skigebiet hoch. Bergbahnen und Gondeln sind hier unbekannt. Elektronische Musik von Tiki Taane wummert durchs Auto und preist auf Maori Himmel, Erde und den Gott der Meere. Die ersten Skifahrer bewegen sich in der Ferne als schwarze Krümel auf weißem Grund. Ein Sonnenstrahl kriecht über die Bergkuppe. Otto zieht sich schon mal seine Skibrille über die Ohren, obwohl er noch angeschnallt auf der Rückbank sitzt. In Plastikvisier und rotem Overall ist er heute Gott der Berge.

Ich probiere es einfach testhalber.

»Schneeeeketten!«

»Wirkt wie Ecstasy«, sagt Lukas und wischt mit dem Handschuh von innen über die beschlagene Scheibe. »Ich könnte sie alle auf der Stelle knutschen.«

Als wir vom Skifahren zurückkommen, ist Lyttelton um ein kleines Wunder reicher geworden. Judy, meine Lieblingsnachbarin, hat in der Nacht entbunden. Eine unkomplizierte Hausgeburt mit Hilfe von Hypnotherapie und Nicks Händen, die alles vom Keilriemen bis zur Nabelschnur richten können. Das Baby hat noch keinen Namen. Es schläft den seligen Neugeborenenschlaf.

»Zuerst wollen wir die whenua vergraben«, sagt Judy. Sie liegt in einem Himmelbett, das Nick aus Fichtenstämmen gezimmert hat. Der Himmel aus Mullstoff ist mit goldenen Sternchen bestickt. Neben dem Bett steht der Wiegenkorb mit dem schlafenden Säugling und daneben eine Tupperdose. Darin ruht whenua, die Nachgeburt – reif für die Erde.

»Ashana muss bei der Zeremonie unbedingt dabei sein. Aber sie macht gerade eine Virpassana-Meditation.« Judy seufzt. »Da schweigt man fünf Tage.«

Ich kenne mich mit den hiesigen Gepflogenheiten mal wieder nicht aus. Als Otto im Land der langen weißen Wolke geboren wurde, bekam er im Namen der Queen einen Pass geschenkt, den eine Krone, ein Maori-Krieger und eine fahnenschwingende Dame in einer Art Eurythmiegewand zierten. Ich dagegen verlor einen Teil von mir: meinen Mutterkuchen. Mit meiner Zustimmung wanderte der rosagraue Klumpen in den Sondermüll des Kreißsaals. Meine einzige Entschuldigung für dieses Sakrileg ist meine teutonische Herkunft, gepaart mit Ignoranz. Ich hatte keine neuseeländischen Geburtsvorbereitungskurse besucht und kannte das Umfeld kaum, in das ich den neuen Staatsbürger gebar. Sonst hätte ich gewusst, dass nicht nur die Pflege des Säuglings zählt, sondern auch der korrekte Umgang mit der Plazenta. Die Babytorte muss der Erde zurückgegeben werden, allerdings nicht durch die Kanalisation. So fordern es nicht nur bei den Polynesiern die Götter, die Vorfahren und die Hebammen.

Judy hatte das beim ersten Kind noch nicht ganz hinbekommen. Das Loch im Garten unterm Pohutukawabaum war nicht tief genug. Eigentlich sollte die Stelle geheim bleiben.

»Während Ashana gechantet hat und wir uns an den Händen hielten, kam der Hund vom Nachbarn angerannt. Der muss das gerochen haben. Hat es ausgebuddelt und ist damit weggerannt.« Sie schüttelt sich.

Beim zweiten Kind – damals lebten sie gerade in einem Tipi in New Mexico – bestand die Erde nur aus hartem Lehm. Außerdem war es nicht Heimaterde. Daher haben Judy und Nick lieber einen amerikanischen Geburtsratgeber befolgt und das blutige Heiligtum in trauter Runde zeremoniell verspeist.

»Es ist sehr nährstoffreich, wirklich. In dem Buch standen Rezepte.«

Jetzt schüttelt es mich.

»Lass mich raten – danach wurdet ihr zu Vegetariern?«

Das Baby schreit. Es zuckt mit den Fäustchen und kneift die Augen zusammen. Judy nimmt den Winzling hoch und legt ihn sich an die Brust.

»Willst du wissen, was mit der dritten Plazenta passierte?«

Ich brenne darauf.

»Das war die von Pepper. Die haben wir eingefroren, weil wir bald umziehen mussten.« Doch zur Beisetzung im neuen

Heim kam es dann nicht mehr. »Jemand brach bei uns ein, als wir auf dem Rainbow-Festival waren. Der hat die Tiefkühltruhe geplündert. Er suchte wohl Steaks.«

Vier Kinder, aber nur eine einzige Plazenta. Was verlangt die bikulturelle Etikette in solch einem Fall? Beileid? Eine Suchmeldung? Es wird Zeit, dass ich auf einen Marae komme und die Feinheiten lerne.

Komm in meinen Wigwam

»NIMMST DU auch meine Tasche?«

Eva ruft mir hinterher und schiebt den Gepäckwagen weg. Draußen vor dem Flughafen stehen weiße Kleinbusse. Aus einem winkt uns Angie zu, die beste Volleyballerin unter den Studenten. Den Transporter voller Polynesier, Maori und zwei Indern hat sie ›Happy Van‹ getauft. Bei den Weißhäuten in den anderen Bussen geht's wohl weniger lustig zu. Angie bezeichnet sich selbst als Plastikmaori: »Halb weiß, halb braun«. Und ein bisschen Silber, zumindest an Ohren, Zunge und Nase, denn Angie ist rundum gepierct. Sie nimmt die Ohrstöpsel ihres iPods heraus, als ich einsteige.

»Ihr beiden Deutschen seid wohl gespannt, wie es auf einem Marae ist, was?«

Das sind wir. Angie lächelt uns an.

»Hey, ich bin auch nervös«, sagt sie. »Für viele Pakeha ist es echt schwierig, sich in der Maori-Welt zurechtzufinden. Die meisten wissen doch gar nicht, wie ich groß geworden bin. Na, jetzt haben sie mal die Chance, in meine Fußstapfen zu treten.«

Nach zwei Stunden Fahrt schraubt sich der Autokonvoi des Lehrerkollegs in immer dichtere Subtropen vor. Hinter den Kurven blitzt die türkisfarbene Küste von Northland auf. Dazwischen Kühe, geflickte Schuppen, rostige Autowracks, Wäscheleinen und Kinderfahrräder vor blassgelb oder lindgrün gepinselten Holzhäusern. Zwei Jugendliche sitzen auf ihren Pferden am Straßenrand und rauchen – Maori-Bro Country. Die propere Gartenstadt Christchurch mit ihrer Kathedrale liegt in einem anderen Land.

»Gut, dass ich mal rauskomme«, sage ich zu Eva.

Sie nestelt an ihren Haaren. Die Dreadlocks hat sie kurz vor der Abfahrt nachgetönt. Das starke Rot macht sie jünger, aber blasser. Ihr Buch für die Fahrt – ›Neuseelands Maori ABC‹ – rührt sie nicht an. Ausgerechnet meine urdeutsche Freundin soll bei der Ankunft auf dem Marae die traditionelle Begrüßung aufführen, die nach strengem Protokoll abläuft. Laut Tradition müsste das eine der Maori-Frauen machen, aber da Eva die Älteste in der Truppe ist, wird ihr als Ausländerin ausnahmsweise diese Ehre zuteil.

»Das hat es im ganzen Land noch nicht gegeben. Mussten die Ältesten erst absegnen«, sagt sie und kramt in ihrer Brotdose mit Muscheldekor nach unbehandelten Apfelringen. Der Happy Van rumpelt durch eine Kurve. Die Schlaglöcher häufen sich.

»Aber ich werde sie nicht enttäuschen. Hab mich ganz schön ins Zeug gelegt.«

Ich kann mir lebhaft vorstellen, wie Eva als Maori-Musterschülerin glänzt und jeden Einheimischen aussticht. Sie kennt die Texte von allen Maori-Liedern, bei denen die Samoaner im Bus nur mitsummen und klatschen, auswendig. Sie hat Angie zurechtgewiesen, weil sie für die Zeremonie nicht den vorgeschriebenen langen Rock dabeihat, sondern sich nur ein Tuch über die Jeans bindet. Wenn Angie ein Plastikmaori ist, dann ist Eva die Juteversion: kratzig, aber hundertprozentig. Zu Hause in ihrem Arbeitszimmer hat sie jetzt das Treaty of Waitangi hängen, in einem Mosaikrahmen aus Paua-Stückchen. Jörg hat sie ausgelacht und gemeint, sie solle sich lieber einen anständigen Mietvertrag aufhängen.

Das Marae ist ein Holzhaus, groß, weiß und schlicht. Es ist das Herzstück des Ortes. Gerade mal neunzig Leute vom Stamm der Ngati Wai leben hier. An einem Baum hängt ein handgemaltes Schild: ›Bitte auf Kinder, Hühner und Katzen achtgeben‹. Der winzigen Dorfschule droht die Schließung. Die Arbeitslosigkeit ist hoch im nördlichsten Teil des Landes, Ärzte und Lehrer sind rar. Doch die Stimmen derer, die behaupten, den Maori würde pausenlos Geld hinterhergeworfen, werden mehr.

Als Besucher warten wir aufgereiht am Tor. Die Wiese davor dürfen wir noch nicht überqueren. In der Tür des Marae stehen Leute aus dem Ort, darunter viele Ältere. Eva zupft an ihrer Bluse herum. So adrett gekleidet habe ich sie noch nie gesehen. Selbst die obligatorischen Crocs sind einem Paar Sandalen gewichen. Tevasandalen, aber immerhin.

Auf dem Rasen steht ein Mann im Bastrock und hält einen Speer in der Hand. Er wirft einen Zweig in unsere Richtung. Ein Student hebt den Zweig auf und guckt dem Krieger starr in die Augen – er hat die symbolische Herausforderung angenommen. Jetzt ist Eva dran. Ihre Hände zittern, aber mit Absicht. Sie hält sie ausgestreckt vor sich und lässt sie flattern wie Vögel. Dabei stößt sie einen Singsang in te reo, der Maori-Sprache, aus. Vom Marae gegenüber antwortet ihr eine ältere Dame mit einem ähnlichen Ruf. So geht das hin und her, über die Lebenden, die Toten, die Studenten, die Autopanne auf der Fahrt und was sonst noch an wichtigen Botschaften übermittelt werden muss, bevor wir den heiligen Rasen überqueren dürfen. Ich bin schwer beeindruckt.

Wir streifen unsere Schuhe ab und ziehen hintereinander auf Socken ins Versammlungshaus ein. Die Wände des holzgetäfelten Raumes sind mit den Porträts Verstorbener gepflastert. Greise, Kinder, junge Mütter, Soldaten. Jetzt kommt, worauf ich seit meiner Ankunft im Land der langen weißen Wolke gewartet habe: der Hongi. Nacheinander bekomme ich von jedem Einheimischen einen sanften Nasenkuss aufgedrückt. Nur Stirn und Nase berühren gleichzeitig das jeweilige Gegenüber. Es hat etwas Warmes und Zartes: Wir hauchen uns gegenseitig symbolisch Leben ein.

Ich schiele nach rechts. Eva schaut sehr beseelt drein. Den Nasendrücker hat sie sicher nicht zu Hause mit Jörg geübt. Schebbenberg und Olewski sind mittlerweile nicht nur durch einen Bindestrich getrennt. Zwischen den beiden herrscht kompletter Stillstand. Eva will so bald wie möglich ausziehen, hat sie mir auf der Hinfahrt verraten.

Wir setzen uns im Schneidersitz auf den Boden und werden in der zweiten Landessprache begrüßt. Im Gegensatz zu Eva verstehe ich kein Wort.

»Das macht nichts«, flüstert sie mir zu. »Die Worte wirken auch so in dir und wachsen.« Meine Waden kribbeln. Bald schlafen meine Beine ein.

»Nga mihi mahana ki a koutou katoa – seid alle herzlich willkommen! Ich bin Haki Waiomio.« Die Stimme, die Ivan Rebroff ausstechen könnte, gehört einem fast zwei Meter großen Maori mit stattlichem Kugelbauch. Über der Plauze, korrekt puku, spannt sich ein frisch gebügeltes, weinrotes XXL-Hemd mit schwarz-weißem Spiralmuster.

»Waiomio, wie in ›why, me?‹. Denn es trifft immer mich.« Er lacht. »Für den Rest dieser Woche bin ich euer Lehrer und Vermittler. Von mir werdet ihr die eine oder andere Weisheit hören. Mein liebstes Maori-Sprichwort heißt: ›Wenn du kannst, sei klüger als andere, aber sag es ihnen nicht.‹«

Haki Waiomio hält einen knorrigen Talking Stick mit Schnitzereien und Muschelintarsien in den Händen und erklärt uns, was wir diese Woche erleben werden: Outdoor-Erziehung, Flachsflechten, Aale fangen, singen, diskutieren, hinterfragen.

»Whakarongo. Hört einfach hin und lasst alles andere ruhen. Ich will, dass ihr hier eure Wurzeln spürt und die Kraft der Natur. Dass ihr versteht, was es heißt, Maori zu sein. Gemeinsam wollen wir alle alten Verletzungen und Differenzen überwinden.«

Hugh – da hat ein großer Häuptling gesprochen. Die Stammesbrüder nicken zur Bekräftigung.

Nach den Begrüßungsreden wird der Versammlungsraum in ein Matratzenlager umgewandelt. Eine der Aunties, wie die älteren Frauen des Dorfes im Sammelbegriff heißen, teilt Kissen und Laken aus. Sie gibt uns strenge Anweisungen.

»Kein Essen und Trinken hier drin – das entweiht den Raum. Und niemand setzt sich auf die Kopfkissen, hört ihr? Der Kopf ist der heiligste Teil des Körpers. Da hat der Hintern nichts zu suchen!«

Ich schiebe meine Matratze an die Wand, unter der auf einer Tafel die Namen gefallener Maori-Soldaten der letzten beiden Weltkriege stehen, eingerahmt von einer Schnitzerei und dem verblichenen Konterfei der englischen Queen. Neben mir packt jemand seine Gitarre aus. Shane wirkt etwas reifer als der restliche Haufen der herumalbernden, mit Schlafsäcken um sich werfenden Sportstudenten. Er trägt Brille, neue Adidasturnschuhe und Cowboyhemd und strahlt genug Intelligenz für ein kleines Interview aus.

»Shane, wie fühlst du dich als Pakeha auf diesem –«

»Ich bin kein Pakeha«, unterbricht er mich. »Ich bin ein Neuseeländer.«

Das letzte Wort betont er scharf.

»Aber als Kiwi mit europäischen Vorfahren bist du doch automatisch ein Pakeha?«

Jetzt bin ich verwirrt. Eva kennt sich damit so viel besser aus.

»Pakeha heißt wörtlich: ›Ein Besucher, der nicht mehr ging‹. Ich bin aber kein Fremder. Ich bin genauso Kiwi wie jeder, dessen Vorfahren irgendwann vor fünfhundert Jahren auf einem Kanu hierher gerudert sind. Deshalb lehne ich das Wort ab. Es ist diskriminierend.«

Er blickt weg und beginnt seine Gitarre zu stimmen. Aha, daher weht der Wind. Aber Shane wirkt keineswegs wie ein rechter Redneck. Eher auf der Suche.

»Kannst du dich vielleicht nicht so für die Kultur der Maori begeistern, wie es in diesem Kurs erwartet wird?«

»Kennst du das Prinzip von Utu?«, fragt er zurück. Jetzt schaut er von der Gitarre auf. »Rache mit Blutvergießen, um jeden Preis. Das ist doch primitiv. Und dann die ganze Hierarchie. Dass deine Herkunft den Stand in der Gesellschaft bestimmt. Wurde deshalb nicht bei euch der Adel abgeschafft?« Er beugt sich wieder über die Saiten. »Oder dass Frauen keine Reden im Marae halten dürfen. Ich halte mehr von Love and Peace, von Gleichberechtigung und Demokratie.«

Shane zupft ein paar sanfte Akkorde.

»Außerdem würde ich mich viel lieber mal mit der Geschichte *meiner* Vorfahren auseinandersetzen. Die kamen aus Irland. Nur weil sie etwas später hier ankamen als die Maori, zählen sie wohl nicht.«

Ob die Kelten wiederum die Vorreiter von Frieden und Emanzipation waren, können wir auf die Schnelle nicht mehr klären, denn es wird zum Essen gerufen.

Vor den Verzehr haben die Maori-Götter das Gebet gesetzt. Streng genommen waren es christliche Missionare, die von den Maori-Göttern nichts wissen wollten, aber egal: Auf jeden Fall beten wir, mit einem herzhaften »Amene!« am Schluss.

»Da muss man als bikultureller Mensch durch«, sage ich zu Eva, die meines Wissens nach Atheistin ist, und stupse sie mit dem Ellbogen an. Sie reagiert nicht. Seit dem Abflug aus Christchurch ist es mit ihrer Lockerheit vorbei. Auch in Ordnung. Aber hoffentlich stößt nicht noch jemand aus unserer Runde ein »Hallelujah!« aus. Unter den Studenten sind einige wiedergeborene Christen, die alle paar Wochen eine neue Evangelisierungskampagne am College starten. Die Schönheitskönigin unter ihnen ist Vivien, ein langmähniges blondes Wesen in knappen Shorts und rosa Polohemd. Vivien kiekst und kreischt beim Lachen, wirft dabei ihre Haarverlängerungen nach hinten und deutet den Jungs spielerische Ohrfeigen an. Mein erster Eindruck sagt mir, dass ihr Verstand ungefähr so klein ist wie ihr Augenaufschlag groß. Eva sagt mir, dass Vivien stolz darauf ist, von den ersten Siedlern abzustammen, Schwule für pervers und Abtreibung für ein Kapitalverbrechen hält. Angie, die handfeste Volleyballspielerin aus dem Happy Van, kann Vivien offensichtlich nicht ausstehen.

»Angie ist ziemlich in Ordnung«, sage ich zu Eva.

»Alle hier sind in Ordnung«, korrigiert sie mich. »Wir sind wirklich Glückspilze.«

Haki Waiomio hat draußen auf der Wiese einen rostigen Grill von der Größe eines Kleinwagens angeschmissen und verteilt fetttriefende Würste mit einer Scheibe Weißbrot und einem großen Klacks Ketchup dazu. Unser Dinner ist jedenfalls schon mal ziemlich authentisch. Ich traue meinen Augen kaum. Eva

lässt sich ohne ein Wort des Protests von unserem charisma-
tischen Grillmeister eine Wurst reichen, die garantiert nicht
aus Tofu ist. Ich glaube, es wird nicht mehr lange dauern, bis
meine Freundin den Vegetarismus höheren Idealen opfert.

»›Ein voller Magen bringt den Vogel zum Singen und den
Menschen zum Lachen‹«, rezitiert Haki beim Servieren und
zwinkert in Evas Richtung. Der Schalk sprüht aus seinen Augen, die dunklen Locken fallen fast bis aufs Doppelkinn. Eva
schaut ihn an, als sei er der Dalai Lama.

Angie sitzt kauend neben mir und lässt sich bereitwillig
über unseren Kursleiter ausfragen. Er ist der Cousin dritten
Grades von einer von Angies acht Tanten.

»Weil er das jüngste von zwölf Kindern ist, hat er sich in
der Schule nicht zu reden getraut. Aus Respekt vor den älteren
Geschwistern. So ist das traditionell bei uns.« Angie beißt vom
Brot ab. »Aber das hat sich geändert, was? Keiner redet so viel
wie Haki. Er hätte Prediger werden sollen!«

Daraus wurde aber nichts, denn Haki Waiomio kam in
jungen Jahren mit zu vielen Drogen und Autoschlössern in
Kontakt. Er verschwand kurzfristig ›inside‹, wie der Knast
unter Kennern genannt wird. Statt »drinnen« endgültig auf
die schiefe Bahn abzurutschen, was meistens mit einer Mit-
gliedschaft in einer Gang einhergeht, kratzte Haki die Kurve.
Studierte, wurde Sozialarbeiter und politischer Aktivist. Er
organisierte Protestmärsche, damit Maori einen Teil des ihnen
gestohlenen Landes zurückerhielten.

»Und dann kam die Springbok-Tour«, sagt Angie fast ehr-
fürchtig. Was den Deutschen die Studentenproteste von 1968
sind, ist den Kiwis der berüchtigte Besuch der südafrikanischen
Rugbynationalmannschaft im Jahre 1982. Wer damals links,
jung und gegen Apartheid war, ging auf die Barrikaden. Es
gab Straßenschlachten, Festnahmen, landesweite Rebellion.
Haki Waiomio war mit Megafon und Farbbeuteln dabei.

»Danach wurde er ruhiger, sagt meine Tante. Jetzt will er
lieber helfen als kämpfen.«

Daher also dieser Umerziehungskurs. Und die Arbeit mit
straffälligen Jugendlichen, die Haki im Marae noch nebenbei

leistet. Er bringt den jungen Maori Knochenschnitzerei bei. Angie pustet auf ihre Wurst.

»Durch ihn finden sie ein Stück ihrer Identität wieder.«

Identität. Das Wort habe ich in den letzten Stunden fast so oft gehört wie Kultur, wobei damit nicht Theater und Klassikkonzerte gemeint sind. Im Sommer geht Haki mit Asthmakranken aus Auckland jagen und fischen. Und einmal im Jahr veranstaltet er einen Ruderwettbewerb für alle Teenager Northlands.

»Dann paddeln sie im Waka, dem polynesischen Kanu, drei Tage lang die Küste hinunter.«

Wenn ich all das zusammenzähle, muss dieser legendäre Sprücheklopfer gut und gerne an die fünfzig und ein halber Heiliger sein. Ich schaue mit völlig neuen Augen auf den Maori-Rebellen und -retter, der ein paar Meter von uns entfernt gerade abwechselnd von zwei Grillwürstchen abbeißt. Das Ketchup tropft hinunter.

»Was kann er eigentlich nicht?«

»Mit Geld umgehen, sagt meine Tante.« Angie wischt sich mit einer Papierserviette Hände und Lippenringe ab.

»Er beantragt dauernd ›funding‹ für seine Projekte, aber die Kohle ist immer auf halber Strecke futsch. Er hat einfach zu viele Verwandte. Cousins, weißt du.«

Ich weiß nicht, ob sie damit Vetternwirtschaft meint, aber die Frage spare ich mir für später.

»Haki ist ein echtes Schlitzohr. Daher funktioniert sein Bullshit-Detektor einwandfrei. Ihm kannst du nichts vorspielen. Er durchschaut dich sofort.«

← ← ←

Ganz schön kratzig, diese Baumrinde. Wie Bartstoppeln. Ich drücke mein Gesicht vorsichtig an den Stamm der mächtigen Pinie und umarme den Stamm. Wie lange habe ich Lukas nicht mehr gesehen? Erst zwei Tage. Jetzt holt er gerade die Kinder von der Schule ab. Christchurch ist so weit weg wie Charlottenburg oder Chicago.

Meine Augen sind verbunden. Heute Morgen trug ich auch schon eine Augenbinde. Da war ich ein Reh. Einer der Hip-Hop-Samoaner pirschte sich als Jäger an. Diese Übung sollte Instinkt und Sinne schärfen. Danach mussten wir uns alle auf den Waldboden legen und uns mit Zweigen und Piniennadeln bedecken. Während Ameisen die Hosenbeine hochkrabbelten, spürten wir unter uns Papatuanuku, die Mutter Erde, und blickten hoch zu Ranginui, dem Himmelsvater. Vorhin haben wir Blätter befühlt und uns dann jeder vorgestellt, ein Baum zu sein. Wie Tane Mahuta, der gewaltige Gott des Waldes.

»Höre richtig hin – whakarongo!«, schallt Haki Waiomios Stimme ein paar Meter hinter mir. Komisch, dass sie anders klingt, nur weil ich ihn nicht sehen kann. »Dein Baum wird dich rufen. Bäume haben korero, eine Sprache. Du musst sie nur hören, dann findest du ihn wieder.«

Ich lasse den Baum los und tappe weiter über knackende Äste und Piniennadeln. Diese Übung erinnert mich an Topf-schlagen – mit dem Unterschied, dass bei Kindergeburtstagen immer »heiß!« und »kalt!« gebrüllt wird, während ich mich hier ganz allein im Dunkeln orientieren muss, nachdem ich ein paar Mal um die eigene Achse gedreht wurde. Meine ausgestreckten Arme stoßen an den nächsten Stamm. Mein Freund, der Baum – »das ist er!«, rufe ich. Ich bin mir sicher, dass ich diese Pinie ausgewählt habe, als ich noch gucken durfte. Absolut sicher. Nicht nur wegen des korero und weil ich so gut im whakarongo bin, sondern weil ich unter meiner Fußsohle den klebrigen Klumpen Kaugummi spüre, den der samoanische Hiphopper dort vorhin ausgespuckt hat.

Haki nimmt mir das Tuch vom Kopf und schaut mir direkt in die Augen.

»Es gibt doch keine Zufälle, oder?«

Sein Bullshit-Detektor scheint bestens zu funktionieren. Und Charisma hat der Mann in Massen. Das nennt man hier Mana.

Mein Armband aus Flachs ist etwas krumm und schief gewor-den, aber Otto wird es gefallen. Für Jakob werde ich etwas aus Knochen schnitzen. Ich verschwinde auf die Toilette, denn ich brauche eine kurze Pause von Basteleien und Legenden. Wobei die Geschichte von Harakeke, dem Flachs, sehr schön ist. Da er vom Himmelsvater Ranginui abstammt, schneidet man nur jeweils so viele Blätter von ihm ab, wie man gerade braucht, und bedankt sich beim Flachsbusch.

Vor dem Waschbecken steht Vivien und zupft an ihrem Kreuzkettchen.

»Ist das echt wahr, dass man keinen Flachs pflücken darf, wenn man seine Periode hat?«, fragt sie laut ihr Spiegelbild. Als sie meinen Blick sieht, verzieht sie das Gesicht. »Ich meine – wie verrückt ist das denn?« Sie lacht provozierend, wie um sich selbst zu vergewissern. »Als ob der Flachs das merkt, oder was? Voll krank.«

Hinter uns geht die Spülung. Angie kommt aus einer Klokabine und geht kommentarlos an Vivien vorbei. Sie muss jedes Wort gehört haben. Aus ihrer rechten Faust zuckt kurz der gestreckte Mittelfinger heraus.

Wir gehen nach draußen. Haki Waiomio steht vor den Studenten auf der Wiese und will uns Stockkampf beibringen. Eine alte Kriegskunst, die den tieferen Sinn von Angriff, Wut, Kraft und Beleidigung ausdrückt.

»Heutzutage versuchen wir aber, keine Knochen mehr zu brechen«, sagt er und verteilt Stöcke. Vivien greift sich einen und weicht gleichzeitig vor ihm zurück.

»Dafür würde man ja auch ins Gefängnis kommen!«, entfährt es ihr, unüberhörbar empört.

Angie verdreht nur stumm die Augen. Aber auch die politisch korrekte Eva hadert mit dem ›Kill Bill‹-Training. Feminismus und Bikultur unter einen Hut zu kriegen, ist nicht immer leicht.

»Dürfen wir Frauen das denn? Ich dachte, darum ging es doch in ›Whale Rider‹?«

Haki lässt sich nicht aus dem Konzept bringen.

»Es gibt viele starke Frauen, die die alten Rollen infrage stellen und sie verändern. Wir entwickeln uns doch alle weiter. Sonst landen wir wirklich bald im Museum neben den Moaknochen.« Gut gelaunt zwinkert er Eva zu. »›Vögel fliegen mit Federn, und die Himmel sind voll mit Wolken.‹«

Er beginnt, behände seinen Stock herumzuwirbeln. Erstaunlich, wie viel Grazie in dem Koloss steckt. Evas Stirn glättet sich. Farbe schießt in ihre Wangen. Sie hat schon wieder diesen erleuchteten Blick. Ich weiß zwar nicht den Maori-Ausdruck dafür, aber auf Deutsch würde ich sagen: Sie hat sich verknallt.

Und wir haben noch drei Tage. Armer Jägi.

Haki hat vor dem Matratzenlager der Studenten eine Tafel aufgebaut. An diesem Abend schlägt seine große Stunde. Wie bei einem Kochtopf, in dem es lange gebrodelt hat, wird endlich Dampf abgelassen. Alles soll ans Tageslicht kommen. Und um das zu beschleunigen, sollen ab sofort in diesem Kurs Maori nur noch ›M‹ genannt werden und Pakeha ›P‹ – zur Neutralisierung.

»Was macht eine Kultur aus?«, fragt Haki in die Runde und schreibt auf: Sprache, Religion, Kleidung, Bauten, Essen, Musik. Daneben zieht er zwei Spalten.

»Welche Sprache sprechen wir in Neuseeland – M oder P?«

»P«, kommt es brav im Chor zurück.

»Welche Mode tragen wir?«

P natürlich.

»Welche Feste feiern wir?«

P-Ostern, P-Weihnachten, P-Silvester. So geht es weiter. Auf der Tafel stehen nur Ps. Haki blickt darauf und schweigt einen kunstvollen Moment lang.

»Wir stecken in einer Krise. Unsere Kultur wird bald nur noch im Museum vorhanden sein. Wir haben nicht mehr viele alte Leute, die unsere Sprache sprechen. Wir sind eine halbe Million, aber dabei, auszusterben –«

»Wie der Moa!«, ruft der samoanische Student im überdimensionalen T-Shirt dazwischen und schüttelt sich vor Lachen in seiner Ecke.

»He mahi kai te taonga – ›Überleben ist das wichtigste

Ziel‹.« Haki Waiomio lässt sich nicht aus der Ruhe bringen. »Wir Maori haben die höchste Rate von allem Negativen in diesem Staat – Krankheit, Kriminalität, Arbeitslosigkeit. So sehr wir uns auch bemühen, wir verlieren den Überlebenskampf in unserem eigenen Land. Und daher brauchen wir Hilfe.«

Neben mir regt sich Unmut.

»Ich will kein Mitleid«, protestiert Angie. »Ich will lediglich, dass die anderen unvoreingenommen sind und ihnen meine Herkunft bewusst ist.«

Shane, der nachdenkliche Gitarrenspieler, meldet sich.

»Warum ist da vorne auf der Tafel ein Strich zwischen M und P? Warum können unsere Kultur, unsere Musik, unsere Tradition nicht eine Mischung von beidem sein? Wir sind doch alle Kiwis.«

Die Diskussion kommt in Schwung. Die blonde Vivien hebt träge einen gebräunten Arm mit Goldreif von der Schulter ihres nicht minder desinteressiert dreinschauenden Boyfriends.

»Den Mahris geht's doch gar nicht um bessere Chancen, oder?«, wirft sie mit einem provozierenden Lächeln in die Runde. »Denen geht's doch nur ums Geld, das ihnen nachgeschmissen wird. Für uns gibt es zum Beispiel längst nicht so viele Stipendien wie für die.«

Das perfekte Stichwort für Angie. Die Volleyballerin ist in Fahrt.

»Wir heißen Maori, nicht Mahris! Und all deine Vorurteile hast du doch nur aus der Zeitung, Vivien.« Das überhöre ich lieber. »War auf deiner Privatschule überhaupt ein einziger Maori?«

Vivien lehnt sich demonstrativ an die Schulter ihres Beschützers und giftet zurück: »Du willst doch sicher nicht mehr Flachsröcke tragen und in einer Hütte aus Zweigen leben, oder?«

Ihr Freund wirft ein, er habe in der Zeitung etwas über das Krieger-Gen gelesen. 60 Prozent aller Maori-Männer trügen dieses Gefahrenpotential in sich.

»Vielleicht sind deshalb so viele Mahris im Gefängnis und

so«, sagt er. »Und was ist mit den Kindern, die sie misshandeln? Man kann das ja nicht immer nur auf die Gesellschaft schieben, auf Rassismus und so.«

Haki fragt zurück, wie viele in der Klasse schottische Vorfahren haben, und ob sie daher anfällig für Mord, Plünderungen und Vergewaltigungen seien – »stellt euch all das Gemetzel damals in den Highlands vor. Steckt das in eurer DNA? Na, was?«

Er schaut zufrieden drein. All die Vorurteile und Anschuldigungen scheinen ihn richtig glücklich zu machen. Der samoanische Witzbold ruft von hinten: »Wann entdecken sie endlich das Gen für Kolonialismus?«

Viviens Freund kontert: »Und was ist mit der Menschenfresserei?«

»Maori haben seit dem 19. Jahrhundert keinen Kannibalismus mehr praktiziert«, sagt Haki. Dann grinst er. »Aber bei den Deutschen ist das noch nicht so lange her. Da war doch dieser Kannibale aus Rotenburg, der das beste Stück seines Freundes verspeist hat, richtig?«

Ich glaube, er schaut in meine Richtung. Alle lachen. Mir wird plötzlich sehr warm. Haki nimmt sich einen Stuhl und lässt seinen schweren Körper darauf sinken.

»Lasst mich euch noch eine Gutenachtgeschichte erzählen«, sagt unser Lehrmeister. Ich greife mir meinen Block und schreibe mit.

»Es war einmal ein Land mit wunderbaren Bräuchen. Sonntags aßen die Menschen Roastbeef. Sie trugen Jeans, gingen zur Kirche, schickten ihre Kinder auf die Universität. Alle lebten in festen, gezimmerten Häusern und hörten Popmusik. Eines Tages kamen Kanus übers Meer. Die Männer darin gingen an Land, guckten sich um und sagten sich: ›Bringen wir ihnen eine richtige Sprache bei. Zeigen wir ihnen, wie sie Jäger und Krieger werden können. Wir brennen ihre Kirchen nieder und bauen stattdessen Marae. Wir zerstören ihre Autos und geben ihnen Kanus. Statt Roastbeef können sie Käferlarven essen. Wir nehmen ihnen alles, aber sie dürfen monatliche Rock-'n'-Roll-Aufführungen abhalten. Die bezahlen wir.‹«

Auf den Matratzen wird leise gemurmelt. Ein paar Leute lachen anerkennend. Vivien sieht gleichzeitig nachdenklich und verlegen aus. Shane zupft leise auf seiner Gitarre. Eva hat bisher noch nichts gesagt. Sie wirkt müde. Der Crashkurs nimmt uns alle mit. Außerdem ist Eva seit gestern komisch zu mir, weil Angie mich fragte, ob Eva was von Haki will, und ich das wiederum Eva erzählt habe. Angie fand das alles lustig, aber Eva nicht.

»Na, und was ist die Lösung?«, fragt Haki rhetorisch. »Die Kolonialisten ins Flugzeug setzen und zurück in ihr Ursprungsland jagen? Nun, dann müsst ihr mich auf halber Strecke unterwegs abwerfen, denn ich habe auch schottisches Blut in meinen Adern. Außerdem mag ich Hokey-Pokey-Eis lieber als Käferlarven.«

Ein befreites Kichern geht durch die Reihen. Shane spielt einen kleinen Akkordtusch. Haki Waiomio klappt die Tafel zusammen.

»›Der Mensch verschwindet, das Land bleibt.‹ Ein letztes Wort von euch, bevor das Licht ausgeht?«

Er hält den Talking Stick in unsere Richtung. Eva hebt den Kopf zwischen ihren verschränkten Armen hervor und steht auf. Sie zieht ihre Strickjacke fester um sich. Etwas unsicher stakst sie über die Schlafsäcke nach vorn und greift nach dem Stock. Ihre Augen haben Schatten und rote Ränder, so als ob sie leise geweint hat.

»Niemand von euch trägt die Schuld für die letzten 150 Jahre«, spricht sie in den Saal. Ihre Stimme ist tapfer und zittert, ihr Akzent sperriger denn je. »Aber ihr könnt die Zukunft besser gestalten. Ich will alles tun, um das Unrecht der Kolonialisierung gutzumachen. Ab heute nenne ich mich Aroha. Das bedeutet Liebe.«

Soll ich stolz sein auf diese Geschwister-Scholl-Einlage? Mich auch umtaufen, um sie moralisch zu unterstützen? Wenn ich ehrlich bin, schäme ich mich für Evas überbordende Betroffenheit. Bei aller Aroha – aber ihre Maori-Mutation wird langsam bedenklich.

Der samoanische Zwischenrufer reißt mich aus der Verlegenheit. Er springt auf und nimmt seine Baseballkappe vom Kopf. Jetzt sehe ich, dass er sich den Schädel frisch rasiert hat. Der junge Polynesier zeigt auf die helle Stelle auf seinem Kopf und gluckst vor Albernheit.

»Und ich will meine weiße Seite zeigen!«, ruft er.

In meinem nächsten Leben möchte ich Südseeinsulaner sein.

Blau blüht der Enzian

›GROSSVATER - EGON, Großmutter – Käthe‹, schreibe ich auf und male eine Linie aufs Papier. ›Urgroßvater –?‹ Noch ein Strich. Dann sitze ich ratlos davor. Als letzte Aufgabe der Woche müssen wir unser Whakapapa, den Stammbaum, bestimmen. Das soll uns helfen, unsere Wurzeln zu begreifen. Bei einer traditionellen Begrüßung gehört es sich, dass man sich in fließendem Maori nicht nur mit seinem Namen, sondern mit seinem Berg oder Fluss vorstellt. Genealogie ist alles in der Maori-Kultur. »Wenn du nicht weißt, woher du kommst, weißt du nicht, wer du bist«, hat uns Haki Waiomio gepredigt. »Jeder Maori muss sein Whakapapa kennen.«

»Fuck-a-Papa?«, war der Kommentar von Viviens Freund dazu, den aber nur Vivien witzig fand. ›Wh‹ wird auf Maori wie ›F‹ ausgesprochen – immer wieder ein Grund zur hellen Freude, besonders für Vorschulkinder, wenn man die zweite offizielle Landessprache noch nie gehört hat. Viviens Freund hinkt etwas hinterher.

Ich habe auch so meine Lernschwierigkeiten. Mit dem Block unterm Arm habe ich mich auf meinen ›wairua spot‹ am Holzzaun hinter dem Marae verzogen. Laut Haki ist der wairua spot ein persönlicher spiritueller Platz, den man sich suchen soll, um in sich zu gehen. Angies Wahl fiel auf den Fuß der Fahnenstange vor dem Marae, »weil dort so viel Blut vergossen wurde«. Eva hat sich für den Baumstumpf entschieden, auf dem Haki im Wald gesessen hat. Ich habe sie schon länger nicht mehr gesehen. Vielleicht stört sie, dass ich mich mit Angie so gut verstehe? Als ob da ein heimlicher Wettlauf im Gange ist, welche Deutsche am besten bei den Kiwis andockt.

Mein Blick wandert von dem Fragezeichen auf meinen Block zu der Wäschespinne, wo ein Schlafsack zum Trocknen hängt. Vor der Tür des Marae liegen Turnschuhe und Flip-Flops in einem Haufen. Die Nachmittagssonne taucht die Hügel und Kuhweiden vor mir in goldenes Licht. Eine Fruchttaube gurrt. In mir herrscht Ratlosigkeit. Es ist traurig, wie wenig ich über die Generationen vor mir weiß, aber Ahnenforschung zählte bislang nicht zu meinen Hobbys. Auch diese Begrüßungsversion von ›Stadt, Land, Fluss‹ fällt mir schwer. Ich weiß nicht, mit welchem Fleck in Europa ich mich identifizieren soll. Etwa mit dem böhmischen Geburtsort meines Vaters? Schlesien, das meine Mutter als Baby im Flüchtlingstreck verließ? Die Einfamilienhaussiedlung in Bergisch-Gladbach, wo ich aufwuchs? Die Hamburger Alster, an der ich jahrelang gearbeitet habe? Der Rhein in Köln? Oder die Ostsee, wo Jakob seine ersten Sommer verbrachte? Nichts davon hat eine mythische Bedeutung für mich. Heimat, Herkunft, Blut und Boden sind Begriffe, die man außerhalb der Wiking-Jugend lieber vermeidet.

Ein Grüppchen Studenten bummelt vom Wald zurück zum Versammlungshaus. Ich habe immer noch nichts aufgeschrieben. Apropos Wikinger: Warum begeistert sich ausgerechnet Eva so für den Naturgeist Taniwha, den sie neuerdings hinter jedem Flachsstrauch vermutet? Niemals im Leben würde sie bei einer Sonnenwendfeier tanzen und den Gott Thor anbeten. Vielleicht vermisst sie was. Wir haben beide etwas aufzuholen.

Ein Schatten fällt auf mich. Haki Waiomios Statur verdeckt den halben Himmel von Northland. Er schaut auf mich herab.

»Da schreibt aber keine Journalistin«, stellt er mit Blick auf meinen Notizblock fest. Woher weiß dieser Mensch immer genau, was los ist? Vielleicht ist doch etwas Übersinnliches im Gange.

»Kannst dich gerne setzen, Haki«, sage ich und ziehe meine Beine unter mich. »Ich glaube, ich habe ein persönliches Problem mit diesem Stammbaum.«

Der Meister sinkt trotz seiner Fülle geschmeidig ins Gras.

»Lass mich raten. Du beneidest uns Maori.«

»Da ist was dran.« Ich versuche, mir meine Überraschung nicht anmerken zu lassen. »Zumindest wisst ihr, wo ihr hingehört. Dagegen fühle ich mich regelrecht verloren. Ich hab keinen Berg oder Fluss. Nur einen Garten mit Ngaio-Baum in Lyttelton.«

»Ihr Deutschen habt wirklich ein Problem. Du und Eva« – warum nennt er sie nicht Aroha? – »wollt alles sein, bloß nicht deutsch. Ich will nichts lieber sein als ein Maori.«

»Naja, mit der Vergangenheit deines Volkes lässt es sich auch besser leben als mit meiner.«

Haki schaut über die Wiese. Bald geht die Sonne unter. Statt zu antworten, erzählt er mir von seinem ersten Schultag. Er war fünf, ritt auf einem Pferd zur Schule und sprach damals nur Maori, denn er wuchs bei seiner Großmutter auf. Maori sprechen war beim weißen Schuldirektor verboten. Klein-Haki musste pinkeln gehen. Als er es nicht mehr aushielt, murmelte er zitternd vor Angst eine Entschuldigung.

»Da hat mich der Lehrer erst mal ausgepeitscht, weil ich meine Sprache gesprochen habe. Erst dann durfte ich raus aufs Klo. Da war meine Hose aber schon nass.«

Ich kann nicht fassen, dass Haki leise in sich hineinlacht. Er schaut auf die angehenden Sportlehrer, die am Ende der Wiese einen Ball hin und her kicken.

»Von dem Tag an habe ich mich geschämt, ein Maori zu sein. Als ich mit 14 die Schule abbrach und nach Auckland ging, wurde es noch schlimmer. Alle ›bros‹, die ich kannte, hatten keine Arbeit. Sie tranken, sie klauten. Das waren ja auch die Stereotypen damals. Was meinst du, wie viel Selbsthass ich in den Jahren darauf überwunden habe.« Er dreht sich zu mir. »Glaub mir, es ist nicht leicht. Es geht nur, wenn du akzeptierst, wer du wirklich bist. Du musst dich freimachen von dem, was andere von dir denken. Dich von der Vergangenheit lösen. ›Kehrt die Flunder in den Schlamm zurück, den sie aufgewirbelt hat?‹«

»Aber ...«

169

»Ich weiß schon, was du meinst. Die Nazis. Hitler. Die Juden. Sorry, aber ihr Deutschen wollt immer in allem die Größten sein. Auch die mit der größten Schuld. Den Spitzenplatz darf euch bloß keiner nehmen, was? Auch Stalin, Mao oder Pol Pot nicht. Sonst wärt ihr ja ganz normale Verbrecher und Mitläufer, wie all die anderen Kolonialisten, Rassisten und Unterdrücker auf der Welt. Der Holocaust ist nicht der einzige Völkermord, den es gegeben hat.«

»Haki, ich weiß wirklich nicht, ob du das verstehen ...«

»Doch«, unterbricht er mich wieder. »Ich verstehe mehr, als du denkst, auch wenn ich nicht aus Europa komme. Ihr schämt euch ständig für eure Geschichte. Dabei habt ihr doch so vieles, worauf ihr stolz sein könnt.«

»So ... so einfach ist das nicht.« Mir wird jetzt mulmig. »Ein Beethoven oder Schiller kann doch nicht Massengräber von Millionen Toten aufwiegen.«

Er schüttelt den Kopf.

»Wo sind denn unsere Monumente und Museen für die Invasion in Aotearoa? Wie viele Engländer werden dafür zur Rechenschaft gezogen, was ihre Kolonialmacht früher verbrochen hat?« Er klingt aufgebracht.

»Ach, es ist kompliziert.« Ich seufze. Vielleicht hätte ich diese Diskussion nie anfangen sollen. Aber in Haki brodelt es noch.

»Ich halte auch nichts davon, dass wir indigenen Völker uns immer nur als Opfer betrachten. Das lähmt genauso wie euer Täterkomplex. Ki te tuoho koe, me mounga teitei – ›Wenn du den Kopf beugst, dann vor einem erhabenen Berg‹.«

Ich nicke und schweige.

»Whakarongo – hör mir richtig zu: Lauf nicht vor dem davon, was dich zu dem gemacht hat, was du bist. Das ist kein Sprichwort.«

Es klingt ziemlich kryptisch. Oder wie ein Mantra. Ich werde es mir merken.

Ein Klageruf, flehend wie ein Schrei, dringt unten vom Fluss durch die Büsche zu uns hoch. Es ist stockdunkel, ich kann nichts sehen. Nur eine Fackel flackert an dem Trampelpfad, von dessen Ende der betörende Singsang kommt. Es ist Angie, die uns mit ihrem Lied zu sich ruft. Es hallt gespenstisch von den Baumstämmen wieder. Langsam setzt sich unsere kleine Truppe so, wie wir es einstudiert haben, in Richtung Flussufer in Bewegung.

Ich höre Prasseln und rhythmische Laute, bevor wir das Feuer erreichen. Hitze schlägt uns entgegen. Der Schein der Flammen vibriert auf den nackten Oberkörpern von sechs jungen Männern, die neben dem Feuer stampfend und klatschend einen Haka aufführen.

»Aue hi!«, brüllen sie im Chor. Die Augen sind aufgerissen, die Arme fliegen in die Luft. Hinter ihnen gurgelt das dunkle Wasser des Flusses durch den Regenwald. Ich bekomme eine Gänsehaut.

Wir setzen uns zu den anderen im Kreis ums Lagerfeuer. Außer den Studenten sind auch einige der Dorfbewohner und Maraehelfer hier. Es ist unser Abschiedsabend. Haki spricht das Tischgebet. Eine ältere Frau reicht Tabletts mit Essen herum. Im Halbdunkel des Feuerscheins sieht es aus, als ob sich ein kunstvoll aufgemaltes Bärtchen um ihr Kinn rankt. Sie trägt eine Tätowierung namens moko. Auch die Lippen sind tiefschwarz. Es ist selten, dass man Frauen mit dieser traditionellen Gesichtsverzierung sieht, die von den Ältesten abgesegnet werden muss und eine spirituelle Bedeutung hat. Meist wird sie nur für Auftritte aufgemalt.

Jeder greift sich etwas mit den Fingern vom Tablett. Nicht herumalbernd wie sonst, sondern andächtig. Stundenlang haben die Süßkartoffeln, Hühnerbeine und Fische im Hangi geschmort. Der Erdofen musste heute Morgen ausgehoben, zum Glühen gebracht, mit heißen Steinen gefüllt und mit den Drahtkörben voll Essen bestückt werden. Obendrauf kamen feuchte Pferdedecken und eine Schicht Erde. Es war harte, schweißtreibende Arbeit für die Collegestudenten. Von Maori-Seite wurde für diese Generalprobe nur ein wenig assistiert.

Hakis Konzept ist dabei aufgegangen. Die ganze Plackerei hat die Gruppe endgültig zusammengeschweißt und alte Fronten aufgeweicht. Gestern haben wir Meeresfrüchte am Strand aufgesammelt und Aale in einer alten Tonne über Manuka-Zweigen geräuchert. Dass Vivien beim Ausnehmen der Fische übel wurde, hat die Stimmung nicht getrübt.

»E mua kai kai. E muri kai wai. Esst zuerst Essen, trinkt danach Wasser«, sagt Haki. »Greift zu, Leute!«

Wir kauen schweigend. Es ist simpel und köstlich. Auch Vivien probiert von allem und verzieht nicht einmal das Gesicht. Nach dem Festmahl wandert der Talking Stick durch die Schneidersitzreihe. Angie macht den Auftakt.

»Heute Abend habt ihr gespürt, dass man hiervon berührt werden kann, auch wenn man kein Maori ist.« Die Piercingringe funkeln mit ihren Augen um die Wette. Ihre Stimme wird rau. »Ich bin echt überwältigt, dass ihr euch alle so anstrengt mitzumachen. Ihr wisst nicht, was mir das bedeutet.«

Tränen schießen ihr in die Augen. Vivien legt den Arm um Angie und zieht sie kurz an sich. Beide sehen aufgewühlt aus. Das Feuer flackert über Gesichter, die sich in einer Woche verändert haben.

Einer der Hakatänzer hält jetzt den Stock.

»Das hat sich vorhin einfach irre angefühlt. Ich habe wirklich gespürt, was es heißt, ein Krieger zu sein.« Er trägt eine Art Kopfbedeckung aus Flachs. Sein Gesicht ist mit Ruß geschwärzt. Erst am Vollbart erkenne ich, dass es Shane ist, der peacige Ire.

»Wenn ihr einen Funken in euch habt, kann daraus eine Flamme werden. In mir ist sie entzündet worden.«

Auch in seinen Augen ist ein Glanz, der nicht nur vom Feuerschein kommt. Wenn das so weitergeht, endet er noch bei der IRA.

Eva greift nach dem Redestock. Bitte, liebe Maori-Götter, lasst sie jetzt keine öffentliche Liebeserklärung an Haki Waiomio machen! Ich traue meiner frisch entflammten Freundin alles zu. Es kommt noch schlimmer, als ich befürchte.

»Ich will mich immer an euch erinnern und von diesem

Marae träumen«, sagt sie in Hakis Richtung. »Das Feuer, der Wald, der Fluss, die Lieder – das seid ihr. Und darum«, sie klingt jetzt feierlich, »werde ich ein Zeichen setzen. Ich will mir das Gesicht tätowieren lassen. Mit einem moko.«

Mein entsetzter Blick wandert von Evas Bleichgesicht zu dem der betagten Maori-Frau, die uns die Essenstabletts gebracht hat. Höflich nickt die tätowierte Dame Eva zu, so als habe sie nicht ganz richtig verstanden. Ich höre ein mit Mühe unterdrücktes Kichern rechts von mir. Es stammt aber nicht von Vivien oder ihrem Freund, sondern von Angie. Gut, dass wir humorlosen Deutschen meinen Kursliebling aufheitern konnten.

»Siebtes Gebot«, murmelt einer der Samoaner mit gespielt strengem Gesichtsausdruck. »Du sollst nicht von anderen Kulturen stehlen.« Sein Freund mit der Baseballkappe klatscht leise Beifall.

Haki sagt kein Wort, sondern stimmt ein Lied an. »Te Aroha …« – »Te whakapono«, fallen wir in die alte Hymne mit ein.

Ich muss pinkeln gehen. Haki steht ebenfalls vom Feuer auf und stapelt die abgegessenen Tabletts zusammen. Als ich an ihm vorbeilaufe, zwinkert er mir zu und fragt mich, ob ich denn was Nettes über ihn schreiben werde. Ich sage ihm, dass er noch berühmt werde.

»So viele Deutsche kommen nach Aotearoa.« Er schiebt einen halb gegessenen Hühnerschenkel vom Tablett. »Und niemand hat so viel Interesse an meinen Leuten wie ihr. Eure politische Moral, dass ihr alles hinterfragt und ernst nehmt – das beeindruckt mich.« Er grinst mich von der Seite an. »Auch wenn euch oft der Spaß fehlt und ihr so komische eckige Brillen tragt.«

Was bin ich dankbar, dass er keine Socken und Sandalen erwähnt hat. Ich sage ihm, dass es mich beeindruckt, wie viel Respekt die meisten Pakeha seiner Kultur entgegenbringen. Das sei Menschen wie ihm zu verdanken. Mir rutscht sogar raus, dass ich mich für einen Maori-Sprachkurs anmelden will, wenn ich wieder in Christchurch bin.

Haki legt eine Hand auf meine Schulter. Die Finger sind etwas schmierig von Ruß und Hühnerfett. Ich kann seinen Gesichtsausdruck nicht sehen, weil er mit dem Rücken zum Feuer steht, aber sein breites Lächeln ist unüberhörbar.

»Wirklich, Anke: Ich mag euch Deutsche.«

Nie hätte ich gedacht, dass mir dieser Satz mal so runtergeht wie Öl. Aus dem Mund meines neuen Gurus ist er Balsam für meine wunde Immigrantenseele. Jetzt fehlt nur noch, dass auch ich uns mag.

Als ich vom Gebüsch zurück zum Feuer laufe, treibt mich ein angenehm verdächtiger Geruch zu zwei Gestalten unter einem Baum. Sieh mal einer an: Der Hip-Hop-Samoaner und Viviens zukünftiger Verlobter gönnen sich heimlich einen kleinen Joint.

»Willst du probieren?«, grunzt und hustet der Blondschopf. Er hält mir den Stängel hin. Nicht schlecht für einen wiedergeborenen Christen. Vielleicht hat er Angst, dass ich ihn bei Haki Waiomio verpfeife, und braucht Mittäter. Als Journalistin bin ich leicht zu bestechen und als ehemalige Raucherin noch leichter zu verführen. Ich nehme einen kräftigen Zug.

»Das Zeug stammt oben vom Cape Reinga. Maori-Gras. Knallt wie der Teufel«, warnt mich mein neuer samoanischer Kumpel, als ich den Rauch wieder auspuste.

Oh dear. Zu spät. Aber was war Hakis letztes Sprichwort? ›Berühre niemals die Sorge, bevor die Sorge dich berührt.‹

Weicher Boden. Feuchte Luft, alles feucht hier, Regenwald. Zurück zum Feuer. Das ist der Weg. Ich rieche das Feuer. Aber das ist der Fluss. Hihi, alles nass, mein Schuh ist nass. Das ist nicht das Feuer. Hihi, aua! Das war ein Stein. Jetzt bin ich ein Baum. Strecke die Arme aus, spüre meine Blätter. Papatuadingsda und Rangiwasnoch mal, Mutterhimmel und Vatererde, Himmel un Ääd, hihi.

Aahh, ist der Wald schön. Wald dreht sich. Ich höre Leute. Ist das Eva? Sie lacht. Ist das Haki? Ich bin unsichtbar. Wie der Waldgott Tane Mahuta. Was macht Eva da?

Der Weg zum Feuer. Das Feuer tanzt. Ist groß und klein. Alle singen. Ich wiege mich. Hin und her. Schönes Lied. Oh, war das ein Glas? Voller Cola? Oh, sorry! So sorry, hihi.

Hühnerknochen. Wo sind die Hühner hin? All das Essen, mmhh, war das Essen gut. Da ist doch noch was über, von all dem guten Essen. Süßkartoffel, kalt, so süß, so verkohlt. Lecker. Aaah, Vivien hat Schokolade. Nettes Mädchen. Mag Vivien. Mag alle hier.

Meine Matratze. Schlafsack. Komischer Reißverschluss, muss kaputt sein. Muss fester ziehen. Geht nicht. Falscher Schlafsack. Egal.

Ich träume von Eva und Haki. Eva liegt auf dem Waldboden. Ihre Dreadlocks fließen wie ein Heiligenschein um ihr blasses Gesicht, ihre Lippen sind pechschwarz. Haki Waiomio trägt einen Umhang aus Tuifedern und kniet neben ihr. In der einen Hand hält er einen angespitzten Haifischzahn, in der anderen ein kleines Hämmerchen. Er beugt sich über ihr Gesicht. Hammer und Meißel sausen nieder. Tok-tok-tok. Er stichelt auf ihrem Kinn herum. Sie zuckt und schreit lautlos vor Schmerz. Tok-tok-tok, tok-tok-tok. Unter Evas Mund prangt ein frisch tätowierter Bundesadler.

Der Happy Van rumpelt über die Landstraße Richtung Süden. Kopfschmerzen habe ich und Durst. Maori-Kultur jederzeit, aber nie mehr teuflisches Maori-Gras. Noch vier Stunden bis Auckland. Endlich herrscht wieder Handyempfang. Im Bus sind alle mit Simsen beschäftigt. Nur Angie summt mit ihrem iPod um die Wette.

»Zwölf Anrufversuche von Jörg. Der spinnt doch«, knurrt Eva im Sitz neben mir und löscht entnervt Nachrichten. »Muss ich mir nicht alle anhören. Eine Woche weg, und schon ist er garantiert nur am Meckern, weil drei Dinkelkörner schief im Brötchen liegen. Der sollte auch mal auf so einen Kurs, damit er die Welt anders sieht.«

Ich traue mich kaum, sie anzugucken. Was von der Szene im Wald gestern war Droge, was war echt? Zumindest beruhigend, dass ihr Gesicht noch ganz normal aussieht. Ihr Gesicht, aber nicht der Hals. Das ist doch –

»Eva, du hast da einen Knutschfleck.«

Sie lässt fast das Handy fallen. Zieht ihr Baumwolltuch zurecht und ein paar Rastasträhnen nach vorne.

»Ich will jetzt nicht drüber reden.«

»Okay.«

Ich berufe eine spontane Pressekonferenz in meinem Kopf ein und feuere für alle Nichtanwesenden die Fragen ab: Glauben Sie, das war eine schlaue Idee? Fühlen Sie sich jetzt besser? War es gut? Was sagen Sie Ihrem Mann?

Die einseitige Konversation strengt an. Zeit für einen Themawechsel.

»Deine Idee, also mit der Tätowierung im Gesicht …«

Ich weiß nicht, was ich eigentlich fragen will. Das Blut in meinem Kopf pocht an die Schädeldecke.

»Keine Panik. Das moko ist gestorben.«

»Das ging aber flott.«

Gerade mal eine Stunde weg vom Marae, und schon ist der Maori-Zauber verflogen?

Eva druckst herum.

»Haki wird für mich ein ganz persönliches Tattoo entwerfen. Wir haben das gestern beim Feuer noch etwas ausführlicher besprochen.« Aha. »Das lass ich mir dann nach der Trennung auf den unteren Rücken machen.«

»Arschgeweih zur Scheidung? Na super.« Zumindest besser als eine Busenvergrößerung. Eigentlich müsste ich erleichtert sein, aber ich bin gereizt. »Der Umgang mit all den Neunzehnjährigen färbt wirklich positiv ab.«

Ich will Eva fragen, ob sie sich auch noch den Bauchnabel durchstechen lässt, aber in meinem Kopf saust das gleiche Hämmerchen nieder wie gestern in dem Traum: Tok-tok-tok, tok-tok-tok. Eva sagt nichts, sondern nimmt sich ihr Buch vor. Sie blättert durch die ersten Seiten von ›Neuseelands Maori ABC‹, schließt es wieder und zieht ihre Sonnenbrille auf. Wir starren beide schweigend aus dem Fenster, als ob es dort draußen irgendetwas Faszinierendes gäbe.

Mittagspause in Puhoi. Unser Happy Van hält vor einer weißen Kirche mit spitzem Kirchturm und rotem Dach. Alle steigen aus und strömen Richtung Klo, Café und Mini-Supermarkt. Puhoi ist berühmt für seinen Käse. Und Puhoi ist ein böhmisches Dorf. Das entnehme ich einem Prospekt an der Bushaltestelle. Bisher hatte ich keine Ahnung, dass eine Gruppe von 82 Egerländern am 29. Juni 1863 nach 106 Tagen Überfahrt in Neuseeland ankam. Von Auckland aus wurden die Auswanderer mit einem Kutter den Fluss hinauf in der Nacht an diesen verlassenen Ort gebracht. Häuser und Straßen gab es hier nicht, nur ein paar Hütten aus Nikaustämmen standen im Sumpf. Eine der Pionierfrauen wird in der Broschüre zitiert: »Wenn ich übers Meer hätte gehen können, wäre ich heimgegangen.«

Jetzt sieht alles sehr proper aus. Das schmucke Kolonialstilhotel hieß früher ›German Hotel‹. Es gibt einen Landing Stone mit Gedenktafel zur Erinnerung an die ersten Siedler. Touristen halten hier sicher oft an.

»Das ›Bohemian Museum‹ ist noch offen«, sagt Eva, aber es klingt nicht wie eine Einladung. Eher wie ›Gut, dass wir bald etwas Abstand voneinander haben, und ruf mich die ersten Tage nicht an‹.

»Mich zieht's eher in die Käserei«, sage ich. »Emmentaler statt Ehrentafel.«

Eine Viertelstunde später laufen wir uns im Café wieder über den Weg. Genauso lange hat es gedauert, dass mir meine Bemerkungen leidtun.

»Komm, ich lade dich ein«, sage ich.

»Gerne«, sagt sie und zieht endlich die Sonnenbrille ab.

›Gegrilltes Panini‹ steht am Eingang auf einer Plastiktafel unter ›Club Sandwich‹ und ›Hot Dog‹. Ein Hot Dog, wenn er nicht ausdrücklich ›American Hot Dog‹ heißt, ist eine aufgespießte Wurst, in Teig frittiert. Sie ist nur abgehärteten Junkfoodfans mit Stahlmagen zu empfehlen.

»Gibt's das Panini auch vegetarisch?«, fragt Eva. Der Marae-Kurs hat sie also doch nicht komplett umgekrempelt. Das freut mich.

»Kann ich machen«, sagt die Frau hinter der Resopaltheke. Dort ruhen Zitronen-Meringue-Schnitten auf einem Aluteller. Mit den Baristas von Lyttelton hat diese Bedienung so viel gemein wie Amy Winehouse mit Operndiva Kiri Te Kanawa. Blondierte Strähnen, die nach der nächsten Dauerwelle schreien, hängen auf ihren Kittel. Das Lächeln der Frau ist so herzlich wie ihr Gebiss marode. Sie zeigt auf den Kleinbus vor der Tür.

»Wo kommt ihr denn alle her, aus der Wildnis?«

Das nennt man wohl Projektion. Das Panini besteht aus zwei trockenen Baguettestücken, die von zerronnenem Schmelzkäse und einem Schlag Kartoffelbrei zusammengehalten werden. Alles schön Ton in Ton. Ein Streifen Salzgurke lugt hervor. Der Anblick schlägt mir sofort auf den Magen.

»Vegetarisch genug?«, fragt die Frau ohne eine Spur von Ironie. Neben Evas Teller pflanzt sie eine rote Plastikquetschflasche in Tomatenform. Die Öffnung ist ein grüner Stiel. »Und, wie gefällt euch Neuseeland?«

Ich kann das Lebkuchenaroma im Ketchup förmlich riechen. Ich glaube, ich brauche ganz dringend einen Kaffee, aber besser nicht von hier.

Draußen vor dem Café fasst mich Angie am Arm und zieht mich mit sich in Richtung Kirche.

»Schau mal, deine Vorfahren!«

Vor dem Kirchenportal steht eine Frau in Egerländer Tracht. Sie hat ein lila und grün geblümtes Tuch mit Fransen um die Schultern und versinkt fast in einer weißen Bauernbluse. Ihre Wollstrümpfe sind genoppt. Karl Moik im Musikantenstadl hätte seine helle Freude an ihr.

»Echt interessant, eure Kultur«, sagt Angie zu mir. »So bunte Farben, und all die Stickerei! Das würde meiner Oma gefallen. Habt ihr eigentlich auch Tänze?«

Die verkleidete Frau kommt näher.

»Ein schönes Foto vielleicht?«, fragt sie und lächelt uns zaghaft an. »Kostet nur zwei Dollar.«

Sie klingt nicht wie ein Kiwi. Und schon gar nicht böhmisch, soweit ich das überhaupt beurteilen kann. Ich erkundige mich, woher sie kommt.

»Aus Manchester«, sagt die Trachtenträgerin halb entschuldigend. »Ich mache das nur als Aushilfe. Rosemary, meine Nachbarin, ist krank. Zwei Fotos für drei Dollar, in Ordnung?«

Ich sitze als Erste von allen wieder im Bus. Vivien muss noch immer fotografieren. Und Angie lässt mich nicht in Ruhe.

»Ich bin ein Plastikmaori«, sagt sie, als sie einsteigt. »Und du?« Sie boxt mich leicht und lacht. »Du bist eine Plastikdeutsche!«

Einer der Samoaner setzt sich hinter uns, zieht seine Kapuzenjacke aus und summt eine Melodie. Shane hat seine Gitarre herausgeholt und zupft einen Akkord dazu. ›Brown Eyed Girl‹, singen die beiden Männer, während das letzte Grün von Northland vorbeizieht, »sha-lala-lala, my brown eyed girl«. Angie und Vivien kichern und stecken die Köpfe über ihren Digitalkameras zusammen.

»Was habt ihr denn da?«, frage ich. Langsam fühlt sich mein Kopf wieder normal an.

Angie zeigt mir einen Vogel – nicht mit dem Finger, sondern auf dem Display ihrer Kamera. Er ist weiß und staksig wie ein Storch, aber mit einem langen Entenschnabel, der mich an Lakritze erinnert. Ein Fächer sprießt aus dem Kopf.

»Das ist der Löffler. Sieht doch urkomisch aus, oder?« Sie klickt weiter.

»Hier, ich war auf der Vogelstation in Whangarei. Das ist Woof Woof, der sprechende Tui. Er hat zehn verschiedene Sätze drauf.«

»›Woof, woof‹ zum Beispiel?«, rate ich.

»Das auch. Und er fragt dich, ob du erkältet bist.« Sie lacht. »Der beste ist: ›Ich geh mal die Straße runter und hole mir eine Packung Kippen.‹ Du kannst dich mit Woof Woof richtig unterhalten.«

Vivien mischt sich ein.

»Also, Woodpigeons sind dumm, die fliegen überall gegen.«

Sie meint die Maori-Fruchttauben. »Keas haben eindeutig den meisten Humor.« Es klingt, als ob die beiden Boygroups vergleichen. »Mir hat mal ein Kea am Arthurs Pass meinen Beauty Case aus dem offenen Kofferraum geklaut und irgendwo im Schnee fallen lassen.«

Fachfrau Angie knipst die Kamera aus und zieht ihren iPod hervor.

»Ihr müsst unbedingt bei der Wahl des ›Bird of the Year‹ mitmachen. Läuft noch einen Monat online, und es sind viele Prominente dabei.«

»Was, prominente Vögel?«, fragt Eva.

Angie lacht und steckt sich die Ohrstöpsel in die Ohren.

»Nein, Promis wie Kim Hill, die Radiomoderatorin, oder der Dichter Sam Hunt. Der will, dass der Poaka gewinnt.« Keine Ahnung, welches Geflügel das genau ist. Ich kann kaum Meisen von Spatzen unterscheiden.

Der Happy Van biegt ab in Richtung Auckland Airport. Ein Flugzeug braust im Tiefflug heran, bereit zum Landen. Ich drücke meine Stirn an die Scheibe und nehme mir vor, dass ich eine Reise nach Tschechien mit Jakob mache.

›Hallöchen Frau Kollegin‹, lese ich im Internetcafé. ›Habe endlich meinen Urlaub eingereicht und komme nun vor Weihnachten in Ihr kleines Traumland. Kann dringend ein bisschen Erholung gebrauchen nach all dem Ärger mit den linken Spinnern von kreischblog (Unterlassungsklage läuft, die Interna erspare ich Ihnen, aber bitte merken: Ich wurde niemals gefeuert). Außerdem recherchiere ich zu einem Buch und brauche dazu ein paar Infos aus Ihrer Region. Danach hänge ich noch Sydney dran. Hoffentlich ist die Regenzeit dann vorbei? Gruß aus dem kalten Berlin, D. Sägel.‹

Der Flug nach Christchurch hat Verspätung. Ich klicke auf die nächste E-Mail. Sie ist von Haki Waiomio.

›Kia ora tatou,

ich hoffe, Ihr seid alle gut zurückgekommen. Danke für Deine Teilnahme. Als Kursleiter möchte ich Euch um ein Feedback bitten. Das ist wichtig für das nächste Funding, um den kontinuierlichen bikulturellen Bewusstseinsprozess zu dokumentieren. Könntest Du mir bitte in ein paar kurzen Sätzen erläutern, was ›nationale Identität‹ und ›Herkunft‹ für Dich bedeuten? Danke.

Unser Marae ist übrigens in der Endrunde von ›Marae – the total Make-over‹ auf Maori TV. Drückt uns die Daumen. Wir können 20 000 Dollar Renovierungskosten bei der Show gewinnen (wir brauchen dringend einen Gasgrill mit Turbodoppelbrenner).

Ka kite ano,

Haki Waiomio

Berg und Tal kommen nicht zusammen, aber die Menschen.‹

Unser Flug wird aufgerufen. Ich logge mich aus, bezahle und verlasse das Internetcafé. Der Flughafen erschlägt mich nach der Woche unter Wilden. Zu viele Leute und Geschäfte, zu viel Technik, Chrom, Geld, Lärm. Schon sehne ich mich nach Reh- und Jäger-Spielen, nach Erdofen und Piniennadeln, Liedern und Lagerfeuer. Aber am meisten sehne ich mich nach meiner Kleinfamilie. Angeblich wartet eine Überraschung namens Millie auf mich. Mehr verraten Jakob und Otto mir nicht. Ich hauche gerade die letzten Küsse an meine Kinder ins Handy und ziehe die Bordkarte aus der Tasche, da stürzt Eva auf mich zu. Sie ist noch bleicher als gestern Nacht in meinem Traum. Stumm hält sie mir die heutige Ausgabe der ›Press‹ hin. Ihre Hand zittert.

Auf dem Aufmacherfoto von Christchurchs Lokalzeitung ist der verkohlte Eingang von Jägi's Bakery zu sehen. Genauer, von ›Jägi's B‹, denn der Rest des Schildes ist verrußt. Ein zweites Foto zeigt den Bäckermeister, der noch verspannter ausschaut als sonst, in seiner Backstube. Diesmal hat er wirklich Grund für die miese Laune. Die Mehlsäcke sind geplatzt, die Brote im Metallregal zu Briketts verschmort. Hinter ihm ragt der Rest der frisch gezimmerten Ladentheke ins Bild, eine Ruine aus Holz und Asche. ›Deutsche Bäckerei abgebrannt‹, prangt als Schlagzeile über dem Foto.

Ich traue mich kaum, Eva anzuschauen. Vorsichtig lege ich

einen Arm um sie. Sie zittert immer noch. Selbst ihre Sommersprossen sind blass. Ihre Stimme ist dünn wie Papier.

»Egal, was da steht – das war Brandstiftung.«

Wir fliegen über die Cook Strait, die die Nord- von der Südinsel
trennt. Grüne Perlen, ins Meer getupft und weiß umsäumt:
die unzähligen kleinen Inseln der Marlborough Sounds. Eine
Fähre auf der Fahrt nach Picton treibt auf dem Wasser wie
ein Klecks Sahne. Etwas Schwarzes könnte ein Pottwal sein,
aber dafür sind wir eigentlich zu hoch oben. Dann die ersten
Berge. Mount Lyford. Hanmer Springs, der kleine Luftkurort
mit den heißen Quellen. Reste von Schnee auf den Gipfeln.
Irgendwo dort war ich vor einem Monat noch Ski fahren. Ein
See, Weiden und Äcker, die Küste. Und wieder Berge, Meer,
Berge.

»So ein schönes Land ... meistens«, sagt Eva mit belegter
Stimme. Sie schaut aus dem Fenster. Seit wir in der Luft sind,
hat sie sich etwas beruhigt. Ich will sie nicht ausquetschen, wer
ihren Mann so sehr hasst, dass er ihm den Laden abfackelt.
Baxter hat uns genug erzählt. Von wütenden Nachbarn, ver-
prellten Lieferanten, gefeuerten Angestellten. Der Großkotz
aus Berlin hat sich alle zum Feind gemacht. Unter anderem,
weil er ständig raushängen lässt, dass er den Durchblick hat,
während die Kiwis totale Nichtswisser sind. Das ist nicht nur
verletzend, sondern steht im krassen Widerspruch zur hiesigen
Mentalität. ›Keeping a low profile‹ heißt die Devise für In- wie
Ausländer: den Ball schön flach halten.

»Warum ist Jörg nicht lieber in ein Land gezogen, wo man
ungeniert auf dicke Hose machen kann?«, frage ich. »Amerika wäre ihm vielleicht besser bekommen.«

Eva fängt an zu erzählen. Vom Maschinenbaustudenten aus
Ostberlin, der einundzwanzig wurde, als die Mauer fiel. Seine
Patentante im Westen schenkte ihm zum Geburtstag ein Flug-
ticket, egal wohin. Jörg suchte sich das Land mit der größten
Entfernung aus. Hauptsache, raus aus dem DDR-Mief. Das
Erlebnisdefizit wettmachen. Als er in Auckland landete, hielt
sich der Kulturschock auf den ersten Blick in Grenzen. Neu-

seeland hatte seine eigene Version des Sozialismus noch nicht lange hinter sich. Es gab nur eine einzige Kühlschrankmarke, keine dicken Geländewagen, kaum Kriminalität, und alle paar Monate traf in den Läden ein Container mit Schuhen ein, die in Europa längst als altmodisch galten. Die Häuser waren klein, Lohn und Gehälter gleich. Materielles zählte kaum. Man half sich untereinander und wusste bei technischen Problemen zu improvisieren, denn die nächste Lieferung mit Ersatzteilen aus dem Ausland konnte lange dauern. Mit ihrer Bescheidenheit und ihrem Gemeinschaftssinn – ganz zu schweigen von all den verstaatlichten Einrichtungen – erinnerten ihn die konfliktscheuen Kiwis an die Ossis. Nur dass sie so viel freundlicher waren. Herzlich, niemals misstrauisch. Und ihn wie eine Kreuzung aus Marsmensch und Rockstar behandelten: der Junge, der über die Mauer kam. ›I've been looking for freedom.‹ Er blühte auf.

Jörg trampte in einem Viehtransporter nach Golden Bay. Dort hatten sich in den Jahren zuvor die ersten Wessis niedergelassen, nachdem Neuseeland sich als atomfrei erklärt hatte – Zivilisationsflüchtlinge, die der BRD nach Radikalenerlass und Tschernobyl den Rücken kehrten und ein grünes Utopia suchten. Sie meditierten, bauten Schwitzhütten, unterrichteten ihre Kinder zu Hause. In einer Landkommune von ehemaligen Startbahn-West-Gegnern verguckte Jörg sich in eine junge Schweizerin und buk mit ihr sein erstes Brot. Er schwor sich: Eines Tages kommst du wieder, um an diesem Ort zu leben. Er war verliebt, er war im Urlaub, er hatte einen Traum.

»Deshalb hat er das Studium geschmissen und ist Bäcker geworden«, sagt Eva. »Wir haben uns zehn Jahre nach dem Trip in Berlin kennengelernt. Da hat er mir schon von Neuseeland vorgeschwärmt. Sein großes Ziel.« Sie seufzt. »And the rest is history.« Auch ihrem Englisch hat die Woche unter Maori nicht geschadet.

Die Anschnallzeichen leuchten auf. Auf dem Bordmonitor läuft ein Trivia-Quiz. ›Hat es jemals in Auckland geschneit?‹ lautet die Frage.

»Nope«, murmele ich.

›Ja, 1939‹, kommt als Antwort. Und den ersten Verkehrs-
polizisten in Neuseeland gab es erst 1930.

Wir überfliegen die Pegasusbucht. Mehr und mehr umzäun-
tes Farmland, ein zerfaserter Fluss, dann die Ausläufer von
Christchurch. Die Hänge der Port Hills sind im Landeanflug
zu erkennen. Die Gondel, von deren Station aus ich mit Otto
und Jakob an einem brüllend heißen Tag bis ins Tal gelaufen bin, nach jeder Wegbiegung ein Eis zur Belohnung ver-
sprechend. Der Pass, auf den ich mich Woche für Woche mit
dem Rennrad hochquäle und dann mit einer Aussicht belohnt
werde, für die andere einmal um die Welt fliegen. Dahinter
liegt Lyttelton. Mein Wohnort, mein Viertel, mein Zuhause –
aber wirklich meins? Ich bin nur eine Woche fort gewesen,
und schon betrachte ich alles wieder wie eine Fremde, durch
ein Fernglas. Mein Zugehörigkeitsgefühl für Christchurch ist
einer diffusen Verlorenheit gewichen. Als ob ich auf Wasser
treibe und nicht weiß, was darunter lauert. Wie gut, dass sich
irgendwo da unten drei Menschen befinden, die meine Heimat
sind. Mein Anker, damit ich nicht untergehe. Und jetzt sitzt
noch eine Millie mit im Boot, wer oder was auch immer das
ist.

»Soll ich dich an der Bäckerei absetzen?«, frage ich Eva im
Auto.

»Nee, lass mal. Lieber nach Hause.« Sie simst pausenlos.

Wir schrauben uns die Serpentinen zu ihrem Haus hoch.
Sumner funkelt im Frühlingssonnenschein. Surfer im Wasser,
Familien am Strand, das ganze Postkartenpanoptikum. Aber
ich kann im Moment nur an Jägi denken. Der enttäuschte
Utopist, der seinen Aussteigertraum in Golden Bay nicht wie-
derfand, sich immer mehr verkrampfte und zum Ekelpaket
wurde. Zum ersten Mal seit der Brandnachricht tut er mir
ehrlich leid.

Die Tür ohne Türklingel steht sperrangelweit offen. Ich
kann vom offenen Autofenster aus ins Haus ohne Hausflur
blicken. Er sitzt allein auf seinem frisch schamponierten Teppich, mit dem Rücken ans Sofa gelehnt, die Augen geschlos-

sen. Die Musik dröhnt so laut, dass wir sie auf der Einfahrt hören können.

›In die warmen Länder würden sie so gerne fliehn
Die verlornen Kinder in den Straßen von Berlin‹.

Das Lied ist von einer Ostrock-Band. Ich habe es mal live gehört, bei einer RTL-Gala in Ungarn zur Feier der Wende.

›Wo sie zu Hause sind, wo sie zu-haaaau-se sind.
In die warmen Länder …‹

Eva zieht die Tür hinter sich zu.

Bier her, oder ich fall um

MILLIE IST EIN SCHAF und lebt jetzt bei uns. Das war die Überraschung, die auf mich gewartet hat. Während ich oben in Northland maorisierte, wurde es rund um Christchurch endlich Frühling. Die ersten Lämmer stolperten herzallerliebst über die Weiden. Da war natürlich die Freude groß, als Judy und Nick meine Söhne fragten: »Wollt ihr ein Lamm mit der Flasche großziehen?«

Unsere Nachbarn hatten auf der Farm von Freunden einen mutterlosen Frischling aufgelesen. Klar wollten die Jungs. Und ihre Mama war nicht in der Nähe, um zu protestieren. Aber warum auch: Was könnte das Leben in einem Holzhaus mit Ökogarten besser abrunden als ein Lämmchen? So viel Bullerbü muss sein, wenn man den Industriestandort Deutschland für eine kleine Agrarnation verlässt. Schließlich haben wir einen Ruf zu verteidigen.

Millie hat Löckchen, einen dunklen Fleck auf der Nase, zerbrechliche Beine und eine weiche Schnauze. Ich bin ziemlich angetan von ihr, auch wenn ich es sonst nicht so mit Tieren habe. Unglaublich niedlich ist sie. Klein-Millie ist ein echter Sonnenschein, wenn auch mit vielen Regenschauern. Sie ist nämlich inkontinent.

In den ersten Tagen ist das noch putzig. Das Schäfchen trippelt blökend durchs Wohnzimmer, nuckelt seine Babyflasche leer, spreizt die Hinterbeine und strullert auf die Holzdielen. Nachts schläft es auf einer Decke, tags wird es verwöhnt wie ein Schoßhund. Die beiden Meerschweinchen – Geschenke zum letzten Weihnachten und mittlerweile so spannend wie der Spinat im Garten – haben damit wohl für immer ausgedient.

Jakob führt Millie an einer Leine zum Vorzeigen auf die Skateboardrampe. Otto schleppt sie in Anlehnung an Astrid Lindgren sogar mit in die Schule. Großes Hallo, alle wollen mal streicheln. Viele Fotos werden geknipst. Bilanz nach einer Woche: Das Lämmchen ist noch immer süß, aber die Pinkelei nicht mehr ganz so. Nach zwei Wochen stellen wir fest, dass die Fertigmilch Zaubertrankwirkung hat. Das Lamm wächst rasant, die Pfützen werden größer, und die Pisse stinkt. Ob sich der Dielenboden jemals von den Säureattacken erholt, ist fraglich. Es werden immer weniger Fotos geschossen. In der dritten Millie-Woche fällt die Entscheidung. Zögerfrei.

»Ein Schaf lebt draußen«, erklärt Lukas den Kindern. »Wofür haben wir einen Garten?«

Aber erklär das mal dem Schaf. Millie hat uns die Abschiebung nicht verziehen. Das verstoßene Wesen versucht es jetzt mit Hamas-Taktik: Terror aus allen Rohren. Denn Schafe sind gar nicht so dumm, wie sie aussehen. Millies erster Angriff besteht aus akustischer Folter. Frühmorgens um fünf beginnt das Blöken – zäh, penetrant, beleidigt. Ich trete verschlafen mit der Flasche vor die Tür, Millie schießt herbei und schnappt nach dem Sauger. Zumindest ist für ein paar Stunden Ruhe, aber einschlafen kann ich nicht mehr. Ich bin jetzt Zoowärterin im Schichtbetrieb. Judy und Nick von nebenan ertragen den Lärm geduldig. Fragt sich, wie lange.

»Ihr müsst sie abstillen«, raten sie. Kiwis kennen sich mit Nutztieren aus. Also rationieren wir die Milch. Millie steigt auf feste Nahrung um. Das heißt, dass sie alles anknabbert, was im Garten wächst: frische Salatpflanzen, Narzissen, Zitronenblüten, Brokkoli. Was sie nicht frisst, zertrampelt sie. Es wird ein ertragsarmes Jahr für uns.

Schlimmer als die Zerstörung wiegt Millies Verdauung. Vor der Haustür, am liebsten auf der Fußmatte, liegen ständig frisch gemachte Haufen, die an eingeweichte Rosinen erinnern. Steht die Tür einen Moment zu lange offen, drängt das Vieh sich in den Flur, wetzt ins Wohnzimmer und pladdert innerhalb von Sekunden aufs Holz. Manchmal auch unter meinen Schreibtisch. Das müssen die frühen Kindheitserinnerungen sein.

Eine geballte Ladung an Wut, Heimtücke und List kommt in der Urinattacke zum Ausdruck. Es ist nicht mehr süß. Es ist ziemlich säuerlich. Und Lukas hat als Urologe mehr als genug von gelbem Saft. Meine Einstellung zur heimischen Tierwelt ändert sich rasant. Neuseeland hat viermal so viele Schafe wie Einwohner? Schreckliche Vorstellung. Was die alles anrichten können.

Wir zählen die Tage. Dann kommt endlich das Wochenende, an dem Millie offiziell für alt genug erklärt wird, um auf »ihren Bauernhof« zurückzukehren. Das ist unser kinderfreundlicher Euphemismus für ihre bevorstehende Exekution. Denn für ein langes Leben auf der Weide, hat uns der Bauer gesagt, sei Millie »viel zu domestiziert«. In anderen Worten: Wir haben sie verzogen.

Pro Schaf, das der Bauer in die Schlachterei schickt, bekommt er achtzig Dollar. So viel hat uns die gute Millie allein an Wischlappen und zerstörtem Gemüse gekostet. Schon wirtschaftlich taugen wir nicht für ›Unsere kleine Farm‹, vom psychosozialen Aspekt ganz zu schweigen.

Der Abschied von Millie fällt mir ausgesprochen leicht. Als sie mit meckerndem »Määääh« aus unserem Kofferraum springt, macht sich nur Erleichterung breit. Und der Geruch nach frischem Schafurin im Heck. Das ist Millies Abschiedsgeschenk, damit wir sie nicht zu schnell vergessen, das kleine Biest. Aber Otto vermisst sie. Traumatische Erinnerungen verblassen in seinem Alter offenbar schnell.

Nachbar Nick rät uns zu Lamas.

»Kann man prima im Garten halten. Die spucken auch fast nie.«

Keine Chance. Was sich nicht mit Rosmarin und Knoblauch verträgt, kommt mir nicht ins Haus. Auch wenn mich Streichelzoobesucher dafür hassen, behaupte ich aus leidvoller Erfahrung: Nur ein geschmortes Schaf ist ein gutes Schaf. Hammelhoden kann ich wärmstens empfehlen.

Eva fliegt im September nach Deutschland. Der erste Heimatbesuch nach drei Jahren. Ihr Bruder heiratet, und sie braucht Abstand von Christchurch und allem Ärger. Sie will die Scheidung vorbereiten. Die letzte Schlacht hat das Team Olewski gewonnen. Jörg bleibt im Toscana-Haus, Eva wird ausziehen. Seine importierten Teigmaschinen hat er mit Gewinn im Internet versteigert (›German quality, very clean‹), und mit der Auszahlung der Brandschutzversicherung den Laden komplett renovieren lassen. Von einem deutschen Handwerker natürlich, denn nur dem konnte er vertrauen. Er hat ihn beim deutschen Stammtisch kennengelernt, wo er jetzt öfter hingeht, um Geschäftskontakte zu knüpfen. Dort gibt man Sammelbestellungen auf bei dem Autoimporteur, der einmal im Monat bei Aldi in Australien einkauft. Jörg hat Takaka in einer deutschen Spielgruppe angemeldet, will einen Weihnachtsbasar organisieren und trifft sich demnächst mit den Stammtischgeschwistern zum Fernsehabend, wo die letzten Tatort-Folgen geguckt werden. Er ist angekommen, wenn auch nicht wirklich in Neuseeland. Nebenbei ist Jörg Olewski auf der Suche nach ›Kooperationspartnern‹. Er ist nicht nur mit einem Privatsender wegen der Auswanderer-Doku im Gespräch, sondern auch mit einer sächsischen Brauerei. Jägi, so gehen die Gerüchte, eröffnet ein deutsches Bierlokal.

Alle paar Tage schickt mir Eva eine E-Mail aus Köln.

So was Unerfreuliches wie die Passkontrolle in Frankfurt hat sie schon lange nicht mehr erlebt. Jetlag ›sucks‹. Fühlt sich an wie schwere Grippe mit Kater. Der Tag ist ab mittags gelaufen, wenn man um drei Uhr früh aufwacht. Niemand grüßt einen auf der Straße. Auf der Hochzeit hat sie die halbe Nacht getanzt und ist noch ganz beseelt. Ihre Mutter hat sie sehr vermisst. Beim Bäcker wollte sie heute Mehrkornbrötchen kaufen. Die Verkäuferin hat sie zurechtgewiesen: ›Sie meinen wohl Dinkelsesam!‹ Sie ist diesen Ton nicht mehr gewohnt. Dass jeder es einem unter die Nase reibt, wenn man sich geirrt hat. All das Gedrängel an der Kasse. So aggressiv. Sie wird Tante, hurra! Alle trinken jetzt Bionade. Ihre Freunde haben

keine Vorstellung von ihrem Leben. Sie wissen nicht, was sie
sie fragen sollen. Von Neuseeland wissen sie nur: soll schön
sein, Schafe, Herr der Ringe. Es gibt so viel verschiedenes Gemüse, egal zu welcher Jahreszeit. Sie ist ständig im Biosupermarkt. Er ist so riesig. All der Käse und die Wurstsorten. Sie
ist nicht mehr Vegetarierin und muss in letzter Zeit sehr oft an
Haki denken. Vielleicht könnte er mal als Motivationstrainer
in Deutschland arbeiten? An die Pünktlichkeit muss sie sich
wieder gewöhnen. Alle reden ständig über ihre Arbeit. Alle
haben Stress. Es gibt so viele Zeitschriften. Aber die Promis,
die sagen ihr nichts mehr. Ob ich weiß, wer Lilly Kerssenberg
ist? Und Gina Wild heißt jetzt Michaela Schaffrath. Kinder-
feindlich sind die Deutschen, jetzt fällt ihr das auf, und gleichzeitig aber so viel Kult ums Kind. All die alten Häuser sind so
schön. Das Kopfsteinpflaster, das Historische. Sie könnte jeden Abend auf eine Veranstaltung gehen. Das Kulturangebot.
Alle jammern wegen der Krise. Endlich wieder H&M. Sie hat
sich für ein ganzes Jahr eingedeckt. Bei Ikea war sie auch, aus
Nostalgie. Das Design dort kommt ihr jetzt sehr edel vor, war
das früher auch so, oder liegt das an Christchurch? Takaka
will gerne barfuß laufen wie zu Hause in Sumner. Alle sind
so pingelig mit Schuhen und Socken, und Regen fürchten sie
auch. Es tut so gut, wieder richtig zu diskutieren. Sie war auf
einem Fest, wo sich zehn Leute den Kopf über Afghanistan
heißgeredet haben. Ob ich mir das in Christchurch vorstellen
kann. Überall hängen Schilder. Verbote, Hinweise, Verordnun-
gen. So viele falsche Apostrophe: Rambo's Kicker-Treff, Her-
ta's Waschsalon, Mehtin's Dönerbude. Aber dann Dr. Müller
Sexshop. Sie ist das alles nicht mehr gewohnt, Beate Uhse in
jeder Fußgängerzone. Alle fragen sie, ob sie nun für immer
in Neuseeland bleibt. Der Strand fehlt ihr. Und der Himmel
und die Weite. Das andere Licht. Bei uns würde es doch jetzt
wärmer, oder? Ob ich schon surfen war? Gummibärchen sind
doch besser als Milk Bottles. Sie bringt fünf Tüten mit, falls sie
nicht Übergepäck hat. Ihr graut vor dem langen Rückflug. Takaka hat beim Abschied geweint. Die Oma auch. Fünf Stunden
hängen sie jetzt noch in Los Angeles fest. In der Ersten Klasse

saß Pamela Anderson. Die fliegt als Stargast zur Fashion Week nach Auckland. Wie peinlich, dass die Kiwis nichts Besseres aus Hollywood kriegen konnten, aber sie sind wohl zu unwichtig. Ob ich noch was vom Duty-Free-Shop brauche? Es gibt Compact-Puder mit Lichtschutzfaktor 30 im Angebot.

Auch von Evas zukünftigem Exmann kommt Post. Die Karte ist mit Edelweißmotiven verziert.

 JÄGI'S BRAUHAUS

Big opening and Oktoberfest
Come and celebrate ›German style‹!
Wear your Dirndls and Lederhosen
Homemade Bratwurst – Knödeln – Imported beer

www.jaegisbrauhaus.co.nz

Ich gebe die Webseite ein. Ein blauweiß karierter Hintergrund mit schwarz-rot-goldenem Rand und vielen Fotos von Wurstteller und Bierkrügen. Darunter eine Aufforderung zum ›beer stein‹-Wettbewerb. ›Stein‹ ist eine Maß. Was man nicht alles lernt.

›In Australien hat der Wirt Reinhard Wurtz am 15. November 2007 den Weltrekord im Tragen der meisten Ein-Liter-Maße Bier über 40 Meter gewonnen‹, lese ich. ›Er schaffte es mit 20 auf einen Streich ins Guinness Buch der Rekorde. Davor hat die bayerische Kellnerin Anita Schwartz diesen Weltrekord mit 16 Maß gehalten. Wir deutschen Kiwis werden sie übertrumpfen! Wirt Jägi von Jägi's Brauhaus zeigt diesen Monat allen, was in seinen Armen steckt. Schaut vorbei und trinkt noch einen mit!‹

Ich klicke den Podcast an. Jägi in alpenländischer Aufmachung. Er krempelt den rotweiß karierten Hemdärmel hoch, ballt die Faust und lässt die Muskeln spielen.

»Grüß Gott«, spricht er in die Kamera und tippt sich an den

Tirolerhut. »In Hamburg, wi häff sä Hämbörger, in Frankfurt, wi häff sä Fränkförter, änd in Bawaria, wi häff sä Bawariän … haha, no, sä Schnitzel! Sä Schnitzel is wäri gut.« Er zieht einen Teller vor die Kamera, auf dem ein Stück paniertes Fleisch liegt. Daneben dampft ein Berg Sauerkraut. »Wer in ›Jägi's Brauhaus‹ seinen Teller aufisst, bekommt von mir einen Schnaps spendiert, jawohl!« Er greift nach einem Klaren, prostet in die Kamera und kippt ihn weg. »Aaaah … sis is sä German Gemütlichkeit!«

Ich klemme Jägis Karte an den Kühlschrank hinter das Programm fürs Filmfestival des Goethe-Instituts. Zwanzig Jahre Mauerfall ist das Thema, Regisseur Andreas Dresen wird im November kommen. Sis is sä German Gemütlichkeit, oh yeah.

Haki meldet sich wieder. Aber diesmal ist es keine Sammelmail an alle.

›Kia ora Anke,
Danke für das Essay über nationale Identität. Es ist ziemlich lang. Du solltest ein Buch schreiben.

Vielleicht sehen wir uns alle in Germany wieder? Maori-Kultur finden sie dort gut, seit Whale Rider im Kino lief. Ich muss mal irgendwann raus. Deine Freundin hat sich in Cologne nach einem Job für mich umgesehen. Ein großer Supermarkt (?) hat Interesse. Sie bieten dort auch Pilates und Nordic Walking an. Ist das eine überlieferte Tradition, wie bei uns kapa haka? Leider sind die Flüge nach Europa sehr teuer. Ich werde wohl funding beantragen.

Der Sturm vor zwei Wochen hat unser Boot und den Außenborder zerstört. Da freuen sich die Fische: endlich Ruhe!

Ka kite
Haki
Das Auge des Aalfängers schläft, das Gesicht des Wächters ist wach.‹

Auch Ditze will wieder was.

›Hallo Frau Richter, wir bauen wie angekündigt unser Mitarbeiternetz aus und hätten daher gerne zwei Portraitfotos von Ihnen für evtl. Liveschaltungen. Ein ernstes und ein fröhlicheres, je nach Thema. Verraten Sie uns noch mal, wann Sie telefonisch gut erreichbar sind.
Gruß aus Berlin, D. Sägel
PS – kurze Frage zur Reiseplanung: Können Sie mir einen Kontakt zu der Bungee-Firma da unten (AJ Hackett) bauen, wg. Gratis-Sprung? Diese Typen sind doch alle scharf auf Presse. Ein paar Weinproben müssten sich auch in der Gegend arrangieren lassen, wenn Sie den Sender erwähnen. Im Napa Valley funktioniert das immer wie am Schnürchen. Schwimmen mit Delfinen – stelle ich mir ganz witzig vor, bitte ebenfalls checken. Entscheide ich aber erst vor Ort. Braucht man Impfungen?‹

Das ernste Mitarbeiterfoto für Ditzes Sendung kommt zuerst zum Einsatz. Endlich passiert mal was in meiner Region, das auch den Rest der Welt interessiert. Etwas, das wirklich den Namen Nachricht verdient, auch wenn es eine traurige ist. Um 6.48 Uhr in der Früh bebt unterm Pazifik vor der Küste Samoas die Erde. Für die Südsee und Neuseeland herrscht Tsunami-Alarm. Die schlimmsten Wellen treffen Samoa und American Samoa, zerstören ganze Dörfer, reißen Boote, Autos und Menschen hinaus ins Meer. Die Bilanz: 189 Tote und eine schreckliche Verwüstung, die Erinnerungen an den Boxing Day Tsunami hervorruft. Neuseeland dagegen wird verschont. Und zwar so sehr verschont, dass die Situation zur Farce wird: leergefegte Strände, über denen Helikopter der Küstenwache kreisen, Leute mit Fernstechern auf allen Aussichtspunkten, evakuierte Strandhäuser – und dann: nichts. Ein stärkerer Tidenhub im Hafen von Lyttelton ist alles.

Dennoch klingelt bei mir pausenlos das Telefon. Nicht nur Sägels Sender, auch andere Redaktionen wollen alle paar Stunden einen einminütigen Telefonbericht, der den neuesten

Stand aus Apia und Auckland zusammenfasst. In der knappen Zeit muss ein Hauch von Hularöcken und Stammestänzen ins kalte Europa herüberwehen. Da hilft es ungemein, wenn gute alte Eurozentristen in den Redaktionen geografische Verniedlichungen verwenden. Weil es wohl zu lange dauern würde, den Zuschauern zu erklären, dass es Staaten mit richtigen Ländernamen im Südpazifik gibt, spricht man bei deutschen Sendern am liebsten nur von »den Samoa-Inseln«, genauso wie von den »Fidschi-Inseln«. Das klingt so schön nach Pippi Langstrumpf in Taka-Tuka-Land. Dass es sich um verschiedene Staaten handelt – American Samoa, das zu den USA gehört, das eigenständige Samoa und die ebenfalls unabhängige Republik Fidschi –, verwirrt nur unnötig. Vielleicht sollten Fernsehmoderatoren der Einfachheit halber in Zukunft auch nur noch von »den deutschen Ländern« sprechen, wenn sie Österreich, Schweiz und die Bundesrepublik meinen. Klingt doch viel netter. Und es gibt noch Winkel der Erde, wo man das ganze Germanenvolk eh nicht so richtig auseinanderhalten kann. Frag mal einen Österreicher. »I come from Austria.« – »What, Australia?«

Ich werde immer dünnhäutiger. Verziehen sei den Kollegen, die die Mitarbeiterin aus Christchurch ankündigen und die erste Silbe der Stadt wie Christkind aussprechen statt wie ›kreist‹. Geschenkt. Die korrekte Aussprache von Arkansas und Edinburgh hat ja auch nicht jeder drauf. Was jedoch schmerzt: Unsere Frau im TV ist stets »auf Neuseeland«. Auf, jawohl, nicht in. Genauso wie auf Malle, auf Maloche, auf dem Klo. Neuseeland ist groß und besteht aus zwei Inseln. Aber in der deutschen Wahrnehmung ist es ein winziges Fleckchen im Meer, ähnlich wie Lummerland. Ist schon mal jemand auf Irland, auf Japan oder auf Island gewesen? Na also. Merke: Auch weit entfernte Länder verdienen ein »in«. Alles andere kränkt.

Mein Handy klingelt, als ich mit Lukas ins Auto steige.

»Anke! Kia ora!« Es klingt wie – »Ich bin's, Haki Waiomio!«

Seine Stimme habe ich das letzte Mal gehört, als wir Abschiedslieder unter den Bäumen von Northland sangen. Daran erinnert sie mich jetzt, so satt, rund und rauchig. An das Gemeinschaftsleben zwischen Aalfang, Süßkartoffelschälen und Geschichten rund ums Feuer.

»Wie geht's, Anke, alles gut da unten bei euch?« Er lacht. »Hältst du es noch aus mit all den Weißhäuten?«

»Alles bestens, Haki. Bin gerade auf dem Weg zu einem Oktoberfest. Das erste Mal in meinem Leben.«

Ich verziehe das Gesicht, aber das kann Haki durchs Handy nicht sehen.

»Ha – Munich Hofbräuhaus! Da wollte ich immer schon mal hin. Trägst du so ein schönes Kleid, na wie heißt das … ein Dirndl?«

»Nein! Auf keinen Fall!« Ich stöhne gequält auf.

Lukas, der fährt, schaut mich von der Seite an.

»Ich bin da nur, äh, undercover. Aus Neugier. Man muss den Feind kennen.«

»Wieso Feind? Sorry, verstehe ich nicht.« Er lacht wieder. »Aber warum ich anrufe, Anke – ich sitze hier gerade mit meinem neuen Business Partner, Steve.«

Er stellt das Handy auf laut.

»Hi, Anke!«

»Hi, Steve.«

Haki schlägt einen verschwörerischen Ton an.

»Wir haben was ganz Tolles für dich.«

»Lass hören.«

Vielleicht gibt es einen Fortgeschrittenenkurs auf dem Marae für bikulturell übersensibilisierte Pakeha mit Migrationshintergrund und nationalem Identitätskonflikt? Ich werde mich sofort anmelden.

»Wir dachten uns, Anke, dass diese neue Mobilfunkfirma für dich als Journalistin interessant sein könnte. CellTel hat die besten Konditionen und –«

»CellTel?«

»Ja, die sind den anderen Anbietern wie Telecom oder Vodafone weit überlegen. Wenn du die Prepaid-Konditionen erfährst, dann wirst du keinen Moment –«

»Äh, Haki, ich brauche nichts. Habe ich alles schon. Aber danke.«

»Hör zu, Anke, whakarongo: Diesen Monat haben wir ein einmaliges Einführungsspecial. Den Dreijahresvertrag kannst du direkt über mich abschließen, kein Problem. Und Geld-zurück-Garantie, wenn du zehn weitere Interessenten findest.«

»Haki, ehrlich, ich –«

»Denk drüber nach. Das ist deine Chance. Wir wollen das Produkt demnächst global ausweiten, richtig, Steve? Du kannst davon profitieren. Ich dachte, das ist vielleicht auch was für diesen Laden da in Deutschland, diesen Pilatesshop.«

»Was – den Biosupermarkt? In Köln?«

»Ja. Die mögen doch alles, was aus Neuseeland kommt. Hast du eine Nummer von deiner Freundin Eva? Dann rede ich mal mit ihr.«

Die Bäckerei ist nicht mehr wiederzuerkennen. Alles, was seit dem Feuer von ihr übrig blieb, ist das ›Jägi's‹ neben dem ›Brauhaus‹-Schriftzug überm Eingang. Darunter ist eine blauweiße Markise gespannt. Die Tür steht offen. Deutsche Volksmusik schallt aus dem Laden, ›Schöne Maid, hast du heut für mich Zeit‹. Ich erspähe ein Regal mit Rotkohlgläsern und ein Hirschgeweih. Auf dem geteerten Vorplatz vor dem Lokal stehen Biertische, in der Ecke ist eine Bühne aufgebaut. Die Bänke sind voller Leute. Viel Jeans und Lederjacken. Eine Frau trägt Dirndl, ein junger Mann ein schwarzes T-Shirt mit dem Aufdruck ›You feel better with a German Sausage inside you‹. Das gibt's sicher im Brauhaus zu kaufen, und die Wurst gleich dazu.

Auch Jägi hat sich verwandelt. Er trägt ein Holzfällerhemd, Krachlederne und ein fesches Halstuch. Aus seinem Goatie ist ein Backenbart geworden. Noch eine Zipfelmütze dazu, und er wäre ein monströser Gartenzwerg. Vor allem lächelt er pausenlos. Er schäumt geradezu über. Vielleicht hat ihm jemand was in die Knödel gemixt. Was immer es ist – es scheint ihm zu bekommen.

»Willkommen in der guten Stube!«, ruft er über den Tisch zu uns hin. »Hereinspaziert zur Gaudi!«

Wir winken zaghaft. Er kommt zu uns herum, klopft Lukas auf die Schultern.

»Na, Doc, hier können wir nächstes Jahr die WM in Südafrika live gucken. Sky TV – alles drin im neuen Laden. Schaut euch um. Dazu gibt's dann echten Filterkaffee.« Er schmunzelt verschwörerisch.

Der Geruch von gegrillten Bratwürsten und Zigarettenrauch zieht unter der Markise durch. Eine Kellnerin schleppt Essenteller heran und legt einen Schwung karierte Papierservietten auf die Tische. Die Bänke werden immer voller. Jägi ist schon bei den nächsten Gästen. Plaudert, scherzt, kommandiert die Bedienung herbei. Schlägt sich vor Lachen auf die lederbezogenen Schenkel.

»Wie die Made im Speck«, stellt Lukas trocken fest.

Wir bestellen uns ein Bier. Setzen wollen wir uns nicht, das wäre ein zu deutliches Bekenntnis zum Feind. Auf der Bank hinter mir höre ich Rheinhessisch.

»Um Deutsche Welle zu krigge, brauchst doch kei Decoder«, sagt der Mann mit dem Rücken zu mir, »da brauchst dä Satma Plus Receiver. Dä kost abba zweihunnertdreisisch Dollar.«

Zu der Frau neben sich: »Gerlinde, schieb ma de Aschebäsche rübber.« Mainz bleibt Mainz.

Die Brauhausgäste sind international gemischt. Es sind Amerikaner dabei und etliche Engländer. Die Deutschen zählen überwiegend zur B-Liga. Nicht B wie 2. Wahl, sondern B wie Betriebsnudeln. Das sind die, die ihresgleichen suchen, vereinsmeiern und penetrant miteinander deutsch reden, auch wenn jemand daneben steht, der kein Wort versteht. Die A-Kategorie ist das andere Extrem: A wie Abstand. Sie werden ungern als Deutsche geoutet und zucken sofort zusammen, wenn man sie in ihrer Muttersprache anspricht. Sie haben sich angewöhnt, aus Prinzip nur auf Englisch zu antworten, selbst wenn man zu zweit ist. Das lässt sie seltsam zwanghaft erscheinen – als ob sie etwas Offensichtliches verbergen wollen. Der A-Typ ist in Neuseeland überproportional vertreten, aber heute Abend eher unterrepräsentiert.

Jägi ist inzwischen auf das Podium geklettert. Er zieht den Mikrofonständer heran. Vor der Bühne formiert sich eine Blaskapelle. Die Musiker tragen Militärhosen in Tarnfarben und bunte Hosenträger dazu. Einer hat eine Pickelhaube aus Plastik auf, ein anderer trägt ein T-Shirt, ›The Steinbeckers Bavarian Beer Band‹.

»Die komme all aus Rangiora«, sagt der Mainzer zu Gerlinde und zeigt auf die Band. »Sind eschte Kiwis.«

Jörg kündigt ›The Steinbeckers‹ an.

»Aber vorher muss ich euch einen Witz erzählen«, sagt er auf Englisch. An seiner Aussprache hat er genauso gefeilt wie an der Bierzeltlaune. Das Gemurmel und Gläserklirren an den Tischen ebbt etwas ab.

»Mein Großvater ist im KZ gestorben.«

Schlagartig wird es still. Das kann ja heiter werden.

»Er ist vom Wachturm gefallen.«

Zaghaftes Lachen hinter uns. Gerlinde und Gatte entspannen sich wieder.

»Just kidding«, sagt Jörg ins Mikrofon und grinst ins Publikum. »War ein Scherz. Er hat sich dabei nur das Bein gebrochen.«

Keine Frage, im Osten hat die deutsche Vergangenheitsbewältigung anders funktioniert. Lukas kippt sein Radeberger in einem Zug herunter.

»Lass uns mal gehen«, raunt er mir zu. »Das reicht für den Anfang.«

Unter Applaus und Pfiffen schleppt die Kapelle ihre Blasinstrumente auf die Bühne. Das Publikum kommt langsam in Stimmung. Einige johlen. Vor der Tribüne steht ein Pulk angeschickerter Engländer.

»Let's hear some of that Nazi music!«, ruft jemand aus der Truppe.

Die Band setzt ein, die Tuba trötet. Der Sänger mit der Pickelhaube kann sogar Deutsch:

»Ein Prosit, ein Prosit, I'm dry, dry, dry.

Ein Prosit, ein Prosit, I'm bloody well dry.«

Die jungen Engländer vor der Bühne reichen eine Rolle mit schwarzem Klebeband herum, reißen sich jeder ein kurzes Stück ab und kleben es sich als Bärtchen unter die Nase. Sie haben einen Heidenspaß, wie immer, wenn old Adolf grüßen lässt.

»Ein Glück, dass keine Dixieland-Band spielt«, sage ich zu Lukas und schiebe mich durch die Menge zum Ausgang. »Sonst müssten sie schwarze Schuhcreme verteilen.«

Einer der klebebandverzierten Engländer sieht, dass wir gehen.

»Typisch Deutsche«, ruft er uns hinterher. »Keinen Sinn für Humor!«

Sein Trinkkumpan prostet mir zu: »Just kidding!«

Schwarzbraun ist die Haselnuss

NACH DEM ABITUR habe ich zwei Jahre in Los Angeles verbracht. Ich war Volontärin in der Agentur eines Hollywoodkorrespondenten. Nebenbei machten wir eine Wochenzeitung für Deutsche in Kalifornien. Mein Chef war der Chefredakteur, sein Kollege der Verleger, ein Freund der Herausgeber, ich war die Lokalreporterin, und dann gab es noch einen, der die Anzeigen heranschaffte. Rupert Murdoch konnte sich warm anziehen.

Einmal wurde ich als Vertreterin der ›Neue Presse Los Angeles‹ auf eine Feier des Phoenix Clubs in Anaheim eingeladen. Der Phoenix Club war das Auffangbecken der nach dem Krieg eingewanderten Deutschen. Nicht nur, weil ich gerade mal zwanzig war, kam mir der Verein ausgesprochen gespenstisch vor. Es lag auch an der Sprache. Die Vereinsmitglieder redeten wie Menschen in Filmen aus den Fünfzigerjahren. Ihr Deutsch war auf dem Stand der Zeit stehen geblieben, in der sie ihr Land verlassen hatten. In Golden Bay, bei den Ökoauswanderern aus den Achtzigerjahren, kam mir diese gefriergetrocknete Version meiner Muttersprache wieder unter, auch wenn das Verpackungsdatum ein anderes war. Machen die Batikhemdträger in Takaka und Motueka den Mund auf, dann erinnert das an Lieder von Nena, an »Ey, du, ich bin der Martin« und an gelbe ›Atomkraft? Nein Danke!‹-Buttons. Gegen das Phänomen bin auch ich nicht gefeit. In zwanzig Jahren wird garantiert jemand feststellen: »Anke Richter? Die klingt so nach Westerwelle, Feuchtgebiete und Wirtschaftskrise.«

Von der Feier des kalifornischen Phoenix Clubs ist mir nicht mehr viel im Gedächtnis geblieben. Aber ich weiß: Der Abend war höchst befremdlich für mich, die ich noch nie in einer Bettenburg am Ballermann genächtigt, ein Schützenfest besucht, an einer Kaffeefahrt teilgenommen oder mich in andere Untiefen von Dunkel- und Durchschnittsdeutschland gestürzt hatte. Dafür war mein Inländerhass stets zu groß gewesen.

US-Präsident Ronald Reagan hatte kurz zuvor den Soldatenfriedhof in Bitburg besucht und damit einen politischen Eklat ausgelöst, weil dort Angehörige der Waffen-SS begraben liegen. Im Phoenix Club in Anaheim servierten sie Bitburger Pils und reagierten auf ihre Weise. »Willst du auch ein Judenbier?«, haute mich jemand gut gelaunt von der Seite an. Ich war heilfroh, dass keiner das Horst-Wessel-Lied anstimmte, und habe mich seitdem von allen deutschtümelnden Veranstaltungen ferngehalten.

Bis ich ans andere Ende der Welt kam. Jägis Eröffnungsfeier war ein einmaliger Ausrutscher. Das soll er auch bleiben, als Baxter uns nach seinem Surfurlaub in Bali eine E-Mail schickt.

»Leute, welchen Monat haben wir gerade – warum kommt ihr nicht mit zum Oktoberfest in Lincoln?«, schreibt er. »Die Erstsemestler machen jedes Jahr um die Zeit eine Motto-Party. Ihr wisst ja, die saufen gerne, denn was oben und unten raus kommt, das düngt den Boden.«

Baxter studiert jetzt nebenbei Holzwirtschaft. Die Universität Lincoln liegt südlich von Christchurch und ist eine Bauernhochschule. Nichts gegen Bauern, und schon gar nicht an der Uni. Da kann der Farmernachwuchs Wollproduktion oder Freizeitmanagement studieren. Vor der Bibliothek in Lincoln steht kein Schirmständer für Regenschirme, sondern eine Kiste für Gummistiefel – zweisprachig in Englisch und Maori beschriftet. Draußen parken schlammbespritzte Geländewagen. Eine Bildungseinrichtung, an der Ackerkrume klebt.

Lincoln ist sicher ein schöner Ort, aber wir sagen dankend ab. Baxter leiht sich von Lukas für die Party ein St.-Pauli-T-Shirt. Aus der Zeitung erfahren wir später, was wir verpasst haben. Die rund zweihundert Gäste lieferten sich eine Kostümschlacht, die den Kölner Rosenmontagszug in den Schatten stellte. Das Motto war naheliegend: Kommt als Deutsche verkleidet. Die Oktoberfestbesucher ließen ihre Fantasie entsprechend spielen und warfen sich ins Zeug: mit Hitlerbärtchen, in Uniformen mit Hakenkreuzen, als Nazis aller Couleur. Ein Student, der immerhin SMS-Englisch beherrscht, hatte ›Hitler is my boi‹ auf sein T-Shirt geschrieben. Jemand dachte sich eine Vergasungshotline aus, ›Call 0800-gas-a-Jew‹. Ein anderer Spaßvogel stellte einen KZ-Häftling dar. Er trug ein weißes Laken wie Hui Buh, das Schlossgespenst. Darauf hatte er ein paar künstlerisch arrangierte Davidsterne gesprüht. An den Handgelenken rasselten Ketten. Das kam an. Dass der Holocaust so lustig sein kann!

Das Fest kam richtig in Schwung, als ein paar Tische zu Bruch gingen. Ein Waschbecken wurde aus der Verankerung gerissen. Im Konzentrationslager hatten sie auch keine ordentlichen Bäder, also war das historisch nur korrekt. Leider gibt es aber auch unter den Studenten in Lincoln humorlose Menschen, die anderen den Spaß verderben und immer alles kontrollieren müssen: Deutsche Spielverderber lassen das Oktoberfest auffliegen. 15 Studenten werden daraufhin für ihre Entgleisungen von der Unileitung bestraft. Baxter, der die Party schon nach einer halben Stunde verließ, findet das etwas übertrieben.

»Ist es nicht streng genommen faschistisch, wenn man sich nicht verkleiden darf, wie man will?«, fragt er Lukas, als er ihm eine Woche später das St.-Pauli-Trikot in die Hand drückt. Ich bin erleichtert, dass niemand etwas Haken- oder Sternförmiges darauf gesprüht hat. »Und was ist dann mit Cowboys und Indianern? Die wurden auch ausgerottet. Geht das auch nicht mehr?«

Lukas zerknüllt das Hemd und dreht sich stumm weg. Wenn er keine Lust mehr hat zu diskutieren, muss die Kiwi-Kraut-Verwandlung bereits weit fortgeschritten sein. Ich würde zu gerne wissen, was Haki Waiomio zu diesen oktoberlichen Umtrieben sagt. Der hat als Kind mit seinen Cousins immer Wilder Westen gespielt, hatte Angie mir erzählt. Alle wollten John Wayne sein, aber keiner ein Indianer. Egal, was Haki mir raten würde – ich freue mich, wenn es endlich November wird.

Die Studenten aus Lincoln müssen als Teil ihrer Strafe die Deutsche Botschaft in Wellington besuchen. Da muss ich in zwei Wochen auch hin, allerdings freiwillig. In der Botschaft gibt es für die Studenten Kaffee und Kuchen, ein paar Broschüren über Land und Leute und den Rat, sich doch bitte zur Weiterbildung die Filme des Goethe-Instituts anzuschauen.

❮ ❮ ❮

»Komm mich doch im Beehive abholen, wenn du schon mal in der Nähe bist«, sagt Claude am Telefon. »Jonathan ist ein enger Freund von mir und arbeitet dort als Jurist im Kabinett. Ich hänge bei ihm zwei meiner Bilder auf.«

Das trifft sich gut auf meinem Rechercheausflug in die Hauptstadt. Der Bienenstock ist das Regierungsgebäude in Wellington und würde in Deutschland wohl Baumkuchen heißen, weil er architektonisch so komisch geschichtet ist. In irgendeiner Umfrage hat er als dritthässlichstes Gebäude der Welt abgeschnitten. Das ist wirklich unfair.

Air New Zealand hat am Flughafen große schwarze Banner hängen und wirbt mit dem Slogan ›Fanatische Sponsoren der All Blacks!‹. Es ist Rugbysaison. Eigentlich ist immer Rugbysaison. Im Flugzeug sitze ich zufällig neben einem Anwalt, der einst mit besagtem Jonathan, dem Freund von Claude, studierte. Das ist in diesem Land, wo jeder den anderen über drei Ecken kennt, nicht weiter verwunderlich. Bemerkenswert ist, dass der Jurist im Sitz neben mir den letzten Feind der Ureinwohner Neuseelands besiegt hat: die Firma Lego.

Vor 200 Jahren lernte das kämpferische Volk der Maori, dass sich Freundlichkeit und Nachsicht im Umgang mit den Europäern nicht unbedingt auszahlen. Land wurde konfisziert, Krankheiten eingeschleppt, Sprache und Kultur ausgerottet. Wer meint, die Kolonialisierung hätte längst ein Ende, der irrt. In Kinderzimmern auf der ganzen Welt wütet das imperialistische Übel weiter. Im Sortiment von Lego befinden sich nämlich die Tohunga, Bewohner der tropischen Insel Mata Nui. Tohunga ist das Maori-Wort für Priester. Da blinkten bei den Opfern höchster Rassismusalarm und beim Anwalt das Dollarzeichen. Der Raub hält auch 240 Jahre nach Käpt'n Cook an!

Mit Hilfe des Anwalts lehnten sich drei Maori-Stämme gegen den Profitmacher in Dänemark auf. Nicht mit dem Kriegsbeil, sondern dank des Rechts auf geistiges Eigentum. Gekämpft wurde auf allen Ebenen. Ein Hacker brachte den Server der Bionicle-Webseite kurz vor den Kollaps. Ob es am Cyberterror oder am Geschick des Anwalts lag: Auf jeden Fall erklärte sich Lego bereit, zukünftig polynesisches Kulturgut im bionischen Sortiment angemessen zu behandeln.

»Da dürfte ein hübsches Sümmchen geflossen sein«, sage ich zum Anwalt, während unsere Maschine auf der Landebahn zum Stehen kommt. Der Anwalt lächelt vielsagend. Statt einer Antwort verrät er, dass letzte Woche die Bionicle-Krieger Toa Pohatu und Toa Kopaka im Internet von 17,99 auf 8,99 Dollar reduziert worden sind.

»Eine Abwertung um die Hälfte. Das könnte man durchaus als Demütigung betrachten.« Er erhebt sich und greift nach seiner Aktentasche. »Das Friedensabkommen zwischen beiden Parteien ist auf Dauer nicht gefestigt.«

Als ich vor dem Beehive stehe, bin ich etwas aufgeregt. Man betritt ja auch nicht einfach so das Weiße Haus. Daher habe ich vorher mit Claude die Sicherheitsmaßnahmen abgeklärt. Als Ausländerin mit beschränkter Aufenthaltsgenehmigung kann man gar nicht vorsichtig genug sein.

»Du gehst zum Eingang«, hat sie gesagt. »Da sitzt ein Mann, der schnell den ›Playboy‹ wegschiebt. Dem gibst du Jonys Durchwahl und buchstabierst seinen Namen. Der Pförtner hat Schwierigkeiten mit dem Alphabet.«

Zehn Minuten später kommt eine SMS mit genaueren Instruktionen. »Sorry, das Magazin heißt ›Ralph‹.«

Ich bin gewappnet. Dezenter Mantel, Pass dabei, keine Waffen oder Drogen. Bisher läuft alles problemlos. Ich gehe auf die automatische Schiebetür zu. Keine Absperrungen oder Posten davor, nicht mal ein Streifenwagen. Vielleicht habe ich mich im Eingang geirrt?

Im Glaskasten sitzt ein Mann, der bei jeder Grundschule im Rheinland Hausmeister sein könnte. Schiebt er nicht irgendetwas unter seine Papiere, das nach ›Hustler‹ aussieht? Claude sollte sich Gedrucktes besser merken, bei so einem wichtigen Job, wie dieser Jonathan ihn hat. Der Pförtner lächelt gemütlich, es ist ja auch kurz vor Feierabend, und fragt: »Wo geht's denn hin, meine Liebe?«

Mehr nicht. Dabei könnte ich ja sonst wer sein. Warum verlangt er nicht, dass ich mich ausweise und ihm Kontakte zur Unterstützerszene zukünftiger verbotener Organisationen gestehe? Ich nenne ihm nur Jonathans Namen.

»Ach, er war doch so erkältet letzte Woche, der Arme. Wissen Sie zufällig die Durchwahl?«

Weiß ich, ich habe ja nichts zu verbergen. Er raschelt wieder in seinem Papierhaufen.

»Hab doch glatt meine Brille vergessen.« Er lacht auf. »Die liegt immer irgendwo anders.«

Gut, dass wenigstens Claude den Überblick darüber hat, was im Regierungssitz vor sich geht. Sie holt mich am Fahrstuhl ab und stellt mich ihrem Freund vor. Graue Schläfen, scharf gebügeltes Hemd – Jonathan sieht aus wie ein echter Gentleman. Genauso elegant wirken Claudes Bilder an seiner Wand: ein überdimensionales Vogelauge auf dem einen, ein Schnabel in Großaufnahme auf dem anderen.

»Ein Kereru«, sagt Claude. »Den haben die Maori früher besonders gerne gejagt. War schwer zu fotografieren.«

Wir betreten den Kabinettraum, der um diese Zeit leer ist. ›Saal‹ wäre wirklich übertrieben. Die Queen lächelt von der Wand. Jeder Minister hat ein Kärtchen an seinem Platz, als ob sich in diesem Land nicht eh jeder beim Vornamen kennt. Ich fasse kurz den Lederstuhl des Premierministers an. Unglaublich, das alles. Aus der Hüfte schieße ich ein Foto mit meinem Handy. Jonathan merkt nichts, oder es ist ihm egal.

»Heilige Unschuld«, bricht es später aus mir heraus. Wir

sitzen in Jonathans Haus in Ocean Bay, das aus Stahl, Glas, schwarzem Holz und teurer Kunst besteht. »Hat denn bei euch niemand vor irgendwas Angst?«

Claude schaut mich ratlos an und rührt in ihrem Chai. Hinter uns an der mindestens vier Meter hohen Wand hängen eine geflochtene Matte aus Tonga und daneben ein echter Ralph Hotere. Segelboote ziehen unterhalb der Glasfensterwand auf dem Wasser vorbei. Im Hintergrund läuft Musik von The Phoenix Foundation, der besten Band aus Wellington.

Claude erzählt uns die Geschichte vom Früchtekuchen, den ihre Tante bäckt. Für den Kuchen ist die Tante berühmt bis nach Irland, wo die Verwandten von der Marzipanglasur schwärmen. Deshalb musste Claude solch einen Kuchen bei ihrem letzten Europabesuch mit nach London nehmen. Der Ehemann der Tante, ein echter Heimwerkerkiwi, hatte für den Transport eigens eine Metallbox mit Henkel gebastelt, damit das gute Stück mit ins Handgepäck konnte. In Heathrow angekommen, ging Claude auf die Toilette. Übermüdet vom langen Flug vergaß sie den Früchtekuchen. Der fiel ihr erst irgendwann in der U-Bahn wieder ein. Nichts wie zurück – und direkt in die Hände der Terroristenjäger von Scotland Yard. Die Beamten hatten das verplombte Backwerk entdeckt und wollten es gerade in der Klokabine entschärfen.

»Bombe oder Kuchen – das ist der Unterschied«, sagt Claude. »Wir gehen vom Guten aus, die anderen vom Schlechten. Wir sind halt alle Zwangsoptimisten.«

Mir fallen die letzten Nationalwahlen ein. Das lief ähnlich herzerwärmend ab. Niemand wollte im Wahllokal einen Ausweis von mir sehen oder zumindest den Führerschein. Es hat völlig gereicht, dass ich gesagt habe, wer ich bin.

»Ich meine – ich hätte die so einfach täuschen können«, sage ich.

»Aber warum solltest du das?«, fragt Jonathan nur. Er steht an der Küchenzeile aus rohem Stahl, summt zur Musik und verteilt gebratene Whitebait-Fischchen mit Zitronenmarinade auf Wasserkressesalat – ein Ausbund an Kultiviertheit und Stil. Hinter der Glaswand färben sich die Wolken rosa, dann dunkelgold. Die Segelboote werfen lange Schatten aufs Wasser. Claudes Gesicht ist in Abendsonne getaucht. Unter ihrer schwarzen Lederjacke trägt sie ein T-Shirt, auf dem ›Die Seele ist eine dumme Pottsau‹ steht. Das ist wohl diesmal keine Spende vom Goethe-Institut.

»Ihr Deutschen leidet doch immer so an eurer Geschichte. Wir leiden darunter, dass wir zu wenig an Geschichte haben. Stimmt's, Jony?«

Ihr Freund stellt die Teller vor uns hin und schraubt eine Flasche Sauvignon Blanc aus den Marlborough Sounds auf. Dabei rutscht sein silbernes Gliederarmband über die Manschettenknöpfe.

»In London haben sie mich Kiwi immer belächelt. Es ist sehr subtil, aber ich spüre das sofort.«

»Jony hat diplomatische Delegationen geleitet und in Den Haag promoviert. Internationales Menschenrecht, richtig? Aber in England wurde er behandelt, als ob er direkt vom Ernteeinsatz in Timaru kommt.«

Jonathan nickt und kostet vom Wein.

»Die denken, wir pflücken nur Äpfel und scheren Schafe. Dabei entwickeln wir hier neueste Technologien und sind politisch fortschrittlicher als das ganze Commonwealth zusammen.«

Claude prostet mir zu und zwinkert dabei.

»Auf die Vorurteile! Sonst könnten wir nicht für Überraschung sorgen.«

Ich muss leider aufbrechen. Claude bringt mich die Straße hinunter zum Taxistand. Auf dem Courtney Place ziehen Leute in Schwarz johlend an uns vorbei, schwenken Fahnen, sprechen laut in ihre Handys. Die All Blacks haben gerade ein Rugbyspiel gegen den Erzrivalen Australien gewonnen.

Von wegen Äpfel pflücken und Schafe scheren – echte Kiwis segeln, surfen, fahren Ski, wandern, rennradeln, mountainbiken, klettern Felsen hoch, paddeln Flüsse hinab, joggen, kajaken und springen Fallschirm. Am besten täglich. Da ich von diesen Sportarten nur vier leidlich beherrsche – Wandern mit eingerechnet –, befinde ich mich im Landesdurchschnitt in der untersten Abteilung: Stubenhocker/Invalide. Werfe ich auf einer Stehparty ›Fahrradrennen‹, ›vereiste Piste‹ oder ›Monsterwelle‹ als Köder in die Runde, kann ich die nächsten zwei Stunden ungehindert die Weinvorräte plündern, denn der Rest der Gästeschar ist beschäftigt. Ab und zu mal reinlauschen – »bei 97 Kilometern ging mir dann die Puste aus, aber ich hab Adrenalin-Ampullen dabei«, »den Platten habe ich geflickt, während ich freihändig auf der Felge weiterfuhr, also nichts Dramatisches« – und davon träumen, das nächste Mal auf Menschen zu treffen, die zum Beispiel körperbehindert sind. Wobei die dann sicher gerade für die Paralympics trainieren.

Wie ein Alien treibe ich auf dem Courtney Place zwischen all den Fans hindurch und fühle mich fremd in dieser brodelnden, ausgelassenen, sportbegeisterten Menge. Jemand rempelt mich aus Versehen an, lächelt, hebt die Hand, ruft »sorry, mate!« Ein Taxi stoppt. Claude hält mir die Tür auf.

»Wir sehen uns bald im Café?«, frage ich.

»Ach, ich höre doch erst mal auf, weil Tine aus München für einen Monat kommt. Ich brauche etwas Zeit für das Kindl.« Sie lächelt bei dem albernen Wort in sich hinein.

Ich muss mehr Sport machen, keine Frage. Da ich nicht im Alter von fünf Jahren aufs Rugbyfeld geschickt wurde oder mit sechs auf meinem ersten Surfbrett stand, habe ich ein echtes Bewegungsdefizit, von meinem Gewicht ganz zu schweigen. Lukas dagegen ist schon wieder surfen. Eine gute Welle hat auf ihn eine ähnliche Wirkung wie auf andere Männer eine heimliche Geliebte. Zum Glück hält sich meine Eifersucht in Grenzen.

Anfangs bin ich noch viel Rennrad gefahren. Jetzt steht es unberührt in der Garage. Aus Angst um mein Leben – und das ist die einzige Entschuldigung, die in diesen Breitengraden zählt – mache ich eine Pause vom Radsport. Mir kamen nämlich die Killerelstern in die Quere. Von wegen Neuseeland habe keine gefährlichen Tiere: Die Elstern stürzen sich auf Babys in Tragerucksäcken, auf Postboten und auf Fahrradfahrer.

Sie verfolgen dich aus der Luft und stoßen einen Schrei aus, der wie »quardel ardel dudel« klingt. Wenn sie merken, dass du Angst hast, drehen die Viecher erst richtig auf und zielen mit dem Schnabel direkt auf deinen Kopf. Arme wedeln und schreien bringt nichts. Irgendwann wird es Tote geben. Ich könnte einen leeren Eiscremebehälter aus Plastik als Hutersatz tragen oder mir Pfeifenreiniger als eine Art Afrofrisur in den Helm stecken. Das soll angeblich schützen. Aber bei aller Liebe zum Karneval – so fanatisch bin ich dann doch nicht. Um an die stolzeste Sportnation des Pazifiks anzuknüpfen, bleibt mir nur noch eine Chance: das Bootcamp. Eva kam neulich mit der Idee an.

»Vergiss Yoga«, sagte sie. »Ein Bootcamp kann unser Leben verändern!«

Sie hat alle Broschüren des Fitnessstudios gelesen.

»Du meinst, so wie die abgebrochene Kohlsuppendiät? Und der Entsafter, den ich genau dreimal benutzt habe?«

Sie gibt mir eine kurze Einleitung. Name wie Programm des Bootcamps sind den Ausbildungslagern der amerikanischen Marines entliehen. Das bedeutet: mit Marschgepäck rennen, durch den Schlamm robben und stramm gestanden. Kein Rumgesteppe in rosa Aerobicstretch, sondern knallharter Drill, der einen ins Schwitzen bringt. Morgens früh um sechs im Stadtpark oder am Strand, dreimal die Woche, egal ob's regnet oder noch dämmert, und am Wochenende geht es raus ins Gelände. Versprochen werden T-Shirt, Rucksack und ›Steigerung des Fitness-Levels ums Doppelte‹ nach nur fünf Wochen. Ich einige mich mit Eva auf eine Probestunde.

Ein leerer Sportplatz am Samstagmorgen. Feuchtes Gras, drei paramilitärische Trainer, vier sportliche Typen und zwei Damen mittleren Alters (also wir), die ab sofort ›Rekruten‹ heißen. Erst müssen wir gerade stehen, dann marschieren.

»Rekruten, ab!« Zwanzig Kniebeugen, rennen, hinwerfen, aufspringen, wieder Kniebeugen. Ich hechele, mein Herz pumpt wie verrückt. Dreißig Sekunden bleiben uns, um Wasser zu fassen.

»Los, schneller!«, bellt der Trainer, einen Daumen in den

Bund der Army-Hose gehakt, Finger auf der Stoppuhr. Diesmal zwanzig Liegestütze, fünfmal hintereinander. Ich presse und beiße mir auf die Zähne. Eine Stunde kann unendlich sein. Jetzt bloß nicht die Pazifistin raushängen lassen, sonst wird sie noch länger.

»Ellenbogen nach hinten!«, schreit der Trainer, dessen Bizepsumfang den seines kahlrasierten Kopfes schlägt. Ich warte darauf, dass er mir gleich eine orange Kapuze überstülpt, meine Hände fesselt und Guantánamo Bay mit uns spielt, aber nein: Wir haben's überlebt.

»Fünf Wochen?«, stöhnt Eva, als es vorbei ist. »Das halte ich nicht durch.« Sie ist blass und schweißnass.

»Komm, nicht schlappmachen. Morgen fühlst du dich topfit.«

Am nächsten Tag stehe ich auf. Das geht noch. Ich will mir die Haare kämmen, aber komme mit den Händen nur bis knapp vors Gesicht. Der Trizeps ist eine einzige verhärtete Krampfzone. Ich bin horizontal dank Extremmuskelkater gelähmt. Zähneputzen, Gabel halten, auf der Tastatur tippen: alles äußerst mühsam bis schmerzhaft. Nach oben greifen, zum Beispiel ins Lebensmittelregal: komplett ausgeschlossen. Meine nächsten Angehörigen, die mich Krüppel pflegen und füttern sollten, haben kein Mitleid.

»Keine Arme, keine Kekse«, sagt Lukas.

Meine Söhne halten die Fernbedienung gerade so hoch, dass ich sie nicht greifen kann, und kichern, wenn ich mit halb abgewinkelten Armen danach springe. Herzlose Brut. Vielleicht sollte ich schießen lernen. Das ist der älteste offiziell anerkannte Sport in Neuseeland. Außerdem könnte ich dann als Heckenschützin ein paar Elstern erledigen.

Judy, meine Nachbarin mit Heilkraft, massiert meine wehen Muskeln. Es duftet nach Pfefferminzöl. Wunderbar macht sie das. Tut auch fast nicht weh.

»Aua!«

»Erst mal genug vom Sport?«, fragt Judy und streicht sanft meine Arme aus. Hoffentlich kommen bald die Füße dran.

»Mmmh«, murmele ich ins gepolsterte Kopfteil der Massagebank. »Nächste Woche ist doch das Fahrradrennen nach Akaroa. 85 Kilometer. ›Le Race‹.«

Akaroa ist das französischste Städtchen der Südhalbkugel. Es ist bezaubernd, es liegt wunderschön am Wasser inmitten der Banks Peninsula, es hat Stil und Charme und ist der Sitz von Ökohöfen und Künstlerpensionen. Da das Dorf jedoch einst französische Siedler beheimatete, sieht es sich bis heute als Bastion des Savoir Vivre. Was sich darin niederschlägt, dass jede Straße eine Rue ist, jeder Laden eine Boutique und das beste Restaurant am Orte ›C'est la vie‹ heißt, obwohl es Deutschen gehört. Französisch wird in Akaroa ungefähr so viel gesprochen wie Kantonesisch. Eigentlich noch seltener, denn immer mehr chinesische Touristen verirren sich in die putzige Pseudo-Provence, auch wenn's da keine Froschschenkel gibt.

»Weißt du, dass ich in Akaroa zur Schule gegangen bin?«, fragt Judy und beginnt meine Beine zu kneten. »Zuerst auf eine Zwergschule in Le Bons Bay. Wir haben auf der Banks Peninsula gelebt, nachdem meine Eltern aus Holland hierherkamen.«

Judy ist ein Auswandererkind der Siebzigerjahre. Ihre Eltern suchten sich einen der lieblichsten Plätze der Welt aus, um die Zivilisation der Niederlande hinter sich zu lassen. Auf der Banks Peninsula rollen grüne Hügel in verschwiegenen Buchten sanft gen Meer. Schafe weiden, Delfine tummeln sich in der Brandung. Öffnet man die Holztür eines Farmhauses, duftet es nach Wolle, Lavendel und Selbstgebackenem. So schön ist es dort, dass man am liebsten sofort nach Neuseeland auswandern würde, wenn man es nicht schon längst getan hätte.

»Meine Eltern waren die ersten und einzigen Ökos weit und breit«, erzählt Judy, während sie meinen Rücken bearbeitet. Judith, wie sie damals noch hieß, ritt morgens nach dem Ziegenmelken auf einem Pferd zur Schule. Es gab weder Strom noch Fernseher in ihrem Cottage, dafür Blockflöte satt. Die Mutter spann Wolle und buk dunkles Brot, was die Käskoppkinder unter den Bauernkids unweigerlich zu Außenseitern machte.

»Ich wurde ständig gehänselt. Unsere kratzigen Pullis, was wir aßen, und dann noch der komische Akzent meiner Eltern. Ich wollte einfach nur normal sein. So wie alle.«

Der Vater glaubte, dass man von der Chlorbleiche im Klopapier Darmkrebs bekäme. Deshalb wurden große Rollen braunes pergamentähnliches Papier angeschafft, auf einer Seite rau, auf der anderen beschichtet. Judy musste daraus Quadrate schneiden. Damit wickelte sie die Schulbrote ein und wischte sich den Hintern ab, was gar nicht so einfach war, weil die Griffigkeit fehlte. Die Finger stießen manchmal durchs Papier. Sie demonstriert es mir an meinen Schultern.

»Aua!«

»Am schlimmsten war es, wenn jemand zum Spielen kam und mich gefragt hat, wo denn im Bad das Klopapier sei. Ich musste dann auf die Kiste mit den braunen Quadraten zeigen. Oje.«

Ihr Vater haute eines Tages ab, um eine Urschreitherapie zu beginnen. Zog sich den Rucksack an und stapfte das Tal hoch, ohne Kinder, Ziege und Pferd noch eines Blickes zu würdigen. Sobald er verschwunden war, kaufte die Mutter frisches Klopapier. Weiß, weich und zart nach Chemie duftend. Ein revolutionärer Akt.

»Und trotzdem bist du Hippie geblieben«, nuschle ich mit dem Gesicht nach unten. »Irgendwas müssen deine Eltern richtig gemacht haben.«

Aus Rache zwickt sie mich in den Oberschenkel.

»Kriegst langsam Cellulitis, was?« Sie nimmt sich endlich meine Füße vor. »Du glaubst gar nicht, wie neuseeländisch ich geworden bin, weil ich holländische Eltern habe. Durch und durch Kiwi. Das wird deinen Söhnen auch noch so gehen.«

Claude habe ich gar nicht erst gefragt, ob sie mit zum Fahrradrennen kommt. Sie ist mit ihrem Münchner Kindl beschäftigt. Lukas muss mit Otto zu einer Karateprüfung. Aber Eva und Jakob begleiten mich ins benachbarte Frankreich, damit ich etwas Publikum habe. Franko-Aggro hin oder her – jetzt gilt es, die knapp hundert Kilometer nach Akaroa runterzureißen und nicht schlappzumachen. Als Belohnung winkt jedem Teilnehmer – na was wohl – eine Stange Baguette.

Morgens um acht Uhr stehe ich zwischen tausend in funkelndes Lycra gewandeten Radlern auf dem Platz vor der Kathedrale und umklammere die Griffe meines Rennrads. Wir sind ›Les Riders‹. Starr blicken wir nach vorne und warten auf den Start. Die Marseillaise erklingt in bombastischer Lautstärke über unseren Köpfen. Endlich der Pfiff. Allez! Die Meute bewegt sich und hängt mich bald ab. Zweieinhalb Stunden später trifft Le First in Akaroa ein. Ich brauche fast so lange nur für die Hälfte der Strecke. Ah oui. Der Gedanke an meine drohende Cellulitis treibt mich voran. An der Ziellinie in Akaroa wehen blau-weiß-rote Banner.

»Das Baguette ist längst alle«, begrüßt mich mein Sohn. »Es gibt nur noch Toastbrot.«

Mon Dieu. Erschöpft kämpfe ich mich zu einem der Dixieklos durch. Da ist er dann endlich, der authentische Hauch von Frankreich: eine verdreckte Toilette. Merde alors.

Geh aus, mein Herz, und suche Freud

DASS ES SOMMER wird auf der Südhalbkugel, merkt man daran, dass sich Besuch ankündigt. In solchen Zeiten halten Auswanderer eng zusammen. Nur Menschen gleicher Herkunft wissen, was einem bevorsteht.

In der Ferne sein Immigrantenschicksal zu meistern, ist hart genug. Erschwert wird es dadurch, dass Leute, die man nur flüchtig kennt, dort Urlaub machen wollen. So ist das, wenn man an einem beliebten Reiseziel lebt. Das war schon in Kalifornien so. Entfernte Bekannte vom Cousin des Ex-Freundes der Nachhilfelehrerin meiner Schwester hatten irgendwie meine Adresse ergattert, tauchten mit ungebremster Begeisterung, aber ohne sonstige Gaben auf, aßen den Kühlschrank leer und erwarteten drei Tage Stadtrundfahrt von mir. Das machte ich zweimal mit, dann empfahl ich den nächsten Halbwildfremden, die sich selbst einluden, die Jugendherberge.

Mit Dietmar Sägel dürfte das etwas schwieriger sein. Vom Flughafen abholen, die Gegend zeigen, ihm Essen kochen, und das alles 24 Stunden lang – das gebietet die Gastfreundschaft. Und das Geschäft. Den Flug hat er gebucht, die Mietwagenfirma gibt ihm Rabatt, Hotels lässt er sich noch offen, und Lufthansa hat ein Upgrade in die Businessclass versprochen. Da kann ja nichts mehr schiefgehen. Außer, dass ich mich in den nächsten Wochen spontan entschließe, nach Australien auszuwandern, um dieses Schicksal von mir abzuwenden.

Eva hält in ihrem neuen Häuschen Kriegsrat beim Kaffeeklatsch. Am Eingang hängen drei geflochtene Flachstaschen wie eine Installation an der Wand. Sie hat Rhabarberkuchen gebacken und trägt eine Schürze, auf der ein Pavlova-Rezept steht. Stefanie und Ruth sind schon da. Stefanie ist eine drahtige Fremdenführerin aus Bremen, seit fünf Jahren im Lande und kennt jeden Bergpfad. Ruth ist etwas braver und stiller. Sie unterrichtet an einer Sprachschule. Claude kommt auch, da sie genug Deutsch für unseren Klüngel beherrscht. Sie hat ihre Münchner Flamme dabei. Tine ist klein und kräftig und hat eine Kamera über der Schulter hängen. Sie macht Videoinstallationen und filmt daher ständig. Ich bin ihr in den letzten Wochen öfters in Lyttelton begegnet, aber habe nie mehr als ein paar Worte mit ihr gewechselt. An den Dialekt muss ich mich noch gewöhnen. Claude stöhnt, als sie sich aus ihrer engen Motorradjacke pellt.

»Was ist los?«, fragt Eva. »Wie läuft's mit deinem Herrenbesuch?«

Sie kann wohl kaum Tine meinen, obwohl die wirklich sehr testosteronhaltig wirkt.

»Sebastian kenne ich von der Documenta aus Kassel«, erklärt Claude in meine Richtung und greift sich ein Stück Kuchen süß-sauer. »Er wohnt gerade bei uns. Schlechtes Timing, wegen Tine. Aber er macht die Gartenarbeit für mich.«

»Nur hat er leider koa Ahnung, was dös Unkraut ist und was ang'pflanzt ist«, sagt Tine und legt den Arm um Claudes Hüften. »Aber Biologie duat er studier'n, ha!«

Auch sonst gibt es Wissenslücken bei Sebastian. Die weite Welt der Frauenliebe ist ihm gänzlich unbekannt. Da müssen Claude und Tine viel erklären. Der Traveller kann kaum glauben, wo er gelandet ist: auf Lesbos in der Südsee. Sebastian blüht richtig auf. Er hat schon vorgeschlagen, länger zu bleiben. All das Unkraut.

»Er hat mir eine Melissa-Etheridge-CD geschenkt, jo mei! Fehlt nur noch die KD Lang und die Tracy Chapman.« Tine schüttelt sich. Sie hört am liebsten Trance und Triphop. Nächste Woche will sie zu einem Open-Air-Rave, irgendwo zwischen Strand und Felsen.

»Wenn wir montagabends ›The L-Word‹ gucken, will Sebastian immer dabei sein«, sagt Claude. »Und danach kommen dann ständig Fragen. Langsam nervt's.«

Sebastians Traumreiseziel scheint Claudes und Tines Doppelbett zu sein. Tine hat das gleich gerochen.

»Natürlich hofft der Bua, dos do a Dreier läuft. I kenn die Sort' aus Schwabing.«

Wir beratschlagen. Ruth, der ich so viel Raffinesse gar nicht zugetraut hätte, hat den besten Vorschlag: den Gastgärtner abends abfüllen, bis er nichts mehr weiß. Ihn komatös ins Bett stecken. Und ihm dann am nächsten Morgen zweideutige Komplimente machen über die tolle Nacht. »Der wird sich ärgern, garantiere ich euch.«

Stefanie kennt sich mit Herrenbesuch ebenfalls aus. Unvergesslich waren Karl-Heinz und Hans-Jürgen. So hießen sie wirklich. Karl-Heinz hatte ihr geschrieben: »Hallo Steffi, erinnerst du dich noch an mich aus der Anti-Abifeten-AG?« Sie erinnerte sich beim besten Willen nicht, aber das hielt Karl-Heinz nicht ab, sich selber einzuladen, »es soll ja so schön sein bei euch«. Als die Stunde schlug, wo sie mit Karl-Heinz und Hans-Jürgen vor der Kathedrale in Christchurch verabredet war, wäre sie am liebsten spontan in der Fußgängerzone untergetaucht. Schon von Weitem waren die beiden unschwer an Tevasandalen mit Socken und übermäßig viel Goretex erkennbar. Sie hatten tatsächlich ihre Hollandräder mitgebracht, Südalpen hin oder her. Stefanie führte sie, um die Sache abzukürzen, in ein Fastfoodlokal. Da die Karl-Hanseln kaum Englisch verstanden – oder zumindest nicht die neuseeländische Aussprache –, bestellten sie sich sicherheitshalber Bratwürste. Geschlagene fünfundachtzig Minuten lang beschrieben sie ihr im Detail jeden Meter, den sie auf den Touristenpfaden Aucklands seit der Ankunft zurückgelegt hatten – eine Stadt, in der Stefanie drei Jahre gelebt hatte. Was daran verbesserungswürdig, was akzeptabel und was mangelhaft sei. Es war ein einziger, ewiger Wolfgang-Petry-Moment: Hölle, Hölle, Hölle. Seit jenem Nachmittag hat Stefanie eine neue E-Mail-Adresse.

Wir seufzen mit Schaudern und Kuchenkrümeln im Mund auf. Doch es kommt noch schlimmer. In ein paar Wochen rückt Evas Schwiegermutter aus Thüringen an. Kann kein Wort Englisch, war »im Westen« noch nicht weiter als auf Teneriffa und will bis April bleiben. Natürlich auch bei Eva, obwohl sie und Jörg jetzt getrennt leben, denn die alte Dame ist ganz vernarrt ins Enkelkind. Takaka wechselt jede Woche das Zuhause. Das gleiche Arrangement schwebt auch der Schwiegermutter vor.

Fünf Monate! Wir Kaffeetanten sind bestürzt.

»Was macht ihr denn so lange mit ihr?«, frage ich. »Du bist tagsüber an der Uni, und Jörg arbeitet ja die ganze Zeit. Der kann sie doch nicht pausenlos auf Rundreise schicken. So viele Geysire kann man gar nicht abklappern.«

»Oh, es gibt allein 19 heiße Quellen rund um Rotorua«, sagt Stefanie, die Fremdenführerin.

»Und der Schwefelgeruch wirkt wie Viagra«, weiß Ruth. Sie überrascht mich wirklich. »Kein Quatsch, das hat gerade jemand erforscht. Vielleicht lernt sie da einen rüstigen Rentner kennen?«

Eva hat schon eine Idee.

»Englischkurs. Jeden Vormittag. Und nachmittags dann noch Konversationskurs.«

»Da sitzt sie doch mit lauter achtzehnjährigen Koreanern und Japanern«, wirft Ruth ein. »Worüber soll sie sich mit denen denn unterhalten?«

Aber Eva hat bereits herumtelefoniert. An einer Sprachschule in der Innenstadt bieten sie bunte Abende und Freizeitgestaltung an. Für alle Altersklassen, betonte die Sekretärin. Nein, nicht Poker oder Tischtennis. »Sondern Gotcha«, sagt Eva. »Farbkugelschießen. Im Gelände.«

Tine feixt.

»Da schicken's ma gleich unsern Basti mit. Der braucht's a Abkühlung.«

»Aber lass sie bloß nicht zu ›Kamikaze Paintball‹«, sagt Stefanie, die sich wirklich gut auskennt, »da haben sie nämlich ein deutsches Dorf als Kulisse. Denk daran: Nachkriegsgeneration.«

Als der Kuchen aufgegessen ist, greifen wir uns die Zeitschriften, die Eva aus Köln mitgebracht hat.

»Schon wieder so ein Auswanderer-Psychotest.« Stefanie

stöhnt und tippt auf eine Seite in einer Illustrierten. »Hört das denn gar nicht auf? Ist da die Massenflucht ausgebrochen?«

»›Der große Immi-Test – Taugen Sie zum Auswandern?‹«, lese ich vor.

Sie werden von einem TV-Sender angefragt, der Ihre Familie für eine Reality-Serie über Auswanderer filmen will. Was machen Sie?

a) Das muss ich erst mit meiner Agentin besprechen. Unter 10 000 Euro stehe ich gar nicht erst auf. ☐

b) Ich sage zu in der Hoffnung, dass meine Eltern endlich Geld schicken, wenn sie sehen, wie schlecht es uns geht. ☐

c) Ich biete dem Kamerateam uneingeschränkten Zugang zu meinen selbst gedrehten DVDs (Top-Qualität!) und bringe Spiegel im Schlafzimmer an, um zu üben. ☐

Stefanie und ich schauen uns ungläubig an. »Lies weiter!«, sagt sie.

Sie sind bei Ihren ausländischen Nachbarn zu einer Stehparty eingeladen. Das Essen kommt Ihnen seltsam vor. Was machen Sie?

a) Ich koste es und spucke den Bissen unauffällig in den Hundenapf. ☐

b) Ich bringe das nächste Mal Dackel als Spezialität meiner Heimat mit. ☐

c) Ich stelle den Hundenapf, von dem ich gekostet habe, demonstrativ auf den Boden zurück und hüstele mit verdrehten Augen. ☐

Sie stehen an einer Bar Ihres neuen Wohnortes und hören, wie am Tresen jemand über Deutsche herzieht. Was tun Sie?

a) Ich gebe der ganzen Runde einen aus, damit mich jeder mag. ☐

b) Ich verlasse still das Lokal. ☐

c) Ich drohe dem Provokateur Prügel an/verübe einen Brand-
anschlag auf die Kneipe *(wahlweise)* ☐

d) Ich weise den Mann zurecht, dass mein Land noch viel
faschistischer ist, als er meint, verwickle ihn in eine langwierige Diskussion, bei der ich ihn ständig unterbreche, und
nötige ihn zu einer Unterschriftenaktion. ☐

»Das durchschaut doch jeder«, sagt Stefanie. »Lass hören,
was dabei rauskommt.«
»Okay, die Auswertung:

Überwiegend a): Herzlichen Glückwunsch! Sie werden sich
schnell einleben. Überwiegend b): Öffnen Sie sich etwas mehr
der fremden Kultur. Überwiegend c): Das wird nichts. Drehen Sie
bloß um, falls Sie schon abgereist sind. Einmal d): Sie sind hoff-
nungslos deutsch. Machen Sie das Beste daraus.«

Die Rhabarberkuchenrunde löst sich auf. Claude und ihre
Freundin turteln auf dem Sofa in der Ecke. Eva räumt Teller
weg und zieht die Schürze aus. Irgendwas ist anders an ihr.
Sie trägt nicht mehr Crocs, sondern silberfarbene Schlappen
von Havaiana. Und die Dreadlocks sind jetzt schwarz statt
flammend rot. Das übliche Tiermotiv auf ihrem T-Shirt ist
dem Antlitz einer Kuh mit Panzerknackermaske gewichen,
darunter der Schriftzug FONTERROR. Auf dem Rücken steht
›Milking the land for all it's worth‹. Ein Protest gegen den
Milchmogul Fonterra, der die Flüsse mit Gülle versaut.
    Ich lege die Zeitschrift weg und blättere durch ihr neu-
seeländisches Gegenstück. Auch hier ein Test: Woran man
erkennt, ob man ein echter Kiwi ist. Das hilft mir schon eher.
Die Liste ist lang.

1. Trägst du Flip-Flops?
2. Hast du dir jemals durch Sonnenbrand Verbrennungen
   zweiten Grades zugezogen?
3. Besitzt du einen Morris Minor, einen Rasenmäher und
   Gummistiefel?

4. Wenn dir jemand erzählt, dass er gerade mit George Clooney und Angelina Jolie auf einer Yacht war, fängst du dann an, über Segelboote zu fachsimpeln?

5. Hast du schon mal in einer Wanderhütte oder in einem Marae neben einem Schnarcher genächtigt?

6. Betrachtest du das Wetter als sportlichen Wettbewerb und rühmst vor Leuten aus anderen Städten das hervorragende Klima deiner Heimat?

7. Warst du schon mal dem Tod nahe, weil du von einer großen Welle erfasst wurdest oder einen Fluss durchqueren musstest?

8. Besitzt du (oder leihst du dir zumindest) eine Kettensäge?

9. Hast du eine Halskette mit Jade-Anhänger oder Knochenschnitzerei?

10. Hast du Kiwis an entlegenen Orten der Welt kennengelernt und festgestellt, dass ihr über zwei Ecken gemeinsame Bekannte habt?

11. Bist du nachts von Possums aufgeweckt worden, die weiß der Teufel was auf deinem Dach trieben?

12. Ist das Dach aus Wellblech?

13. Hast du jemals in Europa in einer Bar oder einem Restaurant gekellnert?

14. Hast du während der Zeit so getan, als ob du Maori sprichst, indem du Ortsnamen wie »Taumarunui, Whanganui, Taranaki, Hokitika, Taupo« aneinanderreihst (mit Haka-Bewegungen untermalt)?

15. Hast du mal selber einen Fisch gefangen und ihn gegrillt? (Wer sich beim Anfassen des Köders anstellt, muss die Frage automatisch mit ›Nein‹ beantworten.)

16. Besitzt du ein kariertes Buschhemd von Swanndri und kennst den Geruch feuchter Wolle?

17. Hast du einen Freund, von dem du dir einen Anhänger leihen kannst?

18. Kannst du damit rückwärts einparken?

19. Hast du schon mal Essen aus dem hangi oder umu (Erdofen) gegessen?

20. Weinst du höchstens einmal alle vier Jahre?

21. Reparierst du dein Motorrad im Wohnzimmer, restaurierst seit 20 Jahren ein altes Auto in der Garage oder baust gerade an einem Boot?
22. Behauptest du, dass Marmite besser schmeckt als Vegemite?
23. Kennst du jemanden, der jemanden kennt, der schon mal einen echten Kiwivogel im Arm gehalten hat?
24. Sagst du ›Sorry!‹, wenn du für jemanden aufstehen musst oder man dir auf den Fuß tritt?
25. Magst du immer noch Lammbraten?

Eigentlich kann ich nur die erste und die letzte Frage mit Sicherheit mit »Ja« beantworten. Beschämend. Für die neuseeländische Staatsbürgerschaft wird das wohl kaum ausreichen. Ich sollte mir bald mal von Baxter einen Anhänger leihen und Einparken üben.

Das viele Listenlesen hat mich inspiriert. Zu Hause setze ich mich an meinen Laptop. Eine Reisewarnung für zukünftige Gäste kann eigentlich nicht schaden. Neckermann macht das doch sicher genauso. Einen Versuch ist es wert.

1. Halten Sie sich genau an die Vorgaben für Mitbringsel. Haben Ihre Gastgeber sich Lakritz gewünscht, dann sollten Sie diese tütenweise besorgen und sie nicht gegen Maoam eintauschen, weil das Lakritz ›sich so hart anfühlte‹. Merke: Manche mögen es hart. Ebenso verfahren Sie beim Mitschleppen erwünschter Zeitschriften, auch wenn Ihre Gastgeber auf schwere Sorten stehen. Verhandeln Sie gnadenlos mit dem Bodenpersonal und lassen Sie sich niemals Übergepäckgebühr aufbrummen – ein Anfängerfehler, der auf Ihre Kosten geht.
2. Tragen Sie bitte keine lilafarbenen Fleecewesten, Sandalen mit Socken und ähnliches Tuch, was Sie und Ihre Gastgeber in unvorteilhaftes Licht rückt und der Völkerverständigung schadet.
3. Strecken Sie nicht jedem, der Ihnen zwischen Supermarkt und Strand vorgestellt wird, die Pranke entgegen. Ein Lä-

cheln statt zwanghaftem germanischem Händeschütteln überwindet alle kulturellen Schranken.
4. Verlängern Sie niemals die Zeit, die Ihnen als Bleiberecht eingeräumt wurde, auf eigene Faust. Wenn niemand bittet, dass Sie länger bleiben mögen, dann hat das seine guten Gründe. Sie haben nichts mit Ihnen persönlich zu tun, sondern damit, dass Sie Tourist sind, frisch angekommen und entsprechend strapaziös.
5. Hängen Sie bitte, bitte, bitte das Wort ›please‹ an jede Bestellung an. Ohne ›please‹ klingt Ihr Wunsch für jeden Kellner wie eine Ohrfeige. Für Fortgeschrittene: ›Thank you‹ spricht sich leichter aus als ›Unerhört, da fehlt doch ein Löffel!‹ oder ›Na endlich, ich habe zehn Minuten gewartet‹.
6. Reden Sie nur über Ihre verrückte Jugend, Ihre Analyse der letzten Bundestagswahl und die Tücken Ihres anspruchsvollen Berufes, der Ihnen für »euer kleines Paradies hier« gerade mal zwei Wochen Zeit lässt, wenn Sie ausdrücklich danach gefragt werden. Machen Sie sich darauf gefasst, dass niemand fragt.
7. Sie bekommen Kost und Logis nicht umsonst, sondern haben mit Interesse und Begeisterung für das Ihnen Dargebotene zu bezahlen. Dass der Jetlag Sie kaum aufnahmefähig macht und Sie wie im Nebel agieren, haben Sie tunlichst zu überspielen.
8. Insidertipp: Spielverderber werden frühmorgens vom Kind der Gastgeber geweckt, wenn sie nach der ersten schlaflosen Nacht gerade die Augen zugemacht haben.
9. Sollte es Ihnen dennoch ausgezeichnet gefallen haben, dann geben Sie die Adresse Ihrer Gastgeber auf keinen Fall an Ihre Nachbarn, Kollegen und Internetbekanntschaften weiter.

An diesem Morgen trete ich früher als sonst vor die Tür. Während ich mir den Schlaf aus den Augen reibe und Richtung Einfahrt tapse, um die Zeitung aufzuheben, wandert mein

Blick abwesend über das Panorama von Lyttelton. Das Haus, in dem wir wohnen, steht an einem Hang, zu dessen Füßen der Hafen liegt, rechts und links gesäumt von vulkanischem Fels und grünen Hügeln. Es ist ein schöner Blick, vor allem nachts, wenn man die Container und Kräne nicht sieht, aber alles dort unten funkelt und blinkt.

Doch in der klaren Morgensonne bleibt nichts verborgen. Erst schlaftrunken, dann schlagartig hellwach nehme ich wahr, dass etwas Weißes von gigantischem Ausmaß seine Schnauze von links her in den Hafen schiebt – so klammheimlich und gleichzeitig unausweichlich wie ein Nebelschwaden in einem Stephen-King-Film, und der bringt bekanntlich nichts Gutes. Alles bleibt ruhig, die Sonne scheint weiter und die Vögel zwitschern, aber der unschuldige Winterschlaf von Lyttelton ist vorbei. Das erste Kreuzfahrtschiff der Saison hat angelegt.

Der Zeitung entnehme ich, dass es die Dawn Princess ist, die mehr als 2000 temporäre Bewohner hat. 800 Angestellte verwöhnen die Gäste. Ich muss zugeben: Das Schiff sieht auch aus der Entfernung fantastisch aus. Alles funkelt in blendendem Weiß, strahlender als das Gebiss eines ›Glücksrad‹-Moderators. Und so riesig! Ich versuche gerade, vom Küchenfenster aus die Kajütenfenster zu zählen, als das Telefon klingelt. Es ist Viertel nach sechs. Das kann nur einer sein.

»Nicht zu früh, hoffe ich?« Dietmar Sägel klingt noch schmieriger als sonst. »Ich habe mal wieder einen Anschlag auf Sie vor.«

Was sich wohl hinter der polierten Fassade des schwimmenden Hotels abspielt? Ein Ameisenhaufen, in Tupperware verpackt. Ein fremdes Biotop, unerreichbar und unheimlich.

»Mein Sender dreht gerade in Ihrer Nähe einen schönen Herzschmerzfilm, mit Alpenpanorama und so. ›Irrfahrt ins Glück‹ heißt die Schmonzette. Ist wie eine Mischung aus Rosamunde Pilcher und ›Traumschiff‹. Das sagt Ihnen doch noch was?«

O ja. Aber nichts Gutes. Sascha Hehn fällt mir da spontan ein. Vielleicht lehnt der da drüben gerade an der Reling? Ich bräuchte ein Fernglas.

»Gefilmt wird rund um Queenstown«, fährt Sägel fort. »Da sollen ja die ganzen Outdoorverrückten und Extremsportler sein, die Bungeespringer und so.«

»Da wurde auch ganz viel von ›Herr der Ringe‹ gedreht«, werfe ich müde ein.

»Genau. Deshalb sollten wir uns einfach dort treffen. Kommen Sie doch dahin und schreiben was über die Dreharbeiten. Aber nur Nettes, haha, wir brauchen gute Presse.«

»Okay, äh, ja, das könnte klappen. Muss ich gucken.«

Tu's nicht. Sag ihm ab. Du willst doch nicht etwa wieder über Promis schreiben? Schon gar nicht in Ditzes Dunstkreis. Doch der Weltmeister im Überrumpeln kommt mir zuvor.

»Ich gehe mal davon aus, dass Sie in der nächsten Woche nichts vorhaben, richtig? Das Thema müsste Ihnen doch gefallen, nach all Ihren ergiebigen Recherchen damals bei der Lindenstraße.«

Er lacht. Es klingt ungut. Ob er sich wohl auch noch daran erinnert, dass ich irgendwann das Deospray aus seiner Schublade genommen und es in den Auspuff seines Ruhrpottmercers gesteckt habe? Das ist nicht das Einzige, was mir heute peinlich ist.

Die Passagiere der Dawn Princess werden auf Busse verladen und zur Stadtbesichtigung gekarrt. Vereinzelte Exemplare sondern sich ab und schwirren durch Lyttelton, in Pastell und riesige Sonnenbrillen gehüllt. Um sechs Uhr abends ist die Kurzinvasion vorbei. Im Hafen tutet es so laut, dass es bis zu unserem Haus hinauftönt. Das Kreuzfahrtschiff legt wieder ab. Doch das war nur der Auftakt. Hunderttausend Passagiere werden dieses Jahr noch nach Lyttelton kommen. Unausweichlich wie die Promis.

Ich dachte, ich wäre ihnen entkommen, den Helga Beimers und Sascha Hehns dieser Welt. Einer der vielen Vorzüge Neuseelands war stets: Es ist von Gestalten wie Tatjana Gsell verschont geblieben. Bis auf Peter Jackson und Edmund Hillary kannte ich vor meiner Ankunft keinen einzigen berühmten Neuseeländer. Da war mal Rachel Hunter, einst Model und

Frau von Rod Stewart, aber die ist längst geschieden und ab-
gehalftert. Sir Ed ist bereits tot und Peter Jackson meistens
im Ausland. Doch ich bin einem Irrtum aufgesessen, auch
wenn ich mich in einer Verona-freien Zone bewege. Sänger
Ben Harper kommt zum Surfen nach Raglan, Shania Twain
hat sich vor ein paar Jahren einen hochalpinen Bergsitz bei
Wanaka gekauft, David de Rothschild gehört eine Biofarm auf
der Banks Peninsula, und Brad Pitt war neulich in Northland.
Dort trank er, mit einem Bart verkleidet, an einem Imbiss einen
Kaffee. In Wellington aß er angeblich indisch. Und in Dunedin
schaute er sich Schiffe an.

Rod Stewart habe ich eigenäugig an unserem Surfstrand
Taylors Mistake gesichtet. Er trug zum Glück keinen Tanga,
sondern Shorts. Seine wirklich überdurchschnittlich langbei-
nige Penny hantierte mit einem Sonnenschirm, ein sonnenbe-
brillter Bodyguard wartete im Auto. Die Strandbesucher taten
so, als ob sie die zwei nicht bemerkten – so verlangt es das
neuseeländische Understatement. Allein schon aus Höflichkeit
würde sich kein Kiwi erdreisten, dem Besuch aus Hollywood
auf die Pelle zu rücken. Handyreporter sind hier unbekannt.
Noch ein nachträglicher Pluspunkt für die Auswandererliste.

Am härtesten getroffen hat mich Tom Cruise. Schlimm genug, dass er seinen Japanfilm ›Der letzte Samurai‹ rund um
den Mount Taranaki drehte, weil der neuseeländische Berg
dem Fujiyama so ähnlich sieht. Dummerweise fühlten die
ortsansässigen Maori ihr Heiligtum durch die Dreharbeiten
entweiht. Dem Eingeborenenstress entfloh der stramme Scien-
tologe nicht durch Harakiri, sondern indem er sich auf der
Südinsel am malerischen See von Wanaka entspannte. Die Ge-
fühlsausschläge ob des Alpenpanoramas waren wohl mit dem
E-Meter nicht mehr auszumerzen. Die Spätfolge: In ›Mission
Impossible 3‹ wird der Lake Wanaka gleich zweimal erwähnt.
Spezialagent Ethan Hunt hat dort laut Drehbuch einst ein Wochenende mit seiner Verlobten verbracht. Später, als es ums
Retten der gekidnappten Schönen geht, fragt der Filmheld sie
nach dem Namen des Sees, um zu sehen, ob seine Holde noch
lebt. Codewort »Wanaka«. Ganz großes Kino.

»Eines nehme ich Peter Jackson übel«, sage ich, als Lukas seinen Laptop zwischen unsere Kaffeebecher auf den Küchentisch schiebt. Auf dem Bildschirm bewegen sich zwei silberne Schnäbel, die in rohes Fleisch pieken und einen weißlichen Lappen hervorziehen. Otto klebt fast mit der Nase davor.

»Hmm. Dass er gerade ›Dambusters‹ produziert, diesen Kriegsschinken?« Lukas klingt abwesend. Morgen operiert er erstmals eine Prostata per Roboter und guckt daher pausenlos das Bedienungsvideo.

Er nimmt den Blick nicht vom Schirm. Das Video lief schon heute früh nebenher beim Frühstück. Hoffentlich bekommt unser Kleiner davon keinen Schaden.

»Nein, dass er seine Heimat in Hollywood salonfähig gemacht hat. Früher wusste doch keine Kuh in Malibu, wo Neuseeland überhaupt liegt.«

»Und dass man hier die Einwegspritze, die Schiedsrichterpfeife und den Briefmarkenautomaten erfunden hat.«

Auf Weltkarten wird Neuseeland immer gerne mal vergessen. Es fehlt zum Beispiel auf der riesigen Globusansicht am Eingang der Universal Studios in Hollywood. Pech, wenn man so weit unten am rechten Kartenrand hängt und für eine australische Insel gehalten wird. Alle Jahre wieder muss die Tourismusbehörde sich daher was einfallen lassen, um Menschen in fernen Ländern zu beweisen, dass es Neuseeland wirklich gibt. Die ›Herr der Ringe‹-Verfilmung kam da wie gerufen. Das ist jetzt alles auch schon wieder ein Weilchen her. Seitdem: nada, niente, und nicht mal die letzte Rugby-Weltmeisterschaft gewonnen. Also musste der Premierminister persönlich ran, um das Produkt NZ unter die Leute zu bringen. Was machte er in seiner Verzweiflung? Er ging zu David Letterman.

»Mach du mir den Kiwi«, hat Dave wohl so oder ähnlich gesagt, »ich mach euch die Promo.« Ganz Neuseeland war in Aufregung: Der farblose John Key, der die Aura eines Filialleiters der örtlichen Bausparkasse verströmt, gerät in die Fänge des bissigsten Talkmasters der Welt – wie wird er sich im Interview schlagen? Blamiert er sich und damit alle Kiwis? Lacht man im Fernsehstudio über seinen eingeborenen Dialekt?

Entfahren ihm wieder Wortschöpfungen wie letztens ›Afghanistanians‹, wenn er Afghanen meint? Bei seiner Vorgängerin, der bärbeißigen Helen Clark, brauchte man sich solche Sorgen nicht zu machen. Die hatte Format.

Der Premierminister wirkte nervös, aber verhaspelte sich zumindest nicht. Letterman sprach einmal von ›New England‹ statt ›New Zealand‹ und fand es drollig, dass die Bewohner sich dort ›Kiwis‹ nennen. So weit, so peinlich. Dann brachte John Key seine zehn »Gründe, warum man Neuseeland besuchen sollte«, vor – die hatten ihm Gag-Schreiber in Absprache mit dem Zentralkomitee der Neuseelandwerbung vorformuliert. Die drei besten: »Wir fahren auf der linken Seite, wie die Briten und Lindsay Lohan.« »Besuchen Sie mich in den nächsten 30 Tagen, ich hole Sie vom Flughafen ab.« »Es ist wie England ohne die Attitüde.« Er hat ganze Arbeit geleistet. Jetzt rücken sie alle an.

»Das deutsche Fernsehen dreht in Queenstown«, sage ich zu Lukas. Die Schnäbel fangen in fünffacher Vergrößerung an, mit ihren Zangen zu nähen. Bin ich froh, dass ich keine Prostata habe. »Dietmar Sägel ist schon nächste Woche am Set. Wir treffen uns dort. Er plant einen ›Ausflug in die Umgebung‹ mit mir.«

Auf dem Bildschirm wabbelt rohes Fleisch. Tiefrote Öffnungen tun sich wie Schlünde auf. Lukas reißt sich für eine Sekunde vom OP-Porno los. Als er meine gequälte Miene sieht, muss er lächeln.

»Rate mal, wer gerade ein Ferienhaus in Queenstown baut«, sagt er. Mein Mann ist wirklich ein Genie darin, andere aufzuheitern. »Arnold Schwarzenegger.«

Bergvagabunden

BENOMMEN VOM FLUG blinzele ich in die Mittagssonne. Schnee-
gipfel. Grüne Hügel. Die silbern funkelnden Stufen der Gang-
way und eine Stewardess, die mir freundlich einen schönen
Tag wünscht. Das Licht kommt mir noch intensiver vor, die
Luft überm Rollfeld noch klarer als in Christchurch. Der Flughafen ist klein. Weißer Stein, viel Glas. Überschaubar und stil-
voll möbliert ist auch die Ankunftshalle. Auf einem weinroten
Sofa sitzt Dietmar Sägel, vor sich eine Cappuccinotasse und
ein leeres Weinglas, neben sich eine junge Frau hinter einer
großen Sonnenbrille. Verschwunden ist der blonde Schnäuzer.
Jetzt trägt er einen Drei-Tage-Bart mit Graustich.

Er steht auf und streicht sich das eng überm Bauch sitzen-
de Polohemd glatt. Offensichtlich hat auch er mich wieder-
erkannt. Das ist beruhigend, nach fast zwanzig Jahren.

»Na, so trifft man sich wieder! Ich denke, wir können uns
duzen?«

Er schüttelt meine Hand und drückt mir dabei links und
rechts ein angedeutetes Küsschen auf. Ich rieche Aftershave
und Rotwein.

»Mensch, Ditze! Hast es geschafft!«

»Dietmar«, korrigiert er mich mit schnellem Seitenblick auf
seine Begleiterin.

Erst jetzt fällt mir auf, wie viel Ähnlichkeit er mit Dieter
Bohlen hat, auch wenn mein Kollege rund zehn Jahre jünger
ist als der Sänger. Ähnlicher Vorname, ähnlicher Kastenkiefer,
ähnlich blonde Haare, aber länger. Gefärbte Strähnchen, tippe
ich. Nur seine Stimme ist nicht so quäkig. Und die Freundin
heißt hoffentlich nicht Naddel.

Sie erinnert mich an eine der ›No Angels‹-Sängerinnen. Vom Gesicht hinter der Divabrille kann ich nicht viel erkennen. Ihre langen dunklen Haare fallen glatt und glänzend auf den Fellkragen ihres weißen Jäckchens. Jeansstretch umhüllt perfekte Beine, die in rosafarbenen Ugg-Boots enden.

»Das ist Tamara«, stellt Ditze die attraktive Frau vor. »Konnte sich zwischen zwei Terminen eine Woche freinehmen, dann muss sie weiter zu einem Kunden nach Rio.«

Er legt besitzergreifend eine Hand hinter ihren Fellkragen. Tamaras Mund lächelt ein »Hallo«. Sie schüttelt meine Hand und zieht sofort eine Visitenkarte aus der Steppjacke. ›Brennenkamp, Hell & Partner PR‹ lese ich. ›Communication Concepts‹. Eine Adresse in Frankfurt. Ein Titel, der mir nichts sagt, aber nach vielen Meetings zwischen Hydropflanzen und Pressemappen klingt. Einer dieser Berufe, die man mit Glück ergattert, wenn man gut aussieht und »irgendwas mit Medien« machen will. Hat man weniger Glück, landet man in der Telefonzentrale von 9 Live oder verteilt als Promogirl auf Stadtteilfesten Probierpackungen eines fettfreien Salatdressings.

Ich habe natürlich keine Visitenkarte dabei. Überhaupt komme ich mir neben Naddel, ich meine Tamara, ziemlich abgerissen und provinziell vor. Wird Zeit, dass das Spiel beginnt und ich meinen Heimvorteil ausreize. Die Hackordnung ist den beiden hoffentlich klar. Schließlich sind sie nur Touristen. Vorübergehend Eingeflogene. You flew here, I live here.

Ich hole meine Tasche vom Gepäckband und treffe das blond-schwarze Pärchen draußen vor der Tür im Sonnenschein. Ditze raucht und hat ein Taxi herangewunken.

»Irgendwelche Aktivitäten geplant?«, fragt uns die Taxifahrerin, die so aussieht, als ob sie im Nebenberuf stämmige Kinder zur Welt bringt und Schafe zusammentreibt. Was nicht so abwegig ist, denn viele der Bauern in der Umgebung ziehen das Touristengeschäft harter Farmarbeit vor. Parzellenweise teilen sie ihr Land auf und verkaufen es zu Preisen, die selbst die Amerikaner schlucken lassen. Und von denen wimmelt es in Queenstown, genauso wie von Japanern, Koreanern, Brasilianern, Südafrikanern. Kiwis, die in Queenstown arbeiten, können es sich nicht mehr leisten, auch dort zu wohnen. Viele halten nur eine Saison oder zwei durch, schlafen auf dem Zeltplatz oder teilen sich ein überteuertes Häuschen am Stadtrand mit sechs anderen Zimmermädchen und Barkeepern. Dafür ist abends in den Kneipen und Clubs immer was los.

»Hase, ich muss mich gleich im Hotel hinlegen«, stöhnt Tamara auf der Rückbank in Sägels Richtung. »Sonst bin ich nachher ein Wrack bei meinem Spa-Termin, und der dauert über zwei Stunden.« Sie studiert ihre Nägel, die auf die pinken Lammfellstiefel abgestimmt sind. Hase tätschelt ihr voller Mitgefühl das Glanzhaar. So privat habe ich den Guten noch nie erlebt. Es ist mir etwas unheimlich. Der Prominentenschreck als Mensch.

»Hier in Queenstown haben sie die letzte Staffel von ›The Bachelor‹ gedreht«, erzählt Ditze und schaut aus dem Fenster. »14 Millionen Zuschauer pro Folge in den USA. Super Werbung für die Gegend. Jason Mesnick, der Junggeselle, war total begeistert von der Stadt. Der will sich hier was kaufen.«

Ich blättere in der Broschüre, die mir ein Promogirl beim Verlassen des Flughafens von einem Prospektständer angereicht hat. Das ganze Panoptikum möglicher Adrenalinräusche springt mich an: Canyon Swing, Parasailing, Heli Rafting, Skydiving, Luging, Jet Boating – all das und noch viel mehr kann ich buchen, und zwar kombiniert als Tandem, Twin Thriller oder Triple Challenge. Im Fremdenverkehrsamt von Queenstown muss ein Mensch sitzen, der sich an isotonische Getränke angelehnte Namen für all die Veranstalter ausdenkt und sich dabei was einwirft.

»Sie sollten eine ›Herr der Ringe‹-Tour machen«, sagt die Taxifahrerin, als ich im Portemonnaie krame. Sie drückt mir einen Prospekt in die Hand. »Unsere Jeeps sind nagelneu. Wir verleihen auch Mountain Bikes.«

Ditze und Freundin steigen vor dem Rydges aus, einem Hotelpalast. Sie sind im besten Haus des Ortes untergebracht. Ich schlafe heute im Paua Palace, was trotz des illustren Namens nur ein einfaches Backpackerhostel ist.

»Fahr du schon mal zum Set«, schlägt mir die Kreissäge vor.

Er öffnet die Taxitür. »Wir ruhen uns etwas aus. Haben ja die nächsten zwei Tage noch genug vor uns. Wir treffen uns dann später mit der ganzen Truppe beim Jetboat, okay?«

Er zeigt auf die Pier, die hinter uns am Ufer liegt. Tamara klemmt sich ihr Louis-Vuitton-Täschchen unter den Arm, Ditze klemmt sich Tamara unter den Arm, und sie verschwinden in der Lobby.

Ich steige vor dem Paua Palace aus dem Taxi und atme tief durch. Dank seiner adretten Seelage und den Betonkästen am Wasser erinnert der Luftkurort ans schweizerische St. Moritz, wenn auch schwer auf Speed. Jemand sollte wirklich die Drogenberatung aufsuchen. Überall ragen orangefarbene Baukräne hoch. Schotterwege werden zu Straßen geteert und Apartmenthäuser aus den Hängen gestampft. Touristenbusse parken in Doppelreihen. Sie spucken Goretexgestalten aus, die sich zu den besten Forellenfangplätzen fliegen lassen und anschließend in die Läden mit Jadeschmuck und Jacken aus Merinowolle ausschwärmen.

In den Läden auf der Hauptstraße suche ich nach Mitbringseln für meine Lieben. Jakob bekommt einen Kugelschreiber, der auf Knopfdruck Haka-Gebrüll abspielt, und Otto Magnetfiguren mit Kiwi-Vögeln, made in China. Auch Eva muss etwas kriegen, denn ich habe mich immer noch nicht für die Woche auf dem Marae revanchiert. Eigentlich hätte sie nach Queenstown mitkommen sollen. Ich schwanke zwischen Flip-Flops, die mit Schäfchen bedruckt sind, und Nippelwärmern aus Possumfell. Der einzige Ökopelz der Welt ist für die chronisch verfrorene Eva genau das Richtige. Bei den Nippelwärmern muss sie nur achtgeben, dass sie die Fellpuschel nicht auf die Brust, sondern auf die Innenseite ihres T-Shirts klebt. Die japanische Verkäuferin demonstriert es mir.

Judy bekommt ein Fläschchen Massageöl. Immerhin ist sie nicht nur die beste Masseurin, sondern meine Lieblingskiwi. Soll ich Claude ein Souvenir mitbringen? Ich wühle mich ratlos durch Döschen mit Manuka-Lippenbalsam. Ein Bröckchen Fett aus dem Nachlass von Joseph Beuys wäre ihr sicher lieber.

Eine Gondel transportiert Viererladungen von Abenteuer-
suchern auf den nächsten Hang oberhalb der Stadt. Dort können sie in einer Art Bobschlitten auf Betonbahnen herumsau-
sen. Ich höre Schreie aus der Ferne. Bungeespringer stürzen
sich zwischen Berg- und Talstation von einem Holzplateau.
Es ist surreal, dieses Panoptikum an Hyperaktivität. Unbeein-
druckt und unberührt von dem Lycra- und Fleecegeschwader
liegen die Gipfel der Südalpen in greifbarer Nähe. Schneefelder,
Geröllhänge und ein knallblauer Himmel locken. Ich schaue
nach oben und sehe keine Vögel, sondern zwei Gleitsegel über
mir schweben. Höchste Zeit, mich raus aus dem Speed-Städt-
chen Richtung Berge zur ›Irrfahrt ins Glück‹ zu begeben. Ich
werde am Set erwartet.

»Du glaubst, dass ich mich in meine Welt zurückgezogen habe
und da niemanden hereinlasse!«
    Den Satz habe ich in den letzten zwanzig Minuten zum fünf-
ten Mal gehört. Er wird auch nicht besser, wenn der Wind ihn
wieder verbläst. Es ist verdammt kühl an diesem Frühlings-
tag auf einer hoch gelegenen Weide zwischen Queenstown
und Glenorchy. Kühl, aber wunderschön. Lämmer tummeln
sich in respektvollem Abstand zur Filmcrew. Hinter mir ruht
der tiefblaue Wakatipu-See, vor mir thronen die Berge. Dazwischen steht Dennis Lärche, einschlägig vorbestraft durch
›Verbotene Liebschaft‹ und ›Sylvia – Wege ins Glück‹. Das
Glück ist in diesem Genre so allgegenwärtig wie das Paradies.
Im Pressetext, den mir der Sender zugefaxt hat, kommt das
P-Wort allein fünfmal vor. In ›bezaubernder Naturkulisse‹
würde gedreht, alles sei ›einzigartig‹, ›niemand Geringeres als
die größten Stars‹ seien verpflichtet worden, und stets ›stockt
ihnen der Atem‹ angesichts der ›unberührten Natur‹. Vielleicht
hat der Hauptdarsteller wegen all der Atemprobleme daher
heute solche Probleme mit seinem Text.
    Mit dem ganzen Pathos einer verletzten Männerseele stößt
Dennis Lärche den Satz ein weiteres Mal hervor. Endlich sitzt
er. Cut. Zwei Assistentinnen eilen herbei und hüllen den Schauspieler vor dem nächsten Take in eine Daunenjacke. Der Wind

pfeift ganz unidyllisch und brutal durchs neuseeländische Landleben. Aber das sieht man ja im Fernsehen später nicht.

Dennis Lärche hämmert auf einen Zaunpfahl ein. Als unglücklich verliebter Schaffarmer soll er Arbeit auf dem Bauernhof mimen. Der Beleuchter ist einer von fünf Einheimischen auf dem Set. Er feixt in die Kapuze seiner dicken Wetterjacke.

»So einen riesigen Hammer benutzt doch niemand«, sagt er in meine Richtung. »Und was soll all der Maschendraht am Zaun? Ist das etwa ein Hühnerstall? Ein Witz.«

Zeig mir einen Kiwi, der nicht nebenher eine Farm aus dem Effeff kennt, Bäume fällen und Laster manövrieren kann. Selbst wenn er Modedesigner, Kameramann oder IT-Spezialist ist, kann er Draht von Draht unterscheiden.

Die Kamera läuft. Dennis Lärche reißt sich grüne Gartenhandschuhe von den Händen, die ebenfalls gegen jede Farmerwürde verstoßen, und wirft sie mit dramatischer Geste ins Gras. Er trägt helle Shorts und ein Hemd auf Figur. Das hat Rosamunde-Pilcher-Stil, wenn auch wenig mit einheimischen Bauern gemein. Lärches Filmpartnerin Sonja Halverstamm weicht dem Handschuh aus, stolpert und landet mit ihrem weißen Glockenrock zwischen Schafkötteln. Spielt sie nicht die verliebte Meeresbiologin, für die die Weta-Studios von Peter Jackson eigens einen ferngesteuerten, 25 000 Dollar teuren Pinguindummy gebaut haben, der den Kopf nach hinten werfen kann?

»Je schöner das Land, desto seichter der Stoff«, seufzt einer der Schauspieler, der am Klapptisch mit den angetrockneten Doughnuts herumlungert. Er greift nach einer Thermoskanne mit Kaffee. Ihn haben sie heute in ein Holzfällerhemd gesteckt. Gleich muss er mit Schwung vom Pferd steigen, obwohl er nicht reiten kann. Der gut aussehende Jüngling war einst Kfz-Mechaniker, dann gewann er den Modelwettbewerb ›Face 2000‹. Sein aktuelles Gesicht wendet er meist ab und den Bergen zu, denn »das permanente Gequatsche« seiner Kollegen gehe ihm auf die Nerven, gesteht er mir. Zehn Drehtage können lang sein.

Ich versuche natürlich, so viel Gequatsche wie möglich aufzuschnappen. Ein Rückfall in frühere Zeiten. Alte Boulevardweisheit, frisch bestätigt: Wo gedreht wird, da fallen Späne. Und wenn sie aus der Mottenkiste der deutschen Fernsehunterhaltung kommen, sind sie besonders morsch.

Der Regisseur stapft in Moonboots auf mich zu und stellt sich als Hagen Windfurch vor. Er ist grau meliert und wichtig. Seit Urzeiten wird er in die weite Welt geschickt, um Millionen Zuschauern weiszumachen, dass das gerontologische Treiben an Bord der MS Deutschland oder auf badischen Krankenhausfluren frivol und fidel ist. Der Mann hat uns Stunden und Aberstunden von Fernsehunterhaltung beschert.

»Ich habe nur ein paar Minuten Zeit, aber schießen Sie los.«

Kaum ziehe ich den Colt, da ist er schon nicht mehr zu bremsen. Sein Leben entblättert sich in Windeseile. Im Dienste seiner Aufgabe hat er Opfer auf sich genommen, gegen die der jahrelange Anblick von Klaus-Jürgen Wussow ein Klacks gewesen sein muss. 1985 biss ein Löwe den Regisseur beim Dreh ins Schienbein.

»Ein Löwe! Im Schwarzwald! Ich lag unter ihm!«, ruft der Regisseur aus. Er krempelt das Hosenbein hoch und zeigt mir die Narbe. Sie ist lang, aber einwandfrei verheilt. Um die Hose ganz auszuziehen, ist es etwas zu frisch. Die deutsche Filmcrew guckt mit lauem Interesse zu. Vielleicht hat sie diese Szene schon öfter erlebt.

»Wie gefällt Ihnen Neuseeland?«, frage ich in typischer Kiwi-Manier. So schnell wechselt man die Seiten.

»Ach, so viele flippige Typen überall, ganz toll!«, ruft Windfurch aus. Fast so toll wie sein Sohn, der in Harvard studiert hat und jetzt für die Bill-Clinton-Stiftung arbeitet, was rein gar nichts mit dem Drehort und dem Fernsehfilm zu tun hat, aber vom Regisseur dringend erwähnt werden muss – schließlich hat man ja nicht immer die Weltpresse dabei. Überhaupt, dieses Neuseeland: Nichts zu meckern hat er daran. Auch oben im Norden, beim Dreh in Waitangi, lief fast alles wie am Schnürchen. Da durfte das Filmteam eine Begrüßungszeremonie am historisch bedeutungsvollsten Ort der Ureinwohner aufnehmen. Es muss eine langwierige Abstimmung gewesen sein, vermute ich. So ohne Weiteres lässt sich dieser Ablauf, den ich schon auf dem Marae erlebt habe, wohl nicht in einer Seifenoper verwursten.

»Die Ma-ooris, die haben alles für uns gemacht, getanzt und so, und dann diesen, diesen«, er streckt die Zunge raus, »na, den Haka!« Er sprüht. »Mit denen muss man ein bisschen umgehen wie mit Kindern. An die Hand nehmen, einfach lachen.« Er macht es vor, nimmt meine Hand, schwenkt sie etwas umher und lacht dabei. Ich verkrieche mich tiefer in meine Daunenjacke.

»Wenn man denen was gesagt hat, dann haben sie einfach weitergesungen. Was die Musik angeht«, er rümpft die Nase, zieht die Augenbrauen hoch, »– na ja, Hawaii lässt grüßen.«

Dann sei da noch »so ein exotischer Priester« gewesen, erzählt er mir. »Der hat den Platz eingeweiht in dieser unverständlichen Sprache. Das sind Momente, in denen man nachdenklich wird.«

Der Priester fuhr auf einer Harley Davidson davon, und das machte den Regisseur noch nachdenklicher.

»Ein echter Maori-Rocker. War wohl ein Hell's Angel.«

Es gab weitere Ungereimtheiten. Die Ureinwohner wollten nicht, dass die traditionelle Begrüßungszeremonie von den findigen Fernsehfritzen flugs zur ›Maori-Hochzeit‹ umdeklariert wurde, nur weil die Serienstars laut Drehbuch irgendwo Ringe tauschen mussten. Das Fernsehpublikum wird das schon nicht so eng sehen wie die Ureinwohner, dachte sich der Regisseur. Ein kleiner Schönheitsfehler, mehr nicht. Die Verstimmung kann er sich ganz einfach erklären.

»Da ist jede Gruppierung eifersüchtig auf die andere. Die helfen sich nicht gegenseitig. Sind ja alles eigene Stämme.«

Scharf beobachtet, und das nach nur zehn Tagen im Lande. Ich wünschte, Haki Waiomio könnte diesen Maoriologen hören.

»Etwas düpiert« sei er lediglich gewesen, dass die singenden Stammesbrüder – halb Kinder, halb Rocker – einer Jazzband aus Auckland den Auftritt auf ihrem heiligen Platz erlaubten, aber sich beim Alptraumschiff aus Deutschland so anstellten.

»Schade, dass die nicht auf uns zukommen mit ihrer Kultur. Wir zeigen das ja einem großen Publikum.«

Ansonsten hätten sie ihm alle geholfen auf der Irrfahrt ins Glück. Selbst die Schafe spielten mit. Mit seinem Moonboot kickt der Regisseur schwungvoll ein paar Schafköttel Richtung Abhang.

»Nur die japanischen Touristen«, jetzt lacht er wieder auf, »die gingen uns nie aus dem Weg!«

Bevor der Mann zu einer Analyse der asiatischen Wesensart ansetzen kann, schaue ich mich Hilfe suchend nach Face 2000 um. Der läuft bereits mit Sonja Halverstamm und den anderen zum Kleinbus am Ende der Wiese. Eine Ausflugstour steht an. Die Darsteller haben für heute abgedreht und wollen auf den größten Abenteuerspielplatz der Welt. Unter ›Spielen‹ versteht man in Queenstown, sich in Gurte, Seile oder Schwimmwesten verschnüren, kräftig durchschütteln und von einem spiegelbebrillten Jungmann mit Testosteronüberschuss und einer noch höheren Toleranzschwelle für Touristengekreische pausenlos ›mate‹ nennen zu lassen.

An der Pier legen stündlich Jetboote zur Schlingerfahrt über den See ab. Dort steht Sonja Halverstamm in hellem Schaffellmantel und mit blonder Lockenpracht neben Dietmar Sägel und sinniert über das Panorama. Sonja Halverstamm ist der Star von ›Irrfahrt ins Glück‹. Einst hat sie ›Benjamin-Blümchen-TV‹ moderiert, in ›Manta, Manta 2‹ debütiert, war 245 Tage mit einem Golflehrer verheiratet und zog sich nackt für LAX aus. Trotz dieser Eckdaten ist sie erstaunlich natürlich, was sicher daran liegt, dass sie an Feng Shui glaubt und Gedichte schreibt.

»Neuseeland – das ist so, als ob Kanada und Irland ein Kind bekommen haben«, denkt Sonja Halverstamm laut nach, während sie raus aufs Wasser schaut, das eine Windbö kräuselt. Wolkenschatten kleben auf den Berghängen gegenüber. Dietmar Sägel zieht den letzten Zug aus seiner Zigarette und schaut sie betont nicht an. Und noch ein Gedanke von Sonja.

»Also Kanada der Vater und Irland die Mutter.«

Sie musterte Sägel schräg von der Seite. Der tritt seine Kippe mit der Spitze seines Cowboystiefels aus und hat eine Miene aufgesetzt, als ob er noch ganz andere Gedanken von ihr lesen könnte. Seine dunkelgrüne Barbourjacke trägt er offen. Das Jeanshemd ist in eine viel zu enge, bis fast zur Taille reichende Jeans gesteckt. Kein guter Look, nicht mal für Dieter Bohlen zu Modern-Talking-Zeiten. In der einen Brusttasche steckt die Zigarettenschachtel, in der anderen etwas, das nach zusammengerollten Geldscheinen aussieht. Irgendwo in den Taschen hat Ditze sicher noch das Deospray von damals versteckt.

Sonja Halverstamm lässt sich von ihm eine Zigarette anzünden. Lange ist es her, dass ich so viele Leute so viel habe qualmen sehen. Die Schauspielerin knöpft ihren Mantel auf und zupft ihr Oberteil zurecht. Jetzt schaut Sägel endlich hin. Auch sie trägt nagelneue Ugg-Boots, in babyblau. Neben uns auf dem Steg wartet eine Ladung Touristen auf ihren Einsatz. Säuberlich abgezählt werden wir in Wetterjacken vermummt und nacheinander in eines der offenen Schnellboote verfrachtet, Sonja Halverstamm und Dietmar Sägel in der vordersten Reihe. Der Bootsführer trägt eine verspiegelte Sonnenbrille und hat noch Pickel. Sein Fahrzeug wummert wie eine Heavy-Metal-Band, der jeden Moment die Sicherungen durchknallen. Es geht los. Er gibt Gas, wir halten uns an den Vordersitzen fest und rasen über den See. Wasser spritzt, Sonja Halverstamm quiekt. Der Bootsführer hat eine kleine Show parat. Wenn er den Zeigefinger in die Luft hält und dreht, dann heißt das, dass gleich das gesamte Boot um die eigene Achse wirbelt. Er macht es uns vor. Das Boot wummert und schlingert, wir halten uns noch fester, Adrenalin schießt ein, Wasser spritzt, der Magen hüpft, die Fahrgäste kreischen. Mit gefühlten drei Zentimetern Abstand rast unser knapp volljähriger Kapitän an einem Felsen im Wasser vorbei. Kein Risiko auslassen, dafür haben wir mit Gruppenrabatt bezahlt und sind per Formular versichert. Das Video dazu können wir nachher kaufen.

›Extreme Danger‹ warnt ein Schild, das den Wakatipusee vom Kawarau River trennt – Kajakfahrer und Angler sind dort nicht mehr sicher, weil die Speedboote mit 700 Pferdestärken übers flache Wasser heizen. Es hat schon Jetbootunfälle mit Toten gegeben. Nach dem letzten Desaster forderte der Bürgermeister der Kleinstadt Wanganui – bald Whanganui: für all die Adrenalinjunkies, die sich horizontal und vertikal durch Wälder, Flüsse, Schneefelder und Sanddünen katapultieren lassen und alle Sommer wieder in den Bergen verloren gehen, einen künstlichen Vergnügungskomplex errichten. Wie in Las Vegas.

Noch eine Drehung, noch ein haarscharfer Felsen, wieder Festklammern und Kreischen – eine Stunde lang geht das so, dann legen wir endlich an der Pier an.

»Besser als eine Rheinschifffahrt, was?« Dietmar Sägel feixt und schält sich aus dem nassen Overall. »Jetzt brauche ich erst mal was für den Magen.«

Er zieht einen Flachmann aus der Jackentasche und nimmt einen schnellen Schluck. Sonja Halverstamm steigt an Land. Ihre feuchten Locken kringeln sich schöner denn je. Sie schüttelt sie aus und strahlt.

»Ach, ich bin einfach eine Lebenstouristin«, verkündet sie. Wieder so ein poetischer Gedanke. Beim Dreh auf der Nordinsel flog sie über den Vulkan von White Island, hier im Süden will sie noch unbedingt mit dem Hubschrauber rüber zum Milford Sound, und ganz wichtig ist für sie als Nächstes, denn die Drehpause ist bald um: »Wo ist der Wald mit den Elfen?«

Findige Reiseveranstalter haben sich in den vergangenen Jahren auf die Spuren der Geschöpfe Tolkiens begeben. Auch die ›Irrfahrt ins Glück‹-Crew wagt die Landfahrt nach Mittelerde. Es geht auf ›Herr der Ringe‹-Safari, denn ohne die darf man Queenstown nicht wieder verlassen.

Wir sitzen zu sechst in einem Jeep. Dennis Lärche quatscht Face 2000 über die letzte Bambi-Verleihung voll, aber der antwortet nicht, sondern hantiert mit einer winzigen Digitalkamera. Sonja Halverstamm flirtet mit Dietmar Sägel, was karrieretechnisch angesichts ihrer bisherigen Laufbahn sicher nicht verkehrt ist. Irgendeine Geschichte – zur Not »Sonja adoptiert Lamm« – werden die beiden schon aushecken.

Über Steine rumpelnd geht es durch einen Goldgräberfluss. Wasser spritzt durchs offene Jeepfenster, Sonja Halverstamm jauchzt. Die Brille der Fahrerin ist verspiegelt. Sie zeigt uns die Brücke über dem Kawaraufluss, von der sich seit über zwanzig Jahren Bungeespringer wie Lemminge in die Tiefe werfen.

»Da liegen viele Autoschlüssel im Fluss«, sagt die Frau am Steuer trocken.

»Wie gefährlich ist das?«, will Lebenstouristin Halverstamm wissen.

Die Fahrerin zeigt auf ein doppelstöckiges Wohnmobil, das mitten auf der Brücke zum Gucken angehalten hat.

»*Das* ist gefährlich. Wenn jetzt ein Laster kommt, dann kracht es.«

Unsere Fremdenführerin in Safarikluft ist ein wandelndes Filmlexikon, Schwerpunkt Hobbits. Ihr Auto trägt den Namen Frodo. Alle paar Kilometer hält sie an einem Felsen oder zeigt auf einen Berghang. Sie hält ein Foto einer Filmszene hoch, erzählt von Lothlorien und Isengard, und durch den Jeep weht ein Hauch von Hollywood. Da sind die deutschen Serienstars ganz stumm. Wird jemals ein Tourist hoch überm See stehen und andächtig auf das Stück Gras schauen, wo Dennis Lärche heute mit dramatischer Geste seinen grünen Gummihandschuh hinwarf? Für alle Fans sei die Stelle verraten: auf halber Strecke nach Glenorchy bei Mount Creighton abbiegen, übers Gatter hinüber und dann immer den Schafen nach.

Wir treffen uns alle zum Essen im High Country Club. Der altmodische Name passt nicht zum hellen Innenleben, das die Natur vor der Tür reflektiert. Die Stühle sind aus Leder und Rimu, die Wände aus rohen Felsbrocken gemauert. Ein Drachen aus Flachsgeflecht – ein altes Maori-Symbol – hängt über dem Kamin. Der besteht aus einer in Stein gefassten Ritze, in der Gasflammen über weißen Flusskieseln zucken.

Die Hälfte des Lokals ist von der Filmcrew bevölkert. Der Regisseur sitzt neben Sonja Halverstamm am Tisch. Sie legt den

Lockenkopf neckisch auf seine Schulter, während der Graumelierte seine Lesebrille aufsetzt und die Weinkarte studiert.

»Bestellst du mir was Schönes, Hagen?«

Dabei lächelt sie Dietmar Sägel an, der ihr gegenüber am Tischende sitzt, neben sich die frisch dem Hotel-Spa entstiegene Tamara. Sonja schaut zu Dietmar hin, er schaut sie betont nicht an, aber Tamara starrt feindselig auf Sonja. Sägels Bierglas ist bereits leer.

Ich setze mich auf den freien Platz neben ihn.

»Wo bleibt denn die Bedienung?«, mosert er. »Von Service keine Spur in dem Laden.«

Tamara pflichtet ihrem Hasen bei.

»Wenn nicht gleich was passiert, dann gehe ich um die Ecke zu McDonald's, ganz ehrlich!«

So, wie sie die Augen verdreht, handelt es sich dabei um die größtmöglich vorstellbare Zumutung. Dabei macht sie ein ›Ich hab's doch immer gewusst‹-Gesicht. Den Ausdruck habe ich so lange nicht mehr gesehen wie den Kölner Dom. Es gibt ihn auch in der Variante ›rechtschaffene Empörung, mit Mühe unterdrückt‹ und ›wenn das alle täten‹. Praktiziert wird er gerne in der Schlange bei Aldi oder vor roten Ampeln in Hamburg, die eine anarchistische Fußgängerin aus dem Süden einfach ignoriert.

Die Jungschauspieler albern miteinander und reichen einen Laptop mit Fotos herum. Dennis Lärche beim Fallschirmspringen. Dennis Lärche in einem Schwefelbad in Rotorua. Dennis Lärche mit Daniel Carter von den All Blacks. »Geile Bilder, was?« Nur Face 2000 zeigt kein Interesse, sondern hantiert mit seinem iPod. Die Kellnerin naht.

»One more beer for me«, ruft ihr Sägel entgegen.

»Please«, murmele ich stumm in mich hinein. »Please, please, please.«

Er tippt auf die Karte.

»And food!«

War wieder nichts mit dem Zauberwort. Aber beruhigend ist, dass der Mann nicht nur Alkohol zu sich nimmt. Die Kellnerin scheint den herrischen Ton nicht zu bemerken. Sie ist deutsche Touristen gewohnt. An den Nachbartischen hat sich eine ganze Busladung niedergelassen. Auf dem Weg ins Restaurant sah ich sie umständlich aus dem Newman's Coach klettern – beige, lindgrün und betagt. Ihre Einheitskluft – teure Wanderschuhe und Wetterjacken von Berghaus und Schöffel – tragen sie immer schon im Flugzeug, damit kein Übergepäck anfällt. Das, und verloren gehendes Gepäck, Schmutz und Regen sind die größten Phobien der deutschen Rundreisenden über 60. Das weiß ich von Evas Freundin Stefanie, die solche Truppen durchs Land lotst. Danach braucht sie immer zwei Wochen Abstand, in denen keine einzige Bemerkung übers Wetter fallen darf. Stefanie hört in der Zeit nicht mal Nachrichten.

An unserem Nachbartisch werden gerade Ansichtskarten beschriftet.

»Du kannst Tante Hildegard aber nicht wieder das Gleiche schicken wie Onkel Ernst«, mahnt eine der rüstigen Damen ihre bessere Hälfte und zieht ein Tempotaschentuchknäuel aus dem Pulloverärmel.

»Ich hab doch verschiedene Vordrucke«, brummelt es zurück. »Da gibt es keine Überschneidungen.«

Der Mann mit dem Postkartenhaufen hat einen computerausgedruckten Bogen mit abziehbaren Textversionen vor sich liegen. Die klebt er reihum auf die Karten. Für die Adressen hat er ebenfalls Sticker. Nur so lässt sich wohl das Pensum bewältigen. Ich lausche genauer hin. Seine Frau erklärt ihrer Tischnachbarin weitere Vorbeugemaßnahmen. Ihr Mann habe für jeden Zwischenstopp einen anderen Kofferanhänger, immer mit der nächsten Hoteladresse. »Man weiß ja nie, was hier alles passiert.«

Stefanie hat mir mal erzählt, worüber sich ihre Gäste beim Reiseveranstalter schriftlich beklagen. Ihre Hitliste:

– Die Reiseleiterin hat ihre Mütze beim Essen aufbehalten (es war im Fish-'n'-Chips-Lokal).
– Die Reiseleiterin hat sich während der Fahrt abgeschnallt (der Bus fuhr gerade rückwärts).

- Die Reiseleiterin hat keine Uhr getragen (keine näheren Angaben).
- Der Bus war alt (er hatte keine Kopfstützen).
- Ehepaar Thonnsen musste sich in Napier das Bad mit Dr. Beuler teilen (den sie duzten, denn das ist so Usus auf Neuseelandreisen, aber einen Titel kann man dabei nicht einfach übergehen).
- Das Hotelzimmer in Rotorua war nicht sauber genug (der Gast stieg auf einen Stuhl, wischte zum Beweis mit dem Finger über den Türrahmen und setzte den staubigen Fingerabdruck unters Beschwerdeschreiben).

Die Kellnerin stellt einen Teller mit Hummus, Pesto und Ciabatta-Scheiben vor Hagen Windfurch ab. Sonja Halverstamm rückt dem Regisseur jetzt eindeutig auf die Pelle, aber lässt Sägel dabei nicht aus den Augen. Für Ditze kommen Süßkartoffelschnitzer mit saurer Sahne und Horipitopfeffer. Tamara zieht sich mit ihren frisch lackierten Nägeln vorsichtig einen Spalt heraus und pustet darauf herum.

»Greif zu«, sagt Dietmar Sägel zu mir. »Gibt Power für morgen. Ich dachte an einen echten Trip in die Natur? Die soll hier ja ziemlich irre sein. Outdoor gefällt mir. Früher bin ich immer mit auf die Camel Trophy gefahren.«

Tamara schaut ihn fragend an.

»Allrad«, sagt er. »Pressereise. Das ist nix für euch Mädels. Obwohl, wir hatten mal eine verkniffene Emanze von der ›Brigitte‹ dabei. Die wollte endlich echte Männer erleben, haha!«

»Ach, so ein Incentive Trip«, sagt Tamara und kaut. »Die Etats sind jetzt alle gekürzt. Da brauchst du richtige Global Players fürs Sponsoring, sonst kriegst du keine Placements.«

»Ah ... Tansania. Zwei Wochen durch den Dschungel.« Er hört ihr nicht zu, sondern schwelgt in Erinnerungen. »Das war damals alles noch ruhig, bevor die Brüder da unten die Macheten zückten. Aber die Nutten an der Hotelbar hatten alle Aids, das sah man sofort.«

Tamara verzieht das Gesicht. Ich mache Vorschläge für die nächsten Tage. Pferdereiten zu einer verlassenen Goldgräberstadt auf der Ben Lomond Farm? Mäßige Reaktion. Irgendwas auf dem See? Kaum Interesse. Wandern vielleicht? Zweifelnde bis abschätzige Blicke. Okay, nennen wir es Alpin-Trekking. Auf einem der zehn ›Greatest Walks‹ der Welt, zumindest laut Condé Nast Traveller (oder National Geographic Magazin, egal). Bingo, die PR-Masche zieht bei Tamara sofort, obwohl sie doch vom Fach ist – die beiden wollen den Routeburn Track ausprobieren. 32 Kilometer zu Fuß, Übernachtung auf Berghütten, Proviant im Gepäck und Gepäck auf dem Rücken. Sägel folgt meinem Blick auf Tamaras rosa Ugg-Boots. Sie sehen nicht wirklich bergtauglich aus.

»Wir haben alles an Ausrüstung dabei, das ganze Programm. Wenn schon, denn schon«, beruhigt er mich.

»Dietmar hat uns komplett bei Globetrotter ausstatten lassen.«

Seine Freundin klingt, als ob es sich um eine Expedition zum Südpol handelt. Wir planen die Vorbereitungen für morgen. Ich werde die Hüttenübernachtungen und den Transport buchen. Essen besorgt sich jeder selbst. Aufbruch um die Mittagszeit.

»Schleppt bloß nicht zu viel mit«, sage ich. »Wasser können wir unterwegs aus den Bächen trinken.«

Tamara guckt mich an, als ob ich einen unappetitlichen Scherz gemacht hätte. Bei der Reisegruppe am Nachbartisch kommt Unruhe auf. Die Kellnerin fragt, ob zusammen gezahlt wird. Das war keine gute Idee.

»Meine Frau, die hatte aber nur einen kleinen Salat«, beklagt sich der Postkartenprofi. Auch die anderen sehen aus, als ob sie einer weiteren unzumutbaren Strapaze ausgesetzt werden. Verbissen, unzufrieden, und immer mit der Angst im Nacken, dass sie nicht genug für ihr Geld kriegen. Ein jüngerer Mann verhandelt leise mit der Kellnerin – wahrscheinlich der Reiseleiter. Was für ein harter Beruf.

Auch Dietmar Sägel hat die Diskussion am Nebentisch verfolgt.

»Da zahlen die Tausende von Euro, um hierherzufliegen, aber können keine drei Dollar spendieren? Mann, Mann, Mann.«

Er schüttelt den Kopf, fischt sein Bündel Geldscheine aus der Brusttasche und legt die Hälfte davon auf unseren Tisch.

»Geht heute alles auf mich, Leute.«

Jetzt lächelt er auch Sonja Halverstamm an, die gerade eine Blaubeere vom Nachtisch des Regisseurs nascht. Ihr Abend scheint gerettet. In dem Moment fällt es mir wieder ein. Ditze wollte doch Infos für irgendein Buch sammeln.

»Sag mal, an was recherchierst du hier eigentlich?«, frage ich ihn beim Aufstehen.

»Ach, es geht um interessante Deutsche«, sagt er in beiläufigem Ton, dreht sich schnell von Sonja Halverstamm weg und stopft das Jeanshemd fester in den Gürtel. »Reden wir morgen drüber. Alles easy. Erst mal ausschlafen.«

Die Masche kenne ich noch von früher, aus der Tennissocken-Ära. Je harmloser Ditze das Geplänkel mit ›interessanten Deutschen‹ einleitete, desto brutaler war das, was anschließend kam: Erpressung, Enthüllung, Schande. Die B-Promis von dieser Klassenfahrt nach Neuklischeeland geben für große Skandale eigentlich nicht genug her. Aber Ditze ist ein alter Profi. Irgendeine Fährte wird er wohl haben. Das Face 2000?

Vor dem Restaurant wartet die Newmann's-Reisegruppe auf ihren Bus und macht die interne Hackordnung klar. Eine Frau mit getönter Kurzwelle ist nicht zu überhören.

»Klaus, hast du gesehen, wie dieser Sachse wieder als Erster an der Kaffeemaschine war?«, zischt sie und stupst ihren Mann an. »Die haben schon eine andere Art, die aus dem Osten. Können einfach nicht warten.« Ein Ehepaar stößt dazu. Alle vier schütteln sie den Kopf. »Da haben wir Milliarden in die neuen Bundesländer gepumpt, na, aber solche Reisen, die können sie sich dann plötzlich leisten.«

Das Wandern ist des Müllers Lust

TAMARA UND DIETMAR stapfen in ihrer Survivalmontur vor mir her. Seit Baxters Hawaiigeburtstag war ich nicht mehr auf einer Verkleidungsparty, aber jetzt werde ich entschädigt: Gamaschen um die Unterschenkel, Mützen mit herabfallenden Sonnenschutzklappen auf dem Kopf, ausziehbare Trekkingstöcke in den Händen und eine olfaktorische Spur ihres chemisch riechenden Moskitosprays nach sich ziehend. Zwei Mediengeschöpfe aus der Metropole, die sich den Gefahren des Dschungels stellen. Bisher haben sich weder Tsetsefliegen noch Giftschlangen blicken lassen. Im Sumpf versinkt man auf dem sauber mit Kies bestreuten Pfad auch nicht. Lästig können höchstens die Sandfliegen werden. Ein paar dunkle Wolken ziehen am Horizont auf, aber noch scheint die Sonne. Dietmar schwärmt mir in höchsten Tönen von seiner Tochter aus erster Ehe vor, »keine 14, aber schon Model«, die aufs Internat Luisenlund geht und »Tamaras kleine Schwester« sein könnte. Sie klingt wie ein durch und durch verwöhntes Gör, das ihrem Papi einen Luxusartikel nach dem anderen aus dem Kreuz leiert. Bin ich froh, dass er das Mädchen zu Hause gelassen hat.

Mein Rucksack ist schwer. Schlafsack, Taschenlampe, Wechselklamotten, Regenjacke und -hose, Trockenobst, Tütenmahlzeiten, Schokoriegel, Kochgeschirr, Taschenmesser, Verbandszeug. Und eine Notration Lakritze, die ich immer von den Päckchen abzweige, die meine Jungs von den Großeltern und Tanten bekommen. Der Rucksack von Ditze sieht noch dreimal schwerer aus. Was hat er außer seiner Hightechausrüstung bloß alles eingepackt – eine Kiste Bier? Tamara trägt einen kleinen Trinkrucksack auf den schmalen Schultern und läuft entsprechend beschwingt. Alle paar Minuten nuckelt sie am Ende des Plastikschlauchs, der ihr über die Schulter baumelt. Sie trägt das Wasser, ihr Hase muss das Gepäck schleppen. Das sollte für einen echten Camel-Cowboy kein Problem sein.

Die Bäume um uns herum sind verwunschen, bemoost, tiefgrün. Otto würde in dieser Märchenlandschaft zu Recht überall Elfen und Zwerge vermuten. Es rauscht und plätschert pausenlos, mal schwächer, mal stärker. Neben dem Weg mäandert ein Wildbach über Felsbrocken und losgerissene Baumstämme. Die erste Hängebrücke ist gesperrt. Reparaturarbeiten. Das fängt ja richtig authentisch an. Wir müssen den Sugarloaf Stream durchqueren.

»Wie, zu Fuß?«, fragt Tamara entsetzt, als wir die kleine Böschung hinabsteigen. Sie wischt sich mit einem Outdoorschweißlappen aus weltraumgetestetem Material ein paar Tropfen von der Stirn. »Da werden wir aber nass!«

Das Wasser rauscht in Wadenhöhe vor uns entlang, kristallklar und kalt.

»Wir ziehen wohl besser die Schuhe aus«, schlägt Ditze vor.

Ich schlage vor, dass wir wohl besser nicht die Schuhe ausziehen, sondern es so machen wie die schmerzfreien Kiwis: Einfach durchwaten, denn die Schuhe werden eh früh oder später nass, und beim Laufen bleiben die Füße warm. Auf einigen der legendären Wildnisrouten tief im Süden versinkt man oft bis zu den Knien im Schlamm, und das eine ganze Woche lang. Saubere, trockene Schuhe sind was für Spaziergänger, nicht Wanderer.

»Glaub mir, barfuß hast du keinen Halt auf den nassen Steinen, zumal mit Rucksack.«

Ich halte eine flammende Rede über die Gefahren neuseeländischer Bergbäche, die plötzlich anschwellen, unberechenbar werden und schon so manchen unwissenden Wanderer mit sich gerissen haben. Wenn Judy oder Baxter mich jetzt hören könnten – sie würden mich sofort ehrenhalber zum Kiwi ernennen, mit goldenem Routeburn-Abzeichen.

Leider hören uns aber nur zwei Backpacker, die ebenfalls

am Ufer angelangt sind. Ich tippe auf Australier, weil sie sich gegenseitig »mate« nennen. Ihre sonnigen Mienen werden prompt verschlossener, als sie uns drei auf Deutsch reden hören. Die Klappe im Kopf geht sichtbar auf und wieder zu.

»Howyadoinmate«, versuche ich's stereotyp auf australisch.

Keine Chance, nur ein knappes Lächeln, ich bin abgestempelt. Dietmar und Tamara plagen andere Sorgen.

»Meine Schuhe sind noch keinen Tag alt, die ruiniere ich mir hier nicht«, stellt die ›No Angels‹-Fehlpressung kategorisch fest. Ich kann nicht glauben, dass sie eine dreitägige Wanderung in nicht eingelaufenen Tretern beginnt. Aber die Rede über blutige Blasen spare ich mir jetzt. Ditze, der Meister der Allradtrophy, zieht seinen Rucksack aus, dann seine Bergstiefel und Gamaschen, krempelt die Goretexhose hoch, packt sich Tamara auf den Rücken und watet durch den Bach. Zweimal strauchelt er, denn selbst so ein zierliches Persönchen ist noch um einiges schwerer als sein Rucksack. Sie gibt ihm von oben Anweisungen und quiekt, als ein Wassertropfen in Richtung Vibramsohle spritzt. Jetzt bin ich heilfroh, dass Baxter und Judy nicht in der Nähe sind.

Ditze setzt Tamara unfallfrei ab, kraxelt zurück, schultert seinen Rucksack und kreuzt den Sugarloaf Stream ein zweites Mal. Dann ruft er mir zu: »Soll ich dich auch rüberholen? Kein Problem!« Ich verzichte, aber sehe ihn zum ersten Mal mit anderen Augen. Wenn der Mann nur halb so viel journalistische Ethik wie Kavaliersgehabe, Trinkfestigkeit und Spendierlaune hätte, dann hätte ich es damals sicher länger mit ihm in einem Redaktionszimmer ausgehalten. Aber dann wäre ich wohl nie im Südpazifik gelandet, sondern im Scheidungs- und Steuerdickicht von Margarethe Schreinemakers hängen geblieben. Eigentlich sollte ich Ditze dankbar sein.

Die Nachmittagssonne ist verschwunden, der Himmel verdunkelt sich. Knapp drei Stunden und fünf Zigarettenpausen sind verstrichen, die letzten zwei mit Flachmann. Dietmar Sägels Schnaufen ist nicht mehr zu überhören. Endlich stehen wir vor einem Schild. Fünf Minuten bis zur Flat Hut am Fluss, anderthalb Stunden bis zur Falls Hut auf 1111 Meter Höhe. Der abgekämpfte Kollege zeigt Richtung Fluss.

»Bleiben wir dort? Sieht nett aus, und es regnet bald.«

Ich bedaure. Wir sind auf der oberen Hütte eingebucht.

»Die untere ist komplett belegt, haben sie mir beim Department of Conservation gesagt. Höchstens zelten kann man dort. Das geht weiter oben im Wald nicht mehr, da ist es zu steil.«

»Na prima, ich wollte doch das Zelt ausprobieren«, sagt Sägel. Ich schaue genauso entsetzt drein wie Tamara. Eine Nacht mit den beiden in einem Zelt? Das stelle ich mir schlimmer vor als gekapert in einem deutschen Rundreisebus. Und so gut kennen wir uns nun wirklich nicht, trotz gemeinsamer unrühmlicher Vergangenheit.

»Es ist ein Einmannzelt«, beruhigt er uns. »Zum Aufblasen. Keine Stangen mehr. Ich wollte erst so ein Wurfzelt, das sich mit einem Ruck aufbaut, aber die aufblasbaren, das sind momentan die besten auf dem Markt.«

»Mich kriegst du da nicht rein, Hase! Mein Rücken tut mir jetzt schon weh.«

»Keine Sorge, ihr Mädels schlaft schön warm oben auf der Hütte. Schafft ihr das letzte Stück alleine, ihr Emanzen?«

Wir nicken. Er wühlt im Rucksack und holt die Sachen für Tamara heraus. Wärmende Schuheinlagen aus Gel, Moskitonetz, Wasserfilter, eine Dose Elektrolyt-Glukose-Pulver, Minithermoskanne, Höhenmesser, Kompass, Digitalthermometer – »zeigt auch die Luftfeuchtigkeit an« –, Imprägnierspray für Textilien. Er muss das halbe Inventar von Globetrotter erstanden haben. Kein Wunder, dass der Rucksack platzt.

»Das GPS-Gerät behalte ich lieber bei mir, wer weiß«, sagt der Fachmann. Er legt Funktionsunterwäsche, Handschuhe, Polartecmütze, Powerstretchkapuzenjacke und einen insektenabwehrenden Damenschlafanzug für seine Liebste heraus.

»So ein Mist, jetzt habe ich die Socken vergessen. Die sind aus Coolmaxfasern. Haben 25 Prozent mehr Oberfläche.«

Er flucht, Tamara rollt die Augen. Dietmar reicht ihr ein

First-Defense-Pfefferspray, »mit Bagsystem, kannst du über Kopf sprühen«. Damit lassen sich Einbrecher, Bären, tollwütige Hunde und sicher auch die aufdringlichen Keas vertreiben. Die grünen Bergpapageien klauen Essen, Geldbeutel, Schuhe, aber stehen unter Artenschutz. Das K. o. durch Cayennespray würde garantiert eine Strafanzeige nach sich ziehen.

»Ich sehe euch dann morgen beim Frühstück. Hier, das kannst du dir warm machen.« Er reicht Tamara eine flache Konservendose aus der Reihe ›Trekkingmahlzeiten‹. ›Cheeseburger‹ steht darauf. »Musst du nur zehn Minuten im Wasserbad erhitzen, Mausi.«

Sie schaut ihn an, als ob er ihr die Errichtung des Iglus erklärt hat, das kurz vor dem Südpol im Blizzard ihr Überleben sichern soll. Ich packe derweil so viel ich kann von ihren Sachen in meinen Rucksack. Hase und Mausi busseln sich, dann nimmt er einen langen Schluck aus dem Edelstahlflachmann und drückt ihr ein Bündel Geldscheine in die Hand. Als die ersten Tropfen fallen, sind wir wieder unterwegs.

Mit einem überfüllten Rucksack bergauf zu laufen ist etwas anderes, als einfach nur bergauf zu laufen. Es bedeutet, alle zehn Schritte stehen zu bleiben und ein gedämpftes »Fuck« gegen alles und jedes auszustoßen. Vor allem gegen rutschige Steine, die höher als Treppenstufen sind. Ich fantasiere vor mich hin, was ich zurücklassen könnte. Brauche ich wirklich Essen und einen Schlafsack? Kann man nicht drei Tage nur mit Wasser überleben?

Der Regen wird heftiger. Ich drehe mich nach Tamara um. Die letzte halbe Stunde haben wir kaum miteinander gesprochen. Nachdem sie mir minutiös die Luxuspressereise in der Karibik beschrieben hat, auf der sie Dietmar Sägel kennenlernte – »den Yachtbesitzer kannte er noch aus Wimbledon, und der hat uns dann im letzten Sommer nach Marbella eingeladen, zu Hubsi von Hohenlohes Party. Ach, da könnte ich sofort hinziehen!« –, haben wir uns nicht mehr wirklich viel zu sagen. Soll ich ihr etwa von Millie, dem Schaf, erzählen? Von unserem Traum, irgendwann ein Stückchen Land an der wilden Westküste zu haben, wo die Sandfliegen die Touristen vertreiben und wir in Gummistiefeln Treibholz fürs Lagerfeuer sammeln? Wo die schönste Unterkunft eine verwitterte Strandhütte ohne Strom ist, mit Plumpsklo im Freien? Von Seevögeln, Nikaupalmen zwischen Felsen, ungestümer Brandung und Nachbarn, die einem frisch gefangene Flundern vorbeibringen? Ich halte sie für eine junge Tussi, sie mich für einen alten Hippie, so viel ist klar. Sie humpelt mit schmerzverzerrtem Gesicht hinter mir und wimmert alle paar Meter. Ihre Füße haben Blasen, so viel ist auch klar.

»Wir haben's gleich geschafft, Tamara.« Ich keuche, während mir der Regen vom Kapuzenrand ins Gesicht tropft. Eindeutig ein Materialfehler. »Die Falls Hut gilt als eine der besten Hütten in Neuseeland. Ist noch ziemlich neu.«

»Ich brauche sofort eine heiße Dusche, sonst sterbe ich!«

»Es gibt da keine Duschen. Aber Toiletten mit Spülung. Und 48 Betten, so viel ich weiß.«

Das war wohl nicht, was sie hören wollte.

»Wie soll denn eine Toilette ohne Spülung funktionieren?«

Auf den letzten Metern hört der Regen plötzlich auf, und die Sonne strahlt wieder. So schnell wechselt das Wetter in den Bergen Aotearoas. Die Hütte liegt wie ein dunkles Tier am Hang. Außen grünes Wellblech, innen helle Spanplatten. An den Wänden hängen Poster, die über Feuersicherheit, Ziegensittiche und den Bestand der Südbuchen informieren. Bitte die Bettennummer in die Liste eintragen – um 19.30 Uhr kommt der Hüttenwart, um die Buchungstickets einzusammeln und Auskünfte über die weitere Route zu geben.

»Neuseelands Hütten und Trecks, die sind wirklich ein Genuss«, erkläre ich Tamara, als ob ich vom Fremdenverkehrsamt wäre. »Alles ist in Schuss, alles öko, und an alles ist gedacht. Super Infrastruktur, aber kein Massentourismus.«

Sie schaut mich zweifelnd an. ›Super Infrastruktur‹ bedeutet für sie sicher Club Med mit angeschlossener Einkaufspassage.

Eine Reihe von Gaskochern steht unter den Fenstern. Das ist die Küche. Spartanisch, aber nicht ungemütlich. Auch hier hängen Wanderinfos. Wir sinken auf eine Bank und binden mit klammen Fingern unsere Schuhe auf. Meine schmerzenden Schultern stöhnen förmlich auf, als der Rucksack endlich abgleitet. Im Tal glänzt der Fluss. Smaragdfarbenes Wasser, grüne Wiesen, glasklare Luft. Dort unten hat Dietmar Sägel hoffentlich technisch einwandfrei sein Lager aufgeschlagen. Rund um uns thronen Berggipfel, einige davon noch verschneit. Meine Laune ist mit einem Schlag angestiegen, seit wir die Hütte erreicht haben. Für dieses Gefühl und den Rundblick haben sich die Qualen der letzten Stunde gelohnt.

Auf Socken inspizieren wir die beiden Schlafsäle. Sie sind in offene Abteile unterteilt, zwei Stockbetten pro Zelle. Auf jedem Bett liegt eine weiße Plastikmatratze.

»Wo willst du einziehen?«, frage ich Tamara. »Sind noch einige frei, du darfst aussuchen.«

Doch ihre Laune ist alles andere als beschwingt. Sie schluckt heftig und sieht aus, als ob sie jeden Moment zu weinen anfängt.

»Ich, dachte, wir … also, das ist ja schrecklich hier. Wie … wie auf der Klassenfahrt damals vom Gymnasium.« Ihre Stimme vibriert vor Abscheu. »Ich dachte, man hat ein Zimmer für sich – du hast doch alles gebucht? Ich werde verrückt, wenn jemand schnarcht, das halte ich schon bei Dietmar kaum aus. Ich werde kein Auge zumachen. Und wo soll ich mich bitte umziehen?«

Ich schlage ihr zum Umziehen die Damentoilette vor. Und für Geräusche in der Nacht meine nagelneuen Ohrstöpsel. Endlich kann ich auch mit Outdoorhightech punkten. Aber keine Chance. Tamara ist fix und fertig. Sie läuft zur Tür hinaus und zieht ihr Handy aus dem Rucksack. Panisch drückt sie darauf herum, als ob es sich um einen Notfall handelt.

»Vergiss es. Kein Empfang hier oben«, sage ich. Langsam verliere ich die Geduld. Warum tue ich mir das alles an? Ich wünschte, ich könnte mit meiner Familie all diese unberührte Natur – fast wäre mir doch glatt »Paradies« herausgerutscht – erleben. Mein Sechsjähriger würde sich dabei weniger weinerlich anstellen als diese Zicke.

Tamara zeigt auf das Gebäude, das zwanzig Meter weiter hinter den Bäumen hervorlugt.

»Was ist denn das dort?«

»Das ist die Falls Lodge. Da übernachten die Leute, die eine geführte Routeburn-Wanderung machen. Sie bekommen volle Verpflegung und brauchen keine Schlafsäcke. Alles mit richtigen Betten, Bädern, Heizung und so. Sehr komfortabel, kostet aber auch das Zehnfache.«

Komfort war das Stichwort. Tamaras Gesicht hellt sich auf. Sie holt die Geldscheine aus der Tasche und wedelt damit unter meiner Nase. In Windeseile zieht sie ihre Schuhe wieder an, greift sich den Rucksack und trabt los. Die Blasen scheinen vergessen.

»Du kannst da nicht einfach so absteigen«, rufe ich ihr hinterher, »es ist kein Hotel! Die sind als Gruppe vor zwei Tagen vom anderen Ende aus losgelaufen. Ist alles fest gebucht.«

Sie dreht sich noch einmal kurz um. Aus dem Häufchen Elend ist wieder die professionelle PR-Dame geworden.

»Das kriege ich schon hin. Glaub mal nicht, dass nur du dich hier auskennst.«

Das saß.

»Und was ist mit dem Cheeseburger aus der Dose?«, murmele ich ziemlich kleinlaut, aber sie ist schon verschwunden. Jetzt hätte ich gerne Eva als Verbündete bei mir. Oder zumindest Handyempfang.

Die Zweiminutennudeln prasseln in die Plastikschüssel. Ich reiße das winzige Tütchen mit den gefriergetrockneten Erbsen und Karottenfitzeln auf, streue es auf die Trockenkost und gieße kochendes Wasser darüber. Selten habe ich mich so auf eine warme Mahlzeit gefreut, auch wenn Jamie Oliver mich dafür abstrafen würde. Tamara ist noch immer nicht aufgetaucht. Ich setze mich neben den kalten Kamin und fange an zu essen.

Die anderen Hüttengäste – ein paar Amis, Australier, ein Japaner – kochen vor sich hin. Zwei sind junge Deutsche, ich habe sie beim Zwiebelschneiden leise schwäbeln gehört.

Der Raum ist kühl. Einer der Wanderer versucht, ein Feuer zu entfachen. Er zerknüllt Zeitung, zerknickt kleine Äste, pustet. Überm Kaminofen hängt ein Gestell zum Wäschetrocknen von der Decke.

»Hat jemand meine Socken gesehen?«, fragt eine Frau mit langem Zopf, rotem Fleecepulli und farblich passendem Sonnenbrand. »Die hatte ich hier aufgehängt.«

Der Mann am Kamin grinst sie an. »Damit habe ich das Feuer angeheizt!«

Sie muss lachen.

»Woher kommst du? Auch aus Kanada?«

»Yep, aus Alberta. Bin seit fünf Wochen unterwegs. Mache noch den Milford Track, dann geht es zurück.«

Sie gestikuliert zu einem anderen Sonnenverbrannten und ruft quer durch den Raum: »Hey, Mark, hier ist noch jemand aus Kanada. Ihr seid fast Nachbarn!«

Und zum Mann am Kamin: »Mark ist aus B.C., ich komme aus Toronto.« Sie strahlen sich an. Mark schlurft mit einem Becher Tee in der Hand zum Kamin. Er begutachtet die Flammen, die jetzt zündeln und prasseln.

»Feuermachen bringen sie euch in Alberta schon im Kindergarten bei, was?«

Die kanadische Runde lacht. Man plaudert in trauter Spontanverbrüderung, unbefangen und ohne einen Funken Sorge, dass sich irgendjemand an der Art, der Herkunft oder der Sprache stören könnte. Die Kanadier scheinen sich richtig zu freuen, ein paar Landsleute zu treffen. Ich spüre einen Stich. Es ist der alte Neid auf das Zusammengehörigkeitsgefühl, das mir immer gefehlt hat. Die beiden Schwaben in der Küche würden mich kaum mit der gleichen Euphorie begrüßen wie Mark den Mann aus Alberta. Jetzt reden die Kanadier über Bären. Ungelogen.

»Also, dieser verrückte Typ, der war irgendwie so von Bären fasziniert und ging immer wieder in die Wildnis. Am Ende wurde er gefressen, während die Kamera lief. Der Ton war an. Irrer Film, und alles echt.«

Mark nickt und pustet in seine Tasse, die Frau mit dem

Zopf dreht den Hintern zum Feuer und schaut dabei freundlich in meine Richtung.

»Das ist doch ›Grizzly Man‹ von Werner Herzog«, werfe ich ungefragt ein. Wie genial – Werner Herzog! Ein Deutscher zum Vorzeigen. Eleganter lässt sich kein Smalltalk anfangen. Klaus Kinski wartet schon auf seinen Einsatz. Wim Wenders. Vielleicht Fassbinder.

Die Frau und ihre neuen Freunde blicken mich nichtssagend an.

»Mhm, okay?«

Falsches Stichwort. Werner wer? Ich hätte genauso gut Herbert Achternbusch erwähnen können. Die Gemütlichkeit am Kamin ist plötzlich dahin. Zeit fürs Stockbett. Aber Tamara ist noch nicht zurückgekehrt. Ich schaue mal besser, wo sie abgeblieben ist, immerhin wird es gleich dunkel.

Die Lodge ist von außen ähnlich gebaut wie die Wanderhütte. Innen hat sie feinmelierten Teppichboden, frisch gestrichene Wände in sanften Erdtönen und warme Luft, die mir aus der Umluftpumpe entgegenpustet. Es riecht köstlich – nach gegrilltem Fleisch und Rosmarin. Schicke kleine Sofas, die auch in der Ankunftshalle vom Flughafen Queenstown stehen könnten, sind um Couchtische drapiert, auf denen Zeitschriften liegen. An zwei langen weißen Tischen sitzen sportlich wirkende Herrschaften vor ihren Tellern und reden miteinander. Jemand schenkt aus einer Karaffe Rotwein nach.

Tamara steht vor der Durchreiche zur Küche. Sie dreht sich einmal um die halbe Achse und dann wieder zurück, als es aus der Küche »Hepp!« schreit und ein Pfannkuchen durch die Öffnung zu ihr geflogen kommt. Von dieser Nachtischtradition am letzten Tag des Routeburn-Tracks habe ich gehört. Tamara fängt den Pfannkuchen so schwungvoll auf, dass ihre langen Haare vors Gesicht fliegen. Sie juchzt und hält den Teller triumphierend hoch. Es geht ihr offensichtlich bestens.

»Kann ich weiterhelfen? Die DOC-Hütte ist ein Haus weiter unten.« Jemand, der so aussieht, als ob er hier arbeitet, aber auch ein Fitnessstudio leiten könnte, ist auf mich zugetreten. Ich zeige auf Tamara. Jetzt hat auch sie mich gesehen.

»Anke, hi!« Sie lächelt mich an, als ob wir dickste Freundinnen seien. Kann ja noch werden. »Es ist alles geregelt, ich bleibe über Nacht hier. Jordan ist ein Schatz«, sie strahlt den muskulösen Mann an, der mich hinauskomplimentieren wollte, »er hatte tatsächlich noch ein Zimmer frei, weil jemand abgesprungen ist. Was ein Glück! Mein Zustand hatte sich ja so dramatisch verschlechtert.«

Zustand verschlechtert? Sie muss dem mitfühlenden Jordan irgendeine Krankheitsgeschichte aufgetischt haben. Oder einiges an Bargeld.

»Was gab's denn zum Essen?«

Ich kann immer noch den Knoblauch riechen.

»Ach, nichts Besonderes. Gegrilltes Filetsteak in Rotweinsauce und Dauphinoise-Kartoffeln.«

Sie kaut am letzten Happen ihres Pfannkuchens, dann winkt sie mich weg.

»Ciao, und schlaf schön da unten in deinem Bettenlager!«

Werde ich tun. Den Schlaf habe ich mir verdient.

Es rumpelt. Jemand flucht. Ich öffne langsam ein Auge. Das Licht einer Stirnlampe blendet mich und flackert dann weiter übers Stockbett. Ich kann nichts sehen, aber höre unterdrücktes Keuchen. Es ist stockdunkel und eiskalt.

»Wo ist denn Tamara?«

Dietmar Sägel. Was macht der hier? Ich fische nach der Taschenlampe. Es ist fast zwei Uhr morgens. Sein Rucksack knallt auf den Boden. Er lässt sich aufs Bett mir gegenüber fallen.

»Menschenskinder, langsam reicht's.«

Seine Haare sind feucht. Er muss sich den Berg hochgekämpft haben, mitten in der Nacht, im Regen. Ich murmele, dass Tamara im Haus nebenan unterm Federbett schläft. Aber warum ist er nicht mehr in seinem Zelt?

»Diese Scheißviecher da unten. Nicht zum Aushalten.« Er keucht noch immer.

»Sind da so viele Sandfliegen?« Jetzt sind meine Augen endgültig auf.

»Nein, Possums! Die haben mich terrorisiert!«

Er erzählt, was in den letzten Stunden passiert ist. Der Angriff aufs World Trade Center verblasst dagegen. Der Mann, der sich früher weder von einem pöbelnden Heiner Lauterbach noch zuletzt von einer baggernden Sonja Halverstamm aus der Ruhe bringen ließ, ist völlig mitgenommen. Zuerst fiel etwas auf ihn drauf. Etwas Schweres, Warmes, Fauchendes. Ich stelle mir vor, wie Ditze festgezurrt im Schlafsack mit Multiwarmkonstruktion lag, um sich die aufgeblasene Biwakwurst in Tarnfarben, und einzuschlafen versuchte. Das Possum landete genau auf seinem Kopf, nur durch eine dünne Schicht Polyester mit atmungsaktivem Polyurethan getrennt. Dann hörte er das Tier ständig ums Zelt laufen und einen Eingang suchen. Er trat danach. Es blieb. Also kroch er aus dem Zelt und trat im Dunkeln barfuß auf »fieses Stachelzeug«. Ich schätze, das war Stechginster. Der ist eine ähnlich unangenehme, eingeschleppte Umweltplage wie das Possum und verbreitet sich in schönster Natur wie die Pest. Unausrottbar.

Ditze war in Fahrt. Er suchte zwischen Bäumen und Ginstergestrüpp nach einem Knüppel. Ein Kampf dreier landesfremder Spezies begann. Als er zurück zum Zelt kam, sah Ditze, dass jemand vor ihm drin gewesen war. Das Possum hatte den Proviant im Rucksack geplündert. Alle Power-Bar-Performance-Riegel waren weg. Das war zu viel. Erst der Überfall, dann der Einbruch. Ditze brach sein Zelt ab, genauer gesagt, er ließ die Luft raus. Possum und Ginster haben gesiegt. Und jetzt ist er hier.

Ich drehe mich zur Wand um und versuche weiterzuschlafen. Es klappt nicht. Noch so eine Nacht, und mein Zustand verschlechtert sich ebenfalls dramatisch, genau wie bei Tamara. Noch so ein Besuch, und ich suche mir ein sicheres Drittland. Im Halbschlaf wabern Erinnerungsfetzen durch meinen Kopf. Mein Blumenstrauß an Margarethe Schreinemakers nach ihrer Entbindung, als Entschuldigung für die Anrufe im Kreißsaal. Fassbinder-Star Klaus Löwitsch, der mich am Apparat zusammenbrüllt. Die Pressereise zum ›Hotel am Wörthersee‹. Buffets, Saalwetten, Schlagerfuzzis. Dann taucht endlich Millie, das Schaf auf, und ich nicke weg.

Als wir am nächsten Morgen die geheizte Lodge betreten, durch die der Duft von Toastbrot und frischem Kaffee zieht, begrüßt uns ein zerknirschter Jordan. Tamara sitzt auf einem Sofa, zerlaufene Mascara im Gesicht.

»Sie wusste leider nicht, dass man hier die Schuhe nicht rausstellt. Die Keas ...« Jordan bricht ab, sein Blick wandert vielsagend über den Steilhang vorm Panoramafenster. Dort lassen die Vögel gerne ihre Beute fallen.

»Da bist du ja!« Tamara schluchzt auf und wirft sich in die Arme ihres Hasen. »Mein rechter Schuh ist weg. Ich kann keinen Schritt mehr laufen!«

Dietmar Sägel tätschelt ihren Kopf. »Mausi, ich hol dich hier raus. Lass mich mal machen.« Er ist wieder Herr der Situation. Held der Camel Trophy, Herrscher über Prominentenschicksale, Handlanger halbseidener Gestalten. Bei unserem gemeinsamen Arbeitgeber galt die Devise: Geht nicht, gibt's nicht. Es ließ sich immer noch irgendwie irgendwas herauskriegen. Bloß nicht mit einem ›Nein‹ abspeisen lassen. Jemand von Ditzes Kaliber wird es schaffen, in der tiefsten Wildnis einen Wanderschuh zu organisieren, da bin ich mir sicher. Ich setze mich zu Tamara, um sie zu beruhigen. Mit halbem Ohr bekomme ich mit, wie Dietmar Sägel mit dem gutmütigen Jordan verhandelt. »Filmproduktion«, höre ich, »Peter Jackson«, »Hauptdarstellerin«, »Millionenklage«. Jordans Züge verändern sich von beeindruckt über erschrocken zu beflissen. Er schnappt sich sein Walkie-Talkie und verschwindet. Ditze läuft ihm hinterher. Geht nicht, gibt's nicht.

Der Hubschrauber landet eine Stunde später. Eine kleine Plattform aus Kies ist zwischen Hütte und Wasserfall aufgeschüttet. Dort versammelt man sich, wenn ein Feuer ausbricht, hat uns der Hüttenwart gestern erklärt.

Der Abschied ist filmreif. Sägel trägt seine Freundin auf den

Armen unter den Rotorblättern entlang. Der Pilot ist ausgestiegen, schüttelt seine Hand und hält ihm die Tür zum Cockpit auf. Die Morgensonne spiegelt sich in seiner Fliegerbrille.

»Willst du nicht auch mit?«, fragt mich Ditze. »Platz ist genug. Geht alles auf mich. Ach, und den Tag gestern, den kannst du mir als Infohonorar in Rechnung stellen.«

»Nein, lass mal. Wir sehen uns noch in Queenstown. Ich laufe lieber weiter.«

Er zieht ein alufarbenes Päckchen aus seinem Rucksack und wirft es mir zu.

»Hier, nimm das. Notration.«

Es ist Instant-Rotweinpulver, einfach mit Wasser zu mischen. Die Tür schlägt zu, die Rotorblätter drehen sich, und der Spuk ist vorbei.

Seit ich die Heimat verlassen habe, versuche ich konstant, das Bild der Deutschen im Ausland am eigenen Beispiel zu verbessern: Beine rasieren, keine Sandalen mit Socken tragen, niemals Handtücher auf fremde Liegestühle legen und in der Öffentlichkeit nicht »Jawohl!« brüllen. Täglich unterdrücke ich mit allen Kräften den angeborenen Drang zum Beschweren und Korrigieren. Ich vermeide Diskussionen, FKK-Clubs und übertriebene Pünktlichkeit. Niemals gebe ich auf die Begrüßungsfloskel »How are you?« eine ausführliche Antwort. Jahrelang harte Arbeit an mir selbst – und dann reiße ich am Ende meiner ersten antipodischen Bergwanderung mit dem Hintern wieder ein, was ich vorne als Image so mühsam renoviert habe. Schuld ist die deutsche Rundreisegruppe.

Gestern habe ich Schneefelder überquert und die Füße in den spiegelglatten Lake Harris gesteckt, obwohl er sich halb gefroren anfühlte. Ein Bach riss mich fast um. Meine Regenhosen hielten nur für eine Stunde dicht, dann war alles klamm. Manchmal war es grausam, meistens großartig. Ich musste mit niemandem reden und lief unter Wasserfällen und Bäumen durch, von denen saftig grünes Moos tropfte, während sich das Knäuel in meinem Inneren langsam entrollte. Hart erwanderte Weisheit: Man kann sein altes Land lieben und sich dennoch in ein neues verlieben. Das soll ja auch in Beziehungen funktionieren.

Heute ging es bergab, mit einem kleinen Umweg über den Gipfel und 360-Grad-Blick. Und endlich: Da unten liegt die Endstation, mit Toilettenhaus und Infotafel. ›The Divide‹ heißt mein Ziel. Meine Hose starrt vor Dreck, meine Knöchel sind geschwollen, meine Schultern schreien nach einer Massage von Judy. Ich will eine richtige Dusche, keine Wasserfälle mehr von oben. Und Pizza, schöne knusprig-heiße Pizza.

Meinen Transport zurück nach Queenstown habe ich für 12.30 Uhr bestellt. Es ist schon eins, aber kein Shuttlefahrer ist da. Dafür ist der Parkplatz komplett vom Stockgeschwader aus dem Newman's-Reisebus bevölkert. So trifft man sich wieder. Deutsches Stimmengewirr. Hektisches Auf-und-Zumachen von Fototaschen. Jemand beklagt sich, dass es kein warmes Mittagessen gab. Es geht ans Einsteigen. Genauer, um die Sitzordnung. Um die besten Plätze wird wie im Kindergarten gezankt.

»Also, Klaus, du warst doch auf der Hinfahrt schon vorne!«

»Ja, entschuldige mal, Egbert, aber ich hab doch nicht die beste Videokamera von allen, um dann nur aus dem Rückfenster zu filmen!«

Unmut macht sich breit. Der Reiseleiter schlichtet. Er ist wirklich nicht zu beneiden. Ich frage ihn nach meinem Transport, denn mein Handy hat so tief in den Bergen noch keinen Empfang. Er weiß auch nicht, wo der Shuttle bleibt, aber bietet mir an, mit seiner Truppe bis Queenstown mitzufahren. Das kann ich kaum ausschlagen. Wer weiß, wie lange ich sonst hier festhänge. Am Ende verpasse ich noch mein Flugzeug.

Der Bus kommt mir nach drei Tagen Nässe und Wildnis wie ein Luxusresort auf Rädern vor. Der Reiseleiter heißt Anton, und er stammt tatsächlich aus Tirol. Ansonsten hat er keinerlei Ähnlichkeit mit dem berüchtigten Bierzeltmusiker. Dieser Anton ist hager und etwas verwittert. Sein dünnes, langes

Haar lässt ihn wie einen in die Jahre gekommenen Junkie aussehen. Hoffentlich gibt es über die Frisur anschließend nicht Beschwerden. Ich sitze neben ihm, weit hinten im Bus.

»Du klingst aber gar nicht wie ein Ösi, Anton.«

»Den Akzent hab ich mir abgewöhnt, als ich in Australien gelebt habe. Jeder hat mich auf Arnold Schwarzenegger angesprochen, jeder! Ich war's leid.« Er lacht auf. »Jetzt klinge ich wie ein Piefke. Aber für euch Deutsche sind wir immer die kleinen Cousins, die ihr nicht ernst nehmt. Das drollige Völkchen mit Dialekt.«

Und ich dachte immer, so fühlten sich die Ossis. Bei mir herrscht Hackordnungschaos.

Ein älterer Mann aus der Truppe dreht sich zu Anton um und ruft über die leeren Bankreihen: »Was ist das da draußen?« Er zeigt auf einen Berghang mit Wasserfall.

»Das ist Mount Weatherston«, ruft Anton zurück, ohne aus dem Fenster zu schauen, »höchster Berg der Umgebung, 877 Meter.« Und leiser, zu mir: »Manchmal sag ich auch ›Mount Tamapuku‹. Die Deutschen wollen's immer so genau wissen, da gehen mir irgendwann die Fakten aus. Man muss sich halt einfach was ausdenken.«

Der Mann, der gefragt hat, murmelt ›Mount Weatherston‹ in ein Aufnahmegerät.

»Der überprüft das«, sage ich. »Anton, das gibt Ärger.«

Er seufzt auf.

»Alle paar Meter wollen sie ein Schaf fotografieren. Nach einer Woche sind sie immer noch nicht entspannt, und wenn das Wetter nicht mitspielt, wird nur noch gemosert. Alles muss organisiert sein. Um Punkt sechs Uhr morgens stehen sie mit gepacktem Koffer neben dem Bus. Und am liebsten würden sie schon vor Abflug wissen, neben wem sie auf dem Rückflug sitzen.«

Er zieht ein Tabakpäckchen heraus und fängt an zu rollen.

»Die Nordinsel war diesmal nur Stress. Die Hälfte der Leute wollte in Rotorua kein Maori-Konzert mit Hangi buchen. Meinten, sie hätten das ja alles schon in Südafrika bei den Zulus gesehen. Und die anderen weigerten sich bei der Aufführung im Agrodome, auf die Bühne zu kommen und mitzumachen. Stellten sich richtig an. Sie kommen einfach nicht so gerne aus sich raus, die Deutschen.«

Er leckt das Papierchen.

»Aber das Beste war, dass einer der Zuschauer so komisch blöde gelacht hat. Der hat wohl noch nie einen Haka gesehen, mit Zunge rausstrecken und Augen rollen, na du weißt. Das fand der Tänzer aber nicht so lustig. Er war wohl beleidigt. Der sprang ins Publikum und gab dem Mann mit der Faust eins auf die Nase.« Anton schüttelt den Kopf und steckt das Tabakpäckchen in seine Brusttasche. »Wir mussten Anzeige erstatten. Ein Riesentheater.«

Unser Bus hält plötzlich an. Im Straßengraben steckt ein hellgrüner Bus zwischen zwei hohen Farnen fest. ›Kiwi Experience‹ steht in gelb auf der Seite des Fahrzeugs. Anton schaut aus dem Fenster.

»Aha, der Fuck Truck!«

»Na, du kennst dich ja aus.«

»Ach, für die habe ich vor Jahren mal gearbeitet. Sind alles junge Leute, die da mitfahren, mit Stecker in der Nase und Stöpsel im Ohr. Die wollen nur vögeln und saufen. Da interessiert sich keiner für Merinoschafe oder wie hoch der Berg dahinten ist. Nichts. Starren alle nur auf ihr Handy oder Laptop.« Er fährt sich durch die langen, schütteren Strähnen. »Glaub mir, das kann dir auch ganz schön schnell auf die Eier gehen.«

Einige Touristen sind aus dem Bus gestiegen, Anton hinterher. Doch die Gefahr, dass seine Schäfchen verloren gehen, besteht nicht, denn die Gäste haben sich um den Bus gestellt. Egbert, oder ist es Klaus, filmt die Aktion mit seiner Videokamera. Dem Mann, der darunterliegt und etwas zu befestigen versucht, gibt er nebenher kluge Ratschläge. Das kommt sicher gut an, denn Kiwis lieben es ganz besonders, wenn man ihnen sagt, wie sie etwas tun sollen. Vor allem wenn es Touristen sind, die nur Autobahnen kennen, aber keinen Werkzeugkasten von innen. Ganz zu schweigen davon, dass man gegen ihre Väter einst als Kanonenfutter für England in den Krieg zog. Kiwis, um mal bei den Verallgemeinerungen zu bleiben, haben dagegen ihr praktisches Talent in die Wiege gelegt bekommen. Der Draht der Stärke ›No. 8‹, mit dem früher Zäune auf Schaffarmen und andere erstaunliche Dinge entstanden, ist das Symbol der Allroundtalente, aus dem Nichts zu improvisieren. Für ein kleines Land hat Aotearoa auffällig viele Erfinder. Manche verstecken sich vielleicht unter Fuck Trucks.

Als mich jemand fragt, woher ich denn komme, sage ich, dass ich in Neuseeland lebe.

»Na, da haben Sie aber Glück, bei den Benzinpreisen hier. Bei uns müssen Sie ja immer noch eine Eins davor setzen. Hier kann sich's doch noch jeder leisten, Mercedes zu fahren.«

Eine nette ältere Dame erkundigt sich besorgt, ob ich denn jetzt noch rechtzeitig zum Flughafen komme, mit all der Verspätung. Und dass das ja wohl ein Unding sei, mich nicht am Ende des Routeburn-Tracks abzuholen.

»Einfach schlimm. Sie Arme. Ja, was glauben die denn, was man mit uns alles machen kann?«

Das ist der Auslöser. Die Metamorphose beginnt, schleichend und unheimlich. Wir steigen wieder ein. Die nächsten Minuten Busfahrt reichen, um aus einer gelassenen Halbkiwi eine nörgelbereite Volldeutsche zu machen. Zwanghaft checke ich immer wieder mein Handy, ob es endlich Empfang hat. Kurz vor Ende der Busfahrt ist der Höhepunkt erreicht. Meine Sternstunde. Endlich kann ich telefonieren und mich beschweren, dass es kracht. Ich tippe die Nummer der Shuttlefirma ein. Das Teutonen-Gen macht sich schlagartig bemerkbar. Der Mensch, der abhebt, wird als Erstes zusammengestaucht.

»Unmöglich! Sie haben mich einfach vergessen«, echauffiere ich mich. Der Mann am Ende der Leitung weicht höflich aus. Er sagt, dass sein Chef noch unterwegs sei, und er wisse auch nicht, was los sei. Meine Worte hageln wie Ohrfeigen auf ihn nieder. Diese Beschwerde hat sich gewaschen. Er wird immer kleinlauter.

»Ich will sofort wissen, warum ich nicht abgeholt wurde. Ein Unding ist das! Sie müssen doch in der Lage sein, Ihre Termine einzuhalten. So etwas Unprofessionelles!«

Durchtränkt von Empörung und Selbstgerechtigkeit klicke ich das Gespräch weg, ohne goodbye zu sagen. Ein elektronischer Arschtritt für den inkompetenten Mann. Ach, fühlt sich das gut an – endlich mal wieder richtig meckern zu dürfen, ohne dass jemand zuhört, vor dem man einen guten Eindruck machen muss. Geschweige denn, nicht typisch deutsch erscheinen will. Meine Nationalität hat sich nach langer Unterdrückung Bahn gebrochen. Es ist befreiend wie ein kräftiger Furz allein in weiter Flur.

Ich schaue auf meine Uhr. Kurz vor vier. Endlich wieder in Queenstown. In einer guten Stunde ist mein Abflug.

»Du weißt, dass gestern die Uhren auf Sommerzeit umgestellt wurden?«, fragt mich Anton beim Aussteigen. »Jetzt ist es gleich drei.«

Ah-Oh. Das wusste die Expertin für internationale Zeitzonen natürlich nicht. Und das erklärt, warum mich um halb eins niemand abholen kam. Weil es erst halb zwölf war. Wahrscheinlich sitzt mein bestellter Fahrer noch immer am Parkplatz rum und fragt sich, ob ich irgendwo in eine Felsspalte gestürzt bin. Und da er sicher ein Kiwi wie aus dem Bilderbuch ist, fängt er bald an, alles Menschenmögliche an Hilfe zu organisieren.

Mir ist heiß vor Scham, als ich zum zweiten Mal die Nummer des Transportunternehmens wähle. Irgendwie muss ich das, was ich gerade angerichtet habe, wiedergutmachen. Auch das ist wohl typisch deutsch.

Ich simse Dietmar Sägel, dass ich noch etwas Zeit bis zum Abflug habe. Er simst zurück: ›In 20 min vor Airport. Surprise‹. Überraschung am Flughafen. Was wird es diesmal sein? Fliegt er selber einen Helikopter und holt mich darin zum Abschiedskaffee ab? Hat er Peter Jackson mit im Cockpit?

Er sitzt in einem Mietwagen. Immerhin, das größtmögliche Modell. Kein Mausi in pinkem Lammfell dabei. Er steigt aus und hält mir wie ein Chauffeur die Beifahrertür auf. Ich steige ein. Der Geruch im Wagen erinnert mich an etwas, aber ich komme nicht drauf, was es ist.

»Wo ist denn Tamara?«

»Spielt Golf mit Sonja Halverstamm. Die Mädels verstehen sich bombig. Sind ja beide absolute Neuseelandfans.«

Weder das eine noch das andere kann ich mir vorstellen.

»Na, dann grüß sie mal von mir. Und wo fahren wir hin?«

»Lass dich überraschen.«

Ditze biegt nicht links Richtung Stadt ab, sondern rechts Richtung Cromwell. Wir passieren eine Brücke. Auch die kommt mir bekannt vor. Sie führt über eine Schlucht. Der Kawarau River. Die berühmte Bungeebrücke, wo aus dem Absprung per Gummiseil erstmalig auf der Welt ein Geschäft wurde. Dietmar Sägel lenkt den Wagen in die Einfahrt von AJ Hackett Bungee. Er macht den Motor aus und zieht etwas aus der Tasche.

»Ich habe noch einen kleinen Gutschein. Zu zweit macht's mehr Spaß.« Er zwinkert verschwörerisch. Das Ganze riecht schwer nach Überrumpelungsaktion. Ich bin platt.

»Hättest du nicht Tamara mitnehmen können?«

Er hält mir zwei Freikarten hin. Ich soll also mit ihm von der Brücke springen.

»Nee, mein Mausi traut sich doch nichts. Sorry, aber dafür muss man schon abgehärtet sein.« Er räuspert sich. »Dass du dir hier ein neues Leben aufgebaut hast, ohne eine Redaktion im Rücken, alles ganz fremd, und mit Familie und so – Respekt. Wirklich klasse. Imponiert mir. Wollte ich dir schon längst sagen.«

Was für ein Geständnis. Ich dachte, für Ditze ist jeder ein Versager, der nicht drei Exklusivstorys pro Woche auftut und mit allen Senderchefs per Du ist. Es bleibt bis zur letzten Stunde spannend mit meinem Kollegen. Und ein Sprung aus 43 Meter Höhe schlägt einen Kaffee in der Flughafenhalle um Längen, auch wenn mich nichts, aber auch gar nichts in den Abgrund zieht. Vom Parkplatz aus höre ich das Wasser unten in der Schlucht rauschen. Ich stammele etwas vom Dreimeterbrett im Schwimmbad, das ich immer gehasst habe, und selbst vom Fünfer bin ich noch nie, und überhaupt, aber er hört gar nicht richtig zu.

»Du wolltest doch was über mein Buch wissen«, sagt er beim Aussteigen, schiebt sich die Sonnenbrille ins Haar und kickt die Autotür mit seinem Cowboystiefel zu. »Ich verrate dir, worum es geht. Bleibt aber unter uns.«

Sein Blick wandert Richtung Berge. All die Natur scheint auf ihn wie ein Beichtstuhl zu wirken.

»Ich plane einen Bildband über Auswanderer. Alle Leute nackt, egal wo, aber am besten im Freien. Habe auch schon einen Titel: ›Ich bin so frei‹. So komm ich auch mal um die Welt.«

Er grinst. Was hatte ich erwartet – dass das gefürchtete Boulevardschwein in einer Anwandlung von Gutmenschentum die Spuren jüdischer Emigranten im Zweiten Weltkrieg verfolgt? Ditze macht eine Kunstpause.

»Also, in Auckland gibt's zum Beispiel eine Swinger-Bar, die macht ein Pärchen aus dem Sauerland. Da schaue ich nächste Woche vorbei.« Er sagt das betont beiläufig, aber triefend vor Insiderwissen. Wieder ganz der alte Konkurrent. »Na, aber wem erzähl ich das – dir als *Auslandskorrespondentin.*«

Ich kenne das Etablissement nicht, und das sieht man mir unschwer an. Ditzes Lächeln ist jetzt gönnerhaft, mit einem guten Schuss Oberwasser.

»Sag Bescheid, wenn du mal die Nummer brauchst, okay?«

AJ Hackett Bungee ist wie ein Discotempel bei Tageslicht. Viel Beton, kühles Design, bunte Neonleuchten, heiße Musik. Eine breite Wendeltreppe führt in den Verkaufsraum, wo sich T-Shirts im Sonderangebot auf den Tischen stapeln und Drum'n'Bass in ohrenbetäubender Stärke aus den Boxen hämmert. Dietmar regelt das Geschäftliche. Ich muss auf eine Waage steigen. Die Bungeeverkäuferin malt mir das Gewicht mit einem roten Filzschreiber auf die Hand. Okay, ich trage heute aber auch besonders schwere Schuhe, das sieht ja wohl jeder.

Auf dem Verkaufstresen ist eine Liste mit zwölf möglichen Beschwerden aufgeklebt, bei denen man nicht springen soll, von Epilepsie über Schwangerschaft bis Bluthochdruck. Meine Leiden sind leider nicht dabei – Sägeltrauma und akutes Deutschdilemma.

»Letzte Zigarette, Dietmar?«

Wir treten raus auf die Sprungbrücke. Etwas tiefer ist die Aussichtsplattform, von der aus man das Spektakel beobachten kann. Ein paar Meter geradeaus von uns ist die Abschussrampe aus Holz und Stahl. Dort warten bereits zwei Bungeebetreuer. Sie winken uns heran. Ditze nimmt einen Schluck aus seinem Flachmann. Elektronische Beats knallen uns um die Ohren, um uns anzuheizen. Jetzt spüre ich die Adrenalinausschüttung. Ich bin übernervös, gleichzeitig ist mir alles egal. Das höhnische ›Auslandskorrespondentin‹ gerade eben, das saß. Wenn ich schon journalistisch solch eine Niete bin, will ich zumindest nicht als Extremsportlerin versagen.

Man steckt mich in einen Klettergurt. Karabiner werden festgehakt. Wie ferngesteuert setze ich mich neben Sägel auf die Holzplanken. Ein blaues Frotteehandtuch wird um meine Knöchel gewickelt, ein schwarzes Seil darum geknotet. Wir prüfen, ob unsere Hosentaschen wirklich leer sind. Ich linse über die schmale Brüstung. Tief unter uns ist der Fluss, rechts von uns ragen steile Felsen hoch. Winzig klein dümpelt dort unten etwas am Ufer. Ein Schlauchboot. Ich nehme alles wie verzerrt wahr. Wir stellen uns nebeneinander hin.

»Mit Eintauchen?«, fragt der Bungeemann. Ditze nickt. Ich nicke ihm nach.

»Als Tandem?« Ditze nickt wieder und legt den linken Arm um meine Schulter. Ich packe meinen rechten Arm um seinen Rücken und rieche seine Zigarette von vorhin. Undenkbar, diese Kumpanei, wenn ich noch bei halbwegs klarem Bewusstsein wäre. Hüfte an Hüfte und Zentimeter um Zentimeter rutschen wir mit unseren gefesselten Füßen bis ganz an den Rand vor. Dann stellen wir uns hin. Ich kann nicht nach unten gucken. Ich starre nur geradeaus in den Himmel, der wackelt. Mein Blut hämmert zum Takt der Musik im Kopf.

»Los, ihr zwei, kippt einfach langsam nach vorne. Jaaa, einfach kippen, super, ihr macht das, und looos!«

Ist das alles, um unsere atavistischen Überlebensinstinkte auszuschalten, damit wir uns kopfüber in die Tiefe stürzen? Ja, das ist alles. Ich denke nicht mehr, denn ich kippe schon. Falle dem Himmel entgegen, den Wind im Gesicht, den Schrei aus meinem Hals lassend und meine Hand fest ins Jeanshemd von Dietmar Sägel geklammert.

»Jiiiiiiiihaaa!«

Ich brülle alles raus. Die Spießer im Bus, die Tussi von Tamara, die Kanadier am Kamin und die Nazi-Clowns beim Oktoberfest. Sogar Millie, das Pinkelschaf. Dann klatscht mir eiskaltes Wasser ins Gesicht. Es ist die reinste Schocktherapie. Wieder fliegen wir hoch, wieder stürzen wir hinab. Zwanzig Sekunden hat der Spaß gedauert.

Glück und Adrenalin rauschen in seliger Zweisamkeit durch meine Adern. So müssen sich richtig gute Happymacher anfühlen, direkt nach dem besten Orgasmus des Lebens. Dietmar Sägel plumpst neben mir ins Schlauchboot.

»Geil, geil, geil!«, ruft er. »Mann, war das geil!«

Was ich von mir gebe, klingt auch nicht intelligenter. Wir lachen und brabbeln wie zwei Kinder beim Geschenkeauspacken unterm Weihnachtsbaum. Den Fußweg von der Schlucht nach oben zum Parkplatz laufe ich in einem hellwachen, überdrehten Zustand. Alles leuchtet intensiver, klingt schöner, duftet stärker. Ich bin bis in jede Körperfaser hinein lebendig.

Beim Einsteigen in Ditzes Auto überfällt mich wieder der Geruch. Jetzt erkenne ich ihn. Es ist das Deospray. Die Sorte von damals aus der Schreibtischschublade. Was soll ich sagen: Man kann sich daran gewöhnen.

Mariechen saß weinend im Garten

DAS SCHÖNSTE AN meiner Landung in Christchurch ist, dass Lukas und die Jungs in der Ankunftshalle stehen. Otto hat eine neue Zahnlücke und hält Blümchen in der Hand, die einen Streifzug durch Judys Garten vermuten lassen. Ich vergrabe mein Gesicht in Lukas' altem Cordjackett und könnte glatt heulen, so gut fühlt sich das an.

Das Zweitschönste ist, dass neben uns ein paar Leute zu stampfen und brüllen beginnen. Eine Gruppe von Jugendlichen, weiß und braun, in Surfshorts und Basecaps, macht einen Haka, dass die Luft zwischen Handgepäckkontrolle und Zeitschriftenladen bebt. Mit der spontanen Showeinlage begrüßen sie ihren Freund, der gerade durchs Gate kommt und sehr gerührt ist. Jakob sieht man an, dass er am liebsten mitgestampft hätte. Ein letzter Brüller im Chor, dann klatschen sie sich gegenseitig die Hände ab: Gib mir fünf – high five, mate! Mein heimlicher Mentor Haki Waiomio wäre stolz auf sie.

Aber das Allerschönste ist, dass wir draußen nicht in unser Auto steigen, sondern in ein rollendes Hexenhaus. Lukas hat tatsächlich einen alten Housetruck gekauft. Als vorgezogenes Weihnachtsgeschenk und zukünftige Ferienunterkunft an der West Coast, denn dort zieht es so ein Hippiemobil naturgemäß hin.

Die Taxis am Flughafen versuchen, um das Trumm herumzumanövrieren. Ich stehe davor und bin hingerissen. Der Unterbau des Hauslasters ist ein weinroter Bedford, Jahrgang 1956, auf den jemand in den 80ern einen sechs Meter langen Kasten mit bunten Fenstern und braunen Holzschindeln gesetzt hat. Niemals würde solch ein drolliger Ökowohn-wagen mit improvisierter Außendusche und Schornstein in Deutschland zugelassen werden. Innen ist alles liebevoll mit Holz ausgebaut. Der zweite Stock besteht aus zwei Alkoven, mit Stockleiter zu erreichen. Die Jungen haben einen davon als Kinderzimmer deklariert und behaupten, für ein Lamm sei auch noch Platz. Lukas zeigt mir das Logbuch, in dem die Reparaturen und Inspektionen der letzten fünfzig Jahre fest-gehalten wurden. In säuberlicher Schreibschrift steht da, dass im August 1962 ein Truthahn gegen die Windschutzscheibe flog. Der Vogel überlebte dem Eintrag nach die Kollision, und auch ich bin mir sicher: In diesen vier Wänden kann uns nichts mehr passieren.

In Lukas' Klinik sind alle begeistert von unserem Monster. Dass er sich für den Kauf eines solch urigen wie urtypisch kiwianischen Gefährts entschieden hat, wird dem deutschen Doktor hoch angerechnet. Als Bekenntnis zu Land und Leuten kommt es fast so gut an, als hätten wir einen Eid auf die neu-seeländische Flagge geschworen.

Die Krankenschwestern machen Namensvorschläge. ›Big Betty‹ sticht als Favorit für einen Bedford. Selbst die Patienten nehmen Anteil. Ein alter Mann, dem Lukas den Krebs heraus-operiert hat, schenkt uns einen Bollerofen aus seinem Win-tergarten, damit wir unseren Liebling beheizen können. Ein anderer bringt Lukas Fotos von seiner schrullig ausgebauten Anglerhütte mit, dazu zwei Flaschen selbst gebrautes Bier. Zwei wunderbare Wochenenden lang macht der Hauslaster uns in den Surfbuchten der Banks Peninsula größte Freude, auch wenn er sein Kampfgewicht von sechs Tonnen nur müh-sam mit 30 Stundenkilometern den Berg hochschiebt. Dann beginnt der Ärger.

Die Verkehrspolizei kommt persönlich vorbei und droht, Big Betty abzuschleppen. Irgendjemand hat sich anonym be-schwert. Wir würden die Kurve vor unserer Einfahrt blockie-ren. Also stellen wir den Truck weiter abseits ab. Nach acht Tagen schwärzt uns wieder jemand an, denn länger als sieben

Tage darf ein Fahrzeug nicht am Straßenrand stehen. Lukas ist ausnahmsweise sauer. Kein Gedanke mehr an Schneeketten.

»Warum reden die Leute nicht direkt mit uns? Halb Lyttelton weiß doch inzwischen, wem der Housetruck gehört.«

»Ist ihnen wahrscheinlich zu unangenehm«, sage ich. »Du kennst doch die Parole: Bloß keine Welle machen.«

»Ja, lieber heimlich denunzieren. Scheint wohl doch nicht nur eine deutsche Eigenschaft zu sein.«

Vielleicht sollte ich Zettel in die Briefkästen werfen: ›Wir sind Deutsche, Sie können uns immer gerne Ihre Meinung sagen‹ – mit Telefonnummer und Adresse. Oder einen Meckerkasten aufhängen. Gibt's das Wort überhaupt auf Englisch? ›Mahnwesen‹ ist auch nicht so einfach übersetzbar.

Als ich mir bei meinen stets hilfsbereiten Yoga-Nachbarn Unterstützung holen will, laufe ich auf. Nick gibt mir durch die Blume zu verstehen, dass man sich als ›new kid on the block‹ mit den Alteingesessenen arrangieren müsse. Er fliegt in ein paar Tagen in die Antarktis und hat andere Sorgen. Judy backt gerade einen Christmas Cake. Das ist eine genauso heilige Handlung wie für unsereins Adventskranz basteln und muss vor dem Fest geschehen, damit der weinbrandgesättigte Kuchen lange genug durchziehen kann. Ab Weihnachten wird dann jeder, der durch die Tür mit den Gebetsfahnen tritt, ein Stück davon probieren müssen. Judy reicht Chili und Cumin die Schüsseln zum Auslecken, weicht mir lächelnd aus und sagt etwas Verständnisvolles, ohne in irgendeiner Weise Partei zu ergreifen. Bisher habe ich diese diplomatische Gelassenheit immer bewundert. Jetzt stößt sie mir auf. Ich zeige auf das Baby, das in einem Korb von der Decke schaukelt.

»Lässt du den Kleinen eigentlich impfen?«

Ich will Judy provozieren. Ich weiß genau, dass sie nichts von Immunisierung hält. Es ist ein heikles Thema, ideologisch mindestens so belastet wie Haus- und Nachgeburten. Wenn es jemanden gibt, mit dem man nicht darüber diskutieren sollte, dann ist das Frau Richter in gereizter Angriffsstimmung.

Ohne lange auf Judys Antwort zu warten, feuere ich mein ganzes Arsenal ab. Ihre Haltung sei ein Luxus der westlichen

Länder. Nur möglich, weil andere Eltern impfen. Die Anti-Impf-Lobby sei voller Fanatiker, die Berichte über Nebenwirkungen fälschen. Selbst die armen Kinder auf den Philippinen lasse ich nicht aus: dank Masern schwer entwicklungsgestört oder kurz vor dem Tod. Lukas hat solche Patienten bei seinem ehrenamtlichen Einsatz behandelt. Schon meinem Mann zuliebe nehme ich Judy ihre Abneigung gegen Ärzte und Krankenhäuser krumm. Sie kommt kaum zu Wort. Auf ihren Einwand gegen die Schulmedizin kontere ich: »Warte mal ab, bis du einen Autounfall hast und auf der Intensivstation am Tropf hängst.«

Das ist zu viel des Guten. Judy schaut mich an, als ob ich eine Selbstmordattentäterin sei, die gerade die Reißleine unter ihrem Tschador gezogen hat. Aber anstatt mir vorzuschlagen, mich woanders abzureagieren, sagt sie nur: »Nick freut sich sicher, wenn ich ihm bald beim Packen helfe.«

Es ist nicht nur ein höflicher Rausschmiss. Es ist das Ende meiner ersten neuseeländischen Freundschaft. Man kritisiert einander nicht. Meinungsverschiedenheiten sind im Kiwi-Kosmos nicht vorgesehen. Wem etwas zwischenmenschlich nicht passt, der zieht sich lieber zurück oder bespricht es mit jemand Drittem. In Deutschland dagegen gelten solche Ausweichmanöver als oberflächlich und geheuchelt – so verwerflich wie nicht korrekt getrennter Müll. Alles muss zu jeder Zeit auf den Tisch, egal wie konfrontativ. Jetzt ist diese Regel nach dem gleichen Naturgesetz, das das Wasser auf der Südhalbkugel andersherum drehend in den Ablauf laufen lässt, auf den Kopf gestellt. Was ich in meiner alten Heimat als Tugend kannte, ist in meiner neuen eine Unsitte. Ich hab's vergeigt, aber richtig.

Als ich Judy am nächsten Tag in ihren alten Kombi steigen sehe, bilde ich mir ein, dass sie mich auch gesehen hat, aber nicht grüßt. Auch Nick guckt so komisch weg. Um mich herum nichts als Menschen, die ein Problem mit mir haben. Nur die zerzausten Kinder mit den Apfelbäckchen winken noch wie früher von der Veranda. Das macht mich umso trauriger. Das Land der langen weißen Wolke hat eine lange graue Wolke dazubekommen.

»Warte mal ab«, sagt Eva und versorgt mich in ihrer Küche mit Roibuschtee. »Irgendwann passiert was, ein Erdbeben zum Beispiel. Du wirst sehen, wenn es hart auf hart kommt, dann ist Judy sofort wieder für dich da.«

Ich will aber nicht darauf hoffen, dass sich erst die tektonischen Platten am pazifischen Graben verschieben und wirklich ein Tsunami auf Lyttelton zurollt, damit meine nette Nachbarin in der Not ihren Frieden mit der ungehobelten Deutschen macht.

»Ich glaube, ich werde immer wieder anecken.« Ich puste in meinen Tee. »Wenn es hart auf hart kommt, dann merke ich, wie anders ich doch ticke.«

Eva nickt und sortiert ihre Teedosen. Roibusch mit Chai-Geschmack, Roibusch mit Fejoia, Roibusch Vanille und grüner Tee mit Ingwer.

»Am Anfang ist alles so easy. Die Sprache versteht man, das Klima ist ähnlich, vieles erinnert an Europa. Alle sind freundlich und hilfsbereit. Das wiegt dich in falscher Sicherheit.«

Jetzt zieht sie den Johanniskrauttee hervor. Ist das nicht so was wie ein Antidepressivum?

»Aber dann kommt der Kulturschock mit Verspätung aus dem Hinterhalt. Dann merkst du erst, dass du trotz der Nettigkeiten noch lange nicht dazugehörst. Oder es nie tun wirst.«

Was ich Eva vorjammere, hat sie auch durchgemacht. Wir müssen internationaler werden. Kiwikompatibel. Südhalbkugeliger. Und trotzdem ist da etwas, an dem wir festhalten. Das wir nicht verlieren wollen. Nicht das, was die Bierzelt-Engländer mit ihren Plastikpickelhauben für deutsch halten. Auch nicht das Vorzeigeprogramm des Goethe-Instituts. Sondern unsere Brutstätte, mit all ihren Abgründen, Stärken und Schwächen. Kaputt und kantig, geistreich und gruselig, intelligent und idiotisch.

»Bald kommt's noch so weit, dass du deine Heimat verklärst«, sagt Eva.

Ich nicke und schlürfe vom Tee.

»Ja, nichts stimuliert den eigenen Patriotismus so, wie sein Land ständig gegen Vorurteile verteidigen zu müssen.«

»Wart mal ab, bis du wieder nach Deutschland kommst. Dann bist du nämlich geschockt, was sie dir dort alles sofort an den Kopf knallen in ihrer unverblümten Art«, sagt Eva. »Fahr mal U-Bahn oder geh zu Lidl. Da wirst du sofort zum Kiwi und wunderst dich, warum alle so aggressiv sind. Und wehe, du hast nicht zu allem sofort eine politische Meinung.«

»›Nicht gemeckert ist genug gelobt‹ – so heißt das doch in Berlin, oder?« Kleiner Gruß an Jörg.

Eva lacht und wühlt dabei im Küchenschrank. Eine Tüte Haribo landet vor mir auf dem Tisch. Ihre eiserne Reserve. Ein schwacher Trost, aber immerhin. Ich greife in die Lakritzmischung und kaue vor mich hin. Über dem Küchenregal hängt ein neues Bild. Seit Neuestem interessiert Eva sich für moderne Kunst. Eigentlich ist es nur ein Spruch, mit kräftigem Strich gepinselt. Drumherum räkeln sich ein paar Korukringel.

»He kokonga whare, e kitea; he kokonga ngakau, e kore e kitea«, lese ich stockend vor. »Übersetz mal, Expertin.«

»›Die Ecken des Hauses kann man einsehen, aber nicht die Winkel des Herzens‹.«

Das kam wie aus der Pistole.

»Hübsch. Wer hat das gemalt?«

»Äh, Haki. Haki Waiomio.«

Sie dreht sich schnell weg. In den Winkeln ihres Herzens ist wohl heute keine Besichtigung, trotz Süßigkeitenvergabe. So weit zur viel gepriesenen Offenheit.

»Ach, echt? Hat er's dir geschickt?«

Hoffentlich lässt sie sich den Spruch nicht auch tätowieren.

»Nein, mitgebracht. Haki war gestern hier.«

Sie wird eindeutig dunkelrosa unter ihren Sommersprossen.

»Wie, nur so?«

»Er ist gerade in Christchurch. Weihnachtsfeier von CellTel oder so.«

»Mensch, das sagst du mir erst jetzt?« Mir kommt eine Idee. »Gib mir doch mal seine Nummer.«

Eva schaut mich überrascht an.

»Ich brauche nur kurz seine Hilfe«, sage ich. »Mein letzter Versuch.«

Das japanische Restaurant liegt am Ende der Gloucester Street. Außer einem Münzhändler sind hier nur asiatische Läden angesiedelt, hauptsächlich Friseure. Lukas, der sich weigert, mehr als zwanzig Dollar für einen Schnitt auszugeben, saß dort mal in einem Salon und hatte fünf giggelnde Haarstylistinnen aus Korea um sich herum. Die Damen hatten noch nie blonde Haare wie seine bearbeitet. Nicht schwarz, nicht üppig, aber dafür »wie Tom Cluise«, wie eine kichernd verkündete. Wie Blad Pitt hätte ihm sicher besser gefallen.

›Jingle Bells‹ schlägt mir in einer Rockversion aus dem Restaurant entgegen. Die Luft drinnen ist noch wärmer als draußen und riecht nach Bier und scharfem Essen. Überall hängen rote und grüne Girlanden. Auf einer Bühne wird gerade getanzt. Zwei Frauen tragen Paillettenbikinis und batteriebetriebene, blinkende Tannenbaumohrringe. Die neuseeländische Adventszeit ist eine einzige Glitzerparty. Kiwi-Kinder öffnen nicht 24 Türchen und warten auf den Nikolaus, sondern gehen zur Santa Parade. Da rollen bunt geschmückte Wagen ähnlich wie beim Rosenmontagszug durch die Hauptstraßen, werfen allerhand Süßes unters Volk und sorgen für fröhliche Kitschstimmung. Wenn nicht gerade, wie im Jahre 1991 im Northland-Kaff Kaikohe geschehen, der Weihnachtsmann bei der Parade angegriffen wird. Ich weiß nicht, ob Väterchen Frost damals nur eine Badehose trug, denn auch das kann durchaus vorkommen – auf jeden Fall brachte es Kaikohe einmal und nie wieder in die Weltpresse. Kaikohes sympathische Bewohner halten außerdem jedes Jahr das Demolition Derby ab, ein Karambolagerennen mit Schrottautos. Da hat auch Haki Waiomio früher immer gerne mal mitgemacht. Jetzt trägt er einen doppelreihigen Anzug, der etwas über dem Puku spannt. Seine Lockenpracht ist deutlich gekürzt. Eine Krawattennadel mit dem CellTel-Logo steckt an seinem Schlips.

»Kia ora!« Er beugt sich vor, greift mir mit einer Hand an die Schultern und drückt mir einen Nasenkuss auf. Dann greift er in die Jacketttasche und zieht ein Rentiergeweih aus Filz hervor. Den Reifen steckt er mir in die Haare.

»Happy Christmas!« Sein Lachen lässt die Krawattennadel überm Bauch wippen. »Ich hab nur eine halbe Stunde Zeit, dann werden die Jahresprämien vom CellTel-Geschäftsführer vergeben.«

»Dann lass uns einfach in die Bar gegenüber gehen.« Bloß raus aus dieser Weihnachtsmanndisco.

Die Bar Benito ist die kleinste Spelunke von Christchurch. Mehr als zwölf Leute passen dort nicht auf einen Schlag hinein, und zehn sind bereits drinnen. Der italienische Name täuscht. Besitzer Benito ist ein 61-jähriger Japaner. Das weiß ich, weil sein Lebenslauf an der Wand hängt. Einige der Höhepunkte darin: Berufstaucher für Unterwasserexplosionen, Flamenco-studium im Alter von 59 Jahren und eine Pilgerung über den Camino de Santiago. An der Wand hängen Fotos von Benitos Reisen, ein japanischer Druck, eine Seite aus einem Wind-surfing-Kalender aus dem Jahre 1982, eine überdimensionale Eindollarnote mit Marlon Brando als US-Präsident, die Al-bumhülle von Liszts Klavierkonzerten und ein Bob-Marley-Poster.

Der japanische Barkeeper hat die Greatest Hits von Queen aufgelegt. Er reicht uns die Getränkekarte. Die Cocktails kosten nur sieben Dollar und haben ihre zwei Hauptbestand-teile jeweils im Namen: Malibu Coke, Kahlua Milk, Wodka Bull. Haki wirft einen Blick darauf und bestellt uns beiden ein Bier.

Ich komme gleich zur Sache und lege einen Seelenstrip-tease hin, der Eva alle Ehre machen würde. Erzähle Haki von den vergangenen Wochen und Monaten. Von meinen Qualen unter deutschen Touristen und meinem Streit mit Judy. Der Kiwi-Koller schlechthin. Es muss alles raus.

»Ich tue mich schwer damit, wie deutsch ich bin«, sage ich

und nippe vom Bier. »Damit, wie die anderen Deutschen sind. Und wie wir deshalb von den Kiwis gesehen werden.«

Hoffentlich kommen Haki nicht die Tränen. Ich weiß, er hat ein großes Herz. Garantiert spendet er für Amnesty International.

Er hat den Bullshit-Detektor angeworfen und schaut mich prüfend an.

»An jedem Tag in Aotearoa«, sagt er, »hast du etwas gelernt, auch wenn du es noch nicht weißt. Wir Maori haben damals von den Engländern Ackerbau und Schriftsprache gelernt. Ihr Pakeha wollt von uns Spiritualität und Einklang mit der Natur lernen. Du lernst von den Kiwis. Und glaube mir: Sie lernen auch von dir. Dabei entsteht nur Gutes. Der Samen ruht in der Mitte der Frucht.«

Wieder so eine kryptische Antwort wie damals auf dem Marae. Und wieder rät er mir, endlich Frieden mit meiner Nationalität zu schließen. Kein Maori, kein Aborigine, kein Inuit würde mich wirklich akzeptieren, wenn ich nicht Zugang zu meinen Wurzeln gefunden hätte und aufhörte, mich zu schämen. Um meinen Herkunftsknacks zu kurieren, so mein Eingeborenentherapeut, hätte ich nur eine Wahl.

»Du musst wieder unter Deutsche. Und zwar richtig. Mit Haut und Haaren, nicht nur am Rand stehen und dich distanzieren.«

Die Audienz ist beendet. Haki schiebt die linke Manschette hoch und schaut auf seine Uhr. Der Mann, der ein Kanu nachts allein nach dem Stand der Sterne über den Südpazifik navigieren kann, trägt einen dicken Blender am Handgelenk.

»Weihnachtsgeschenk von CellTel«, sagt er, als ob er meine Gedanken erraten hat. Als wir aus der Bar Benito treten, rezitiert Haki eine letzte Weisheit.

»›Gut ist, wer die Heimat liebt. Besser ist, wer in jedem Land Heimat findet. Am besten ist, wem jeder Ort fremd geworden ist.‹«

Ich versuche, mir den Spruch zu merken. Wer hilft, hat recht.

»Ein Sprichwort von deinem Stamm?«

Er schüttelt den Kopf, grinst entschuldigend und zeigt zurück Richtung Tür.

»Von einem unbekannten Sufi. Stand unter Benitos Lebenslauf.«

Am Wochenende will ich zwanzig Immergrüngewächse am Zaun entlang einpflanzen. Seit Tagen stehen sie in Kartons vor der Garage. So viel habe ich als politisch korrekte Neukiwianerin gelernt, dass ich Flora und Fauna nicht mit Rosenbüschen und Ahornbäumen verpeste, sondern einheimische Pittosporums kaufe. Bevor ich den ersten Spatenstich machen kann, erwischt mich die Schweinegrippe. Lukas ist gerade zu einem Urologenkongress in die USA abgeflogen. Claude, die sich sonst mehr für Keas als für Kinder interessiert, nimmt Otto und Jakob übers Wochenende zu sich, weil Eva Sorge hat, dass ihre Kleine sich anstecken könnte. Dann bin ich allein mit den stärksten Kopfschmerzen meines Lebens und einem Körper, den ich am liebsten begraben will. Es ist ein rasanter Absturz. Innerhalb von Stunden bin ich ein fiebriges Häuflein Elend, hustend, heulend und hilflos. Warum geht es mir so schlecht? Warum ist meine Mutter nicht da? Warum bin ich nicht zu Hause? Ich bewege mich nicht mehr. Im Dämmerlicht sehe ich Jesus draußen vor dem Fenster durch unseren Garten laufen. Das ist bedenklich für eine Nichtchristin. Als ich schweißnass aufwache, sitzt jemand an meinem Bett. Nicht der Heilige Geist, sondern Nachbarin Judy. Sie reicht mir ein Glas Wasser und zwei Tabletten.

»Paracetamol«, sagt sie. »Komm, nimm das.«

»Aber ist doch nicht homöopathisch«, murmele ich mit belegter Zunge. Ich kann den Kopf kaum heben. Sie lächelt mich mit dem gleichen Blick an, mit dem sie manchmal in den Wiegenkorb schaut. Ich fühle mich wie ein Baby.

»Schhh«, sagt sie. »Ruh dich weiter aus. Ich habe dir eine Hühnersuppe gemacht.«

»Was, mit Fleisch?«

Vielleicht habe ich doch Halluzinationen. Judy legt mir einen Waschlappen auf die Stirn. Ich sacke zurück ins Kissen und schließe die Augen. Drei Stunden später stehe ich auf und schleppe mich in die Küche. Meine ersten Bewegungen sind mühsam, aber machen mir Hoffnung. Auf dem Herd stehen ein Topf Suppe und ein Gemüseauflauf. Daneben liegt ein Zettel: ›Bin nebenan. Melde dich jederzeit. Love, Judy & whanau xxx‹.

Als ich nach zwei Tagen zum ersten Mal kurz vor die Tür trete, sind die Pittosporums vor der Garage verschwunden. Dafür liegen dort noch Nicks Spaten und ein halb leerer Sack Torf. Die Immergrünbüsche stecken in einer strammen Reihe in der Erde vor dem Zaun. Ich werde sie schön kurz halten, damit der Blick zur Nachbarveranda immer frei bleibt. Am besten akkurater Heckenschnitt.

Karamba, Karacho, ein Whiskey

WIEDER UNTER DEUTSCHE gehen, hatte Haki mir geraten. Dorthin, wo es richtig weh tut. Eigentlich hatten mir die drei Stunden Fahrt im Reisebus zurück nach Queenstown schon gereicht. Aber die zählen für meinen Mentor nicht, solange ich mich von meinen Landsleuten abgrenze. Und der neueste Anschlag von Ditze kann es auch nicht sein. Für sein Buch-Konzept ›Ich bin so frei‹ gibt es bereits Höchstgebote von vier »Top-Verlagen«, sein Sender will aus dem Stoff als »Super Cross-Promotion« parallel eine »irre Doku-Soap« machen, und als Sponsor habe man eine Firma für Bräunungsduschen an der Hand. ›Wir rechnen fest mit Dir als Realisatorin vor Ort‹, schreibt er. ›Frag doch mal bei FKK-Vereinen nach, auch in Australien, ob da Deutsche rumturnen. Vielleicht lassen wir sie nackt Bungee springen?‹

Ich habe eine Idee, aber die muss ich erst mit Eva besprechen. Denn das Deutschtum pflegen kostet Kraft durch Freunde. Das schaffe ich nicht alleine. Unser prägendes Kindheitserlebnis war der Karneval. Das sind meine Wurzeln. Nicht Trachtenjacke, nicht Holzhacker Buam – sondern Kamelle und Strüßjer.

Manchmal gibt es keine Zufälle. Das Schicksal schickt mir ein Zeichen per Post. Das Vereinsbulletin des ersten deutschen Karnevalsvereins von Neuseeland flattert uns ins Haus. Eine Prunksitzung in Christchurch ist in Planung. ›Es sind die deutsche Sprache und der rheinisch-kölsche Dialekt vorgeschrieben‹, heißt es in der Infoschrift. ›In puncto kulinarische Genüsse‹ gäbe es einen ›fortwährend erhältlichen Imbiss‹. Die Nachfrage unter Kiwis sei ›gewaltig‹ für diese ›spezifische

Darbietung wahrer Lebensfreude und Ausgelassenheit‹. Gewaltig ist auch diese spezifische Darbietung an bierernstem Amtsstubendeutsch, aber das darf mich nicht abschrecken. Karneval in Christchurch – das könnte die Therapie sein, die ich brauche. Eigentlich wollte ich den deutschen Stammtisch unterwandern. Jetzt winkt die Chance, sich gezielt ins Herz des heimatlichen Brauchtums einzuschleusen. Eine Radikalkur fürs Nationalgefühl, quasi als Desensibilisierung, so wie bei Allergikern mit Heuschnupfen. Die laufen hinterm Mähdrescher her, um durch die Überstimulation geheilt zu werden. Der letzte Ausweg. Think big, think Funkemariechen.

Ich recherchiere. ›Bitte vereinbaren Sie einen Termin mit dem Sitzungspräsidenten, Herrn Jochen Maibach. Mit freundlichem Gruß, Festkomitee Rheinischer Karneval‹, schreibt man mir auf meine Anfrage zackig zurück. Die zitierte Lebensfreude und Ausgelassenheit schlagen mir auch am Telefon nicht entgegen, aber dafür der vorgeschriebene rheinisch-kölsche Dialekt. Herr Maibach klingt etwas unwirsch. Die geplante Prunksitzung ist abgeblasen worden. Mein Herz sinkt.

»Isch hab den Verein nach Parajraf 47 BeJeBe wieder aufjelöst«, sagt Maibach trocken. Er ist nicht nur Karnevalsprofi von Amt und Würden, sondern »internationaler Reschtsanwalt«, daher kennt er sein BGB. Früher war er bei einer Versicherung in Köln. Nichts als Ärger habe er jetzt am Hals.

»Isch musste den janzen Vorstand, wenn man das mal so salopp sajen darf, hochkant rausschmeißen. Sieben Leute. Damit konnt isch nisch arbeiden.«

»Was war da los, Herr Maibach?«

Hatte der Verein nicht ein Männerballett in Arbeit, das ›den Saal zum Kochen‹ bringen sollte? Und einen ›hochdekorierteren Karnevalisten und ehemaliges Mitglied des Traditionskorps Blauer Funken‹, der oder das ›als sogenannter Literat‹ die Stimmung ›maßgeblich beeinflussen‹ sollte? So stand es im Vereinsbulletin, Wort für Wort. Der Anwalt seufzt. Es habe Streit unter den Christchurcher Karnevalisten gegeben.

»Isch hab zu minger Frau jesacht, da muss man halt mal über Leischen jehen.«

Die Überlebenden würden jedoch für die anstehende Karnevalssession einen »Meja-Event« auf die Beine stellen. Mit Musik »aus-schließ-lisch aus dem Kölner Notenbuch ›Alaaf‹«, diktiert Maibach mir durchs Telefon.

Das könnte es sein. Jetzt muss ich nur noch Eva überzeugen. Bei ihrem letzten Kölner Rosenmontagszug flog ihr eine Flasche Kleiner Feigling ins Gesicht. Die Platzwunde wurde von einer als Krankenschwester verkleideten Tunte behandelt, die im Barbie-Arztköfferchen nur Tempos und Kondome hatte. Die Narbe ist noch immer zu sehen. Evas Schnapsfläschchentrauma und mein Herkunftsdilemma können nur besiegt werden, indem wir uns in die Höhle des Löwen begeben. Es sind noch ein paar Wochen bis Rosenmontag. Zeit, über Kostüme nachzudenken. Zum Glück bin ich längst Profi.

Als ich Claude simse, dass ich mit Eva auf Verkleidungssuche gehe, will sie mitkommen. Ich hätte nie vermutet, dass ihr so etwas Spaß macht. Gut sieht sie aus, als ich sie vor dem Szenecafé einsammele. Leuchtend und voller Elan. Kaum ist Claude ins Auto gestiegen, denkt sie laut über eine neue Straßenkunstaktion nach. Sie soll ›Hi, how are you‹ heißen.

»Wer das am schnellsten sagt, der bekommt ein T-Shirt mit dem Slogan ›Good, thanks!‹. Die Idee dahinter ist, dass niemand eine ehrliche Antwort will. Es soll immer an der Oberfläche bleiben.«

So angedeutscht habe ich sie noch nie erlebt.

»Aber was ist jetzt mit all deinen Vogelbildern?«, frage ich und lasse das Fenster etwas runter. Warme Sommerluft bläst ins Auto.

»Hmm, mal sehen. Oder ein ›mood message shirt‹, mit einem Gesichtsausdruck? Hinten ist er immer gleich, wie ein Smiley, aber vorne sieht man den wahren Zustand.«

Ich erzähle ihr von der Aktion ›Becoming German‹, bei der man seine Kindheitserinnerungen online spenden kann.

»Hat sich eine Neuseeländerin ausgedacht, die in Köln lebt«, sage ich.

Sie nickt. »Kenne ich.«

Vielleicht braucht sie irgendwann eine Pressesprecherin? Ich sehe uns schon gemeinsam auf der Biennale. Später New York. Die Kraut-und-Kiwi-Schau.

»Wie geht's eigentlich Jonathan?«, will ich wissen. Claude war gerade wieder bei ihrem alten Busenfreund in Wellington, Konzerte und Galerien tanken.

»Wusstest du, dass seine große Liebe vor fünf Jahren an einem Herzinfarkt gestorben ist?«, fragt sie zurück. »Mit 44.« Ich schüttele wortlos den Kopf und sehe den Juristen vor mir. Sein stilvolles Wohnzimmer mit der Wildledercouch. Der liebevoll zubereitete Whitebait-Salat.

»Eigentlich fehlt ihm seitdem ein Platz auf dieser Welt. Er hat kein Zuhause, weil das Gefühl dafür mit seinem Freund für immer verschwunden ist.« Claude zieht ihre Motorradjacke fester um sich. »Heimatlosigkeit hängt nicht nur von Städten und Kontinenten ab, weißt du. Aber Jony hat gelernt, damit zu leben. Und das macht ihn so stark.« Sie legt ihre Hand auf meinen Arm. »Du kennst doch sicher diese Gedichtzeile von Thomas Brasch: ›Bleiben will ich, wo ich nie gewesen bin.‹«

Ich nicke und schlucke etwas Klammes, Trauriges weg. Was ist schon mein dämliches Dilemma gegen Jonathans Einsamkeit? Ich habe einen Mann, den ich liebe, an meiner Seite und führe ein Leben, von dem ich früher geträumt habe. Aber damals wusste ich nicht, wie sich solch ein Leben manchmal anfühlt.

Die Ampel springt auf Rot. Ich drehe mich zu Claude.

»Und Tine in München, was macht die so? Skypt ihr oft?«

Die Eisprinzessin schaut aus dem Fenster und wirkt abwesend.

»Das war doch nur eine kurze Urlaubsliebe«, sagt sie. Es klingt, als ob sie lediglich einen Termin beim Zahnarzt abgesagt hat. »Aber ihr Videoprojekt ›AotearoHaHa‹ läuft, glaube ich, ganz gut.«

Niedergeschlagen ist sie wirklich nicht. Ganz im Gegenteil. Ich parke vor der ›Costume Company‹. Eva wartet schon. Statt Filzponcho trägt sie heute Lederjacke.

»Die machen gerade einen Resteverkauf«, sagt Eva. Sie wirkt

hibbelig, irgendwie aufgedreht. Wahrscheinlich ein Rückfall in die Zeiten des Sommerschlussverkaufs bei H&M. Der Kostümverleih ist der größte Umschlagplatz der Stadt für Austin Powers, Spidermänner, Cruella De Vil, Frankenstein und Charleston-Tänzerinnen. Mehr als tausend Gewänder werden dort pro Woche ausgeliehen. Die junge Frau, die uns begrüßt, wischt mit einem Lappen auf einer Glitzerjacke herum.

»Elvis ist voller Blut«, erklärt sie mit einem entschuldigenden Lächeln. »Der muss erst mal in die Reinigung.«

Wir wühlen uns durch eine Kiste mit Hosen, die MC Hammer in seinen besten Zeiten gehören könnten. Die Kostümverleiherin hält ein paar Schuhe mit übergroßen Schnallen hoch.

»Original Neunzigerjahre!«, preist sie die Treter an. »Läuft im Moment als Partymotto richtig gut.«

Erschreckend. Wer stellt sich schon beim Kauf seines Hochzeitsanzugs oder Lieblingskleides vor, dass eines Tages Leute darin verkleidet auf ein Fest gehen, um brüllend komisch auszusehen? Alte Modeweisheit, frisch bestätigt: Alles kommt wieder, und zwar schneller, als man ahnt.

Die Verkäuferin gibt auf alles zwanzig Prozent Rabatt. Eva kann sich trotzdem nicht für etwas Karnevalstaugliches entscheiden.

»Komm, du hast immerhin Dreadlocks«, sage ich, »Das sieht neben all den überkämmten Glatzen sicher jeck aus.«

Ich verlasse den Laden mit einer somalischen Piratenmaske. Claude hat eine grüne Perücke und einen Flamenco-Rock erstanden.

»Was willst du denn damit?«, frage ich. »Sag nicht, du trägst plötzlich Röcke!«

»Vielleicht gehe ich ja mal als spanische Wasserleiche«, sagt sie und steigt zu Eva ins Auto.

Mein Handy fiept. Eine SMS, all the way from the Vaterland. Dietmar Sägel aus Berlin. »Stress mit Tochter im Internat. Neuseeland würde ihr gut tun. Kommt nächstes Jahr als Austauschschülerin zu euch. O. k.?«

»Morgen schneide ich die Dreadlocks endlich ab«, sagt Eva.
»Ich gehe zum Friseur.«

Wir hocken jeder mit einem Glas Weißwein in der Hand auf ihrem Sofa, zwischen uns ein gefilztes Kissen mit einem Silberfarnmotiv und die Tageszeitung. Auf Seite eins wird berichtet, dass Keas noch klüger sind, als bisher angenommen. In einer Studie in Japan knackten sie sogar Schlösser auf. Top Thema. Takaka sitzt auf dem Boden zwischen Legos und einem Berg Puppen auf einer Decke aus Possumfell und sortiert den Inhalt einer großen Keksschachtel um. So viel Unordnung mitten im Wohnzimmer hätte Jörg niemals zugelassen.

»Holla! Neue Frisur heißt bei Frauen doch meistens ... äh, Veränderung?« Ich zupfe an dem Filzfarn. Eva wird rot, aber statt mir zu antworten, greift sie sich die Fernbedienung und zielt auf den Fernseher in der Ecke.

»Komm, lass uns das hier mal anschauen. Ich hab's noch nicht gesehen.«

Der DVD-Spieler springt an. Das Logo eines Privatsenders erscheint. Ein flottes Jingle, dann der Schriftzug: ›Affäre unter Palmen‹. Die Kamera gleitet über grüne Hügel und weiße Gletscher. Surfwellen an der Küste von Raglan, Schafe auf einer Weide. Koalabären. Koalabären? Da hat sich der Cutter im Kontinent vertan. Zoom auf eine Stadt. Eindeutig Christchurch. Die Kathedrale. Das Art Center. Gondolieri auf dem Avon River. Und schließlich: die blauweiße Markise von Jägi's Brauhaus. Eva stöhnt auf.

»O nein. Das halte ich nicht aus.«

Aus dem Off ertönt die Stimme des Sprechers, jovial und glatt.

»Suchen Sie das heimliche Abenteuer? Eine neue Liebe? Exotik, fremde Länder und den besonderen Kick? Dann sind Sie reif für ›Affäre unter Palmen‹.«

Wieder dudelt die Musik, und der Name der Folge taucht auf. Es ist die siebte: ›Komm zu mir unters Schaffell‹. Evas Hände krallen sich ins Filzkissen. Sie schaut mich an, als ob sie einen Notausgang sucht. Die Fernsehstimme ölt weiter. »Hundertfünfzigtausend Deutsche verlassen jedes Jahr unser Land.

Etliche scheitern mit ihrem Traum vom neuen Glück. Die Herausforderungen sind zu groß. Sie sind einsam in der Fremde.« Digeridoo-Musik erschallt. Es kommt noch schlimmer. Jetzt sehen wir Jörg. Er joggt allein am Strand, in zu knappen Badehosen, mit eingezogenem Bauch und künstlichem Karamellteint.

»Daddy, da!« Takaka kräht und zeigt auf den Bildschirm.

»Hat der Arsch sich etwa einen Spraytan verpassen lassen?«, stößt Eva fassungslos hervor. Ich ahne, was Jägi alles durchgemacht hat, um ins Fernsehen zu kommen.

»In Deutschland wiederum suchen Tausende täglich nach einem Abenteuer – am besten in der Ferne. Wir verkuppeln ausgewanderte Singles mit Menschen, die den schnellen Urlaubsflirt suchen. Eine Woche lang Romanze im Ausland, mit allen Risiken und Pannen. Unser Kandidat heute: Kneipenwirt Jörg in Neuseeland.« Kurzer Schwenk auf Jägi hinterm Zapfhahn. Auf seiner rechten Karamellbacke sieht man deutlich einen hellen Streifen. Er muss sich mit frischem Selbstbräuner im Gesicht ins Kopfkissen gedreht haben, der Anfänger. Die Stimme plärrt weiter.

»Wenn Jörg Olewski an der Aufgabe scheitert, wird er für immer abreisen und Neuseeland den Rücken kehren. Aber erhält er Bestnoten von seiner Bettpartnerin, dann kommt er ins große Finale!« Tusch.

Eva starrt mit offenem Mund auf den Schirm. So sieht man bei einer Wurzelbehandlung aus. Ohne Betäubung. Arme Eva. Ich gieße ihr schnell vom Sauvignon Blanc nach. Die Sendung ist mittlerweile bei der potenziellen Affäre in Deutschland gelandet. Die Dame, die für Jogger Jägi auserkoren wurde, posiert in einem gepunkteten Bikini neben einem Notenständer auf einem Balkon, der wie Plattenbau anmutet.

»Janette ist Geigenlehrerin und lebt in Dresden. Ihre Verlobung mit einem Mann, den sie nur aus dem Internet kannte, scheiterte nach fünf Tagen – er war viel älter, als sie dachte, und lebte zwischen Müllbergen.«

Eine Zeitungsseite aus der KREIS-Zeitung wird eingeblendet. Wo haben die bloß das Foto vom Horrorhaus her?

»Seitdem hat Janette eine Katzen-und-Hühner-Phobie. Aber Neuseeland war immer ihr Traum. Sie will es wieder versuchen ...«

Eva drückt auf die Fernbedienung. Janette samt Geige verschwinden im Kasten.

»Jetzt ist zumindest klar, wer von uns das Sorgerecht bekommt«, sagt Eva, nachdem ihre Gebisshälften wieder zueinandergefunden haben. »Ich kann das große Finale kaum erwarten. Bin ich froh, wenn die Scheidung durch ist.«

Ich versuche mir Haki Waiomio als Stiefvater vorzustellen. Wie er Takaka auf der Gitarre vorspielt und sie mit zu den Aunties auf den Marae nimmt. Sicher schnitzt er ihr einen Anhänger aus Walknochen oder bastelt Poi-Kugeln zum Herumwirbeln aus Flachsknäueln. Oder aus alten Handys.

»Eva Waiomio ... klingt irgendwie gut.« Ich habe wohl zu laut gedacht.

»Wovon redest du?« Sie schaut mich irritiert an und drückt mir die DVD in die Hand. »Hier, falls du den Fernsehstar interviewen willst. Ich glaube, der kommt noch ganz groß raus.«

❦ ❦ ❦

Es ist Rosenmontag, auch wenn den in Christchurch niemand kennt. Der dritte Montag im Februar. Eva zieht sich ihre Skibrille auf. Ihr frisch geschnittener Pagenkopf endet in einer Stirntolle, so wie bei den Mädchen aus der Wandervogelbewegung. Sie hat was von Sophie Scholl.

»Da müssen wir durch«, stöhnt sie.

Tarnung ist alles. Ich studiere durch die Schlitze meiner Piratenmaske den Infozettel. Er ist diesmal auf Englisch. Kölsche Karnevalsparty im Ungarischen Club in Christchurch, erstmalig in Neuseeland, Motto: M'r han all ens klein ahnjefange (für Nichtkölner: ›We all once started small‹). Statt der großen Prunksitzung mit Blasorchester findet ein bunter Vereinsabend statt. Aber immerhin. Herr Maibach stellt die erste organisierte deutsche Karnevalsfeier in diesem Teil der Welt auf die Beine. Wenn das kein Grund ist, sich zu amüsieren.

Die Karnevalsvorschriften auf dem Zettel helfen bei der Vorbereitung: Ein ›funny hat‹ (lustiger Hut) oder ›lipstick-painted heart‹ (Lippenstift-Herz) seien erwünscht. Lippenstifte würden angeboten, ›to help you fit in‹ (um besser dazu zu passen), genauso wie ›German-style food‹.

»Da müssen wir durch«, sagt Eva wieder und nimmt einen kräftigen Zug aus der Sektflasche, bevor wir den Club erreichen. ›Köllegirl‹ steht auf ihrem T-Shirt. Auffallen werden wir hoffentlich nicht. Ich habe Otto dabei. Er ist als Zauberer ausstaffiert und hüpft wie ein Flummi auf einem Hexenbesen auf und ab. Wird Zeit, dass er sich mit den kulturellen Wurzeln seiner Vorfahren vertraut macht, wo er doch schon kein echtes deutsches Weihnachten mehr kennt. Unsere beste Tarnung ist Evas Schwiegermutter im Raubtierlook, die wir im Schlepptau haben. Sie kommt aus Thüringen, aber egal.

Im Saal stehen zwei Reihen langer Tische in Schunkelausrichtung gen Großbildfernseher, flankiert von einer 1.-FC-Köln-Fahne, der ungarischen Flagge und Weihnachtsschmuck vom vergangenen Jahr. Menschen in lustigen Hütchen und Lippenstiftherzen sitzen an den Tischen. Geredet wird kaum. Die Hütchenträger starren in ihr Bierglas oder auf den Bildschirm, wo die Aufzeichnung einer Prunksitzung aus dem Kölner Gürzenich läuft. Da tobte aber der Bär! Leider ist das Video just in dem Moment zu Ende, als wir uns setzen. Die nächsten fünf Minuten dröhnt Werbung auf uns herab. Eva bestellt sich ›Halver Hahn (mit oder ohne Öllich) für 4,50 Dollar‹, Schwiegermutter zwei Mettwürstchen mit Kartoffelsalat, Otto will nur Limo. Der Halve Hahn ist ein Käsebrötchen, Öllich sind rohe Zwiebeln, und der Kartoffelsalat ist wirklich Kartoffelsalat, wenn auch etwas bleich.

Durch die Reihen irrt rotgesichtig und glücklich das Festkomitee Rheinischer Karneval in der Person von Jochen Maibach, in goldroter Karnevalskappe und mit Orden behangen. Ich hatte ihn mir vom Telefon her dicker und kahlköpfiger vorgestellt. Herr Maibach ist für seine Veranstaltung nicht genug Karten losgeworden. Daher rief er angeblich wahllos bei eingewanderten Deutschen an, die er im Telefonbuch von

Christchurch gefunden hatte, und lud sie persönlich ein. Ein guter Trick, vor allem, wenn man unter »Sch« guckt (aber Vorsicht: Schaap und Schouten sind meistens Holländer, die mögen das nicht so gern). Die junge Familie rechts von uns muss auf diese Weise in den Genuss des Abends gekommen sein und schaut ähnlich verstört wie Evas Schwiegermutter. Der fleischige Mensch links von uns sieht dagegen aus wie die Made im Speck. Kommt ursprünglich aus Österreich, kann kaum noch Deutsch, »aber meine junge Frau ist Russin, die versteht mich auch so«, prustet er mir auf Englisch ins Ohr. Er gehört zum Deutschen Club von Christchurch.

»Was macht man denn da so, im Deutschen Club?«, frage ich.

»Na, saufen!«, lacht der Ösi-Kiwi.

Meine Recherchen erschöpfen sich schnell. Herr Maibach hält eine Rede auf Englisch. So gehört sich das im Gastland, auch wenn der angelsächsische Anteil des Abends sich auf die Pappteller beschränkt. Wir sind die Ersten auf der ganzen Welt, ›in the whole world‹!, die diesen Fastelovend, ›evening of the carnival‹, begingen, denn in Köln, wo um elf Uhr elf die Jecken anfangen zu tanzen, sei es jetzt ja erst acht Uhr morgens. Kleiner Lacher von Herrn Maibach an dieser Stelle, denn die Zeitverschiebung ist ein sicherer Humorgarant. Besonders zu begrüßen sei die Delegation des australischen Karnevalsvereins Tivoliana. Hier erheben sich drei Schwergewichte fortgeschrittenen Alters und Alkoholkonsums. Für die gibt es auch Orden. Wie gut, dass wir unseren Infozettel haben, sonst hätten wir's schwer ›to fit in‹. So brüllen wir, dreimol von Häätze (›three times from the heart‹):

»Kölle (›Cologne‹) – Alaaf!«

»Festkomitee – Alaaf!«

»Christchurch – Alaaf!«

Herr Maibach hat eine nichtkölsche Keybordspielerin angeheuert. Das war ein Patzer, der dem Festkomitee nicht hätte unterlaufen dürfen. In den Adern der Dame fließt kein Tropfen rheinischen Bluts. Sie orgelt die Karnevalsmelodien wie bei einer Beerdigung herunter. Maibachs Gesicht verzieht sich.

»Die muss isch rausschmeißen«, stöhnt das immer stärker schwitzende Festkomitee. Nach einer qualvollen halben Stunde Klimperei stellt jemand kurzerhand die Stereoanlage an. Mit den ersten Klängen fährt es wie ein Ruck durch die Bankreihen: ›Wenn das Wasser im Rhein goldener Wein wär‹. Mit einem Mal herrscht Stimmung. Und wie: Es wird geschunkelt! Das ist mehr Deutschtümelei, als eine Auswanderin mit lange erprobter Antihaltung verkraften kann. Aber den Saal kann ich jetzt nicht verlassen. Ich bin auf der Bank eingezwängt. Also bleibt mir nur die Flucht nach vorn. Genauer, seitwärts. Ich knicke ein. Eva und ich haken Ottos Arme unter und wiegen uns nach links und dann nach rechts. Und wieder zurück. Wir schunkeln. Es geht wie von selbst. Unsere Reihe gerät mit jedem Schwung mehr außer Rand und Band. Fast fliege ich mitsamt dem Köllegirl und Hexenmeister von der Bank. Unsere Herkunft bricht sich ungestüm Bahn. Sie lässt sich beim besten Willen nicht mehr länger verleugnen.

»Rechts fahren!«, ruft ein Mann in deutscher Polizeimütze und neuseeländischer Scherzkrawatte. Der australische Vereinspräsident steht auf, reißt den Arm nach vorne und brüllt in den Saal: »Zickezacke, zickezacke, hoi hoi hoi!« Der Saal brüllt zurück. Was für eine Party! Da können sie sich in Kölle am Rhing aber was von abschneiden. Es kommt noch doller. Herr Maibach schubst seine als Mickey Maus kostümierte Frau vor sich her und beginnt eine Polonäse. Mitgehangen, mitgefangen. Eva und ich greifen uns beherzt ein paar Schultern und stapfen durch den Saal. Otto schmeißt mit Konfetti um sich. Er ist begeistert. Zum Glück sieht uns niemand, der mich kennt.

Schwiegertigermutter ist schon lange nicht mehr zu halten. Sie reißt den Raubtierrock hoch und tanzt wie ein wilder Derwisch mit den Australiern. Haki Waiomio wäre stolz auf sie. Sie ist offensichtlich im Einklang mit sich, ihrer Kultur und ihren Wurzeln. Von Jägis Vorfahrin kann ich noch einiges lernen. »Nee, wat is dat schön«, singt sie auf thüringisch-kölsch. Es wird schwer werden, sie wieder loszueisen. Eva schlägt vor, dass die Gute sich später ein Taxi zu Jörg nehmen soll.

»Dann kannst du noch bleiben, das ist doch viel einfacher.«

Es ist offensichtlich, dass sie sie loswerden will.

»Ich hab zu Hause noch Besuch«, erklärt Eva halb entschuldigend, als sie meinen Blick sieht. Sie checkt ihr Handy. Besuch um diese Zeit? Schwiegermutter tänzelt schon wieder davon. Ich schenke mir nach. Wahrscheinlich ist Haki Waiomio gerade in der Stadt und spart sich das Hotel. Schade, dass das Köllegirl so verdammt diskret ist. Aber Hauptsache, ihr geht's gut dabei.

Am Tresen steht ein junger Mann. Blonde Locken, Surferfrisur. Das ist doch Baxter, unkostümiert und in Tevasandalen. Wie hat der sich nur hierher verirrt? Ich habe ihn Ewigkeiten nicht gesehen, seit er die Renovierungsshow in Auckland gedreht hat. Lukas sagt, er baue jetzt Ökosärge aus recycelter Kauri. Und war da nicht irgendeine neue Freundin, diesmal aus Hamburg?

Er prostet mir zu und stellt sie mir vor: Regina, stilsicher gekleidet und ziemlich verspannt. Sie schüttelt mir energisch die Hand. So gequält, wie sie hinter ihrer weinroten ›Ich-trage-nur-bestes-Design-im-Gesicht‹-Brille guckt, muss sie hin- und hergerissen sein zwischen Peinlichkeit und tiefer Reue. Wahrscheinlich hat ihr neuer Freund sie zum ›German cultural evening‹ überredet. Baxter strahlt uns an und zupft an Ottos Perücke.

»Hey, ist das nicht fantastisch?« Er knufft mich gut gelaunt in die Seite. »Toll, wie ihr Deutschen feiern könnt. Was für eine Stimmung!« Er ist aufrichtig angetan von der Zombieveranstaltung. »I love that music!«

Reginas Gesicht wird noch eine Spur spitzer hinter ihrem Kastengestell. Sie tut mir leid. Fremdschämen ist ein furchtbares Übel. Ich habe viel zu lange darunter gelitten. Endlich nimmt die Heilung ihren Lauf. Ich greife mir einen ›funny hat‹ vom Nachbartisch, setze ihn Baxter auf und nehme mir vor, ihm unbedingt ein Exemplar von Dietmar Sägels Nackedei-Buch zu schenken, mit persönlicher Widmung des Autors.

Die Bläck Fööss schallen durch den Saal, »Mer losse d'r

Dom en Kölle«. Otto horcht auf. Das Lied kennt er von einer Schallplatte bei seinen Großeltern. Er strahlt mich an. Irgendetwas ergreift Besitz von mir, das stärker ist als sämtlicher intellektueller Widerstand gegen meine ausgelassenen Landsleute. Es fährt mir in die Glieder, es fährt mir ins Herz, und es fährt mir aus der Kehle. Als ob sich etwas befreit, das zu lange unterdrückt wurde. Lauthals singe ich mit: »Wat soll er denn woanders ...« – »dat mäht doch keine Sinn«, grölt neben mir Eva, die etwas streng nach Öllich riecht. Auch bei ihr muss etwas in Gang gekommen sein. Wer hätte das hinter der Skibrille vom Köllegirl vermutet! Das muss es sein, wovon mein Guru Haki Waiomio gesprochen hat. Was habe ich ihn um die Verbundenheit mit den alten Riten, mit den Tänzen und Liedern seiner Vorfahren beneidet. Jetzt spüre ich endlich auch so etwas wie den Geist meiner Ahnen. Er ist beim Schunkeln in mich gefahren.

Otto fallen am Tisch fast die Augen zu. Er ist vor seiner Limo zusammengesunken. Eva drängt zum Aufbruch, und ich habe einiges zu verarbeiten. Wir sind ja nicht nur zum Spaß hier. Wunden müssen sich schließen. Ich greife mein Kind und die Piratenmaske. Irgendwann muss ich sie in dem Trubel nach der zweiten Flasche Sekt ausgezogen haben. Jetzt ist es auch egal, wenn man uns hier erkennt. Ich habe nichts mehr zu verbergen.

Pünktlich um elf Uhr elf, als sich auf der anderen Seite der Erdkugel der Rosenmontagszug in Bewegung setzt, treten wir aus dem Club auf die Straße. Es ist dunkel, die Luft spätsommerlich lau. Wir glühen vom Schunkeln und vom Singen. Die Lichter von Christchurch funkeln. Eva legt den Kopf in den Nacken und schwankt etwas. Sie studiert den Sternenhimmel.

»Guck mal, das Kreuz des Südens«, sagt sie und zeigt nach oben. »So schön.«

Aus dem Vereinssaal dröhnt Musik, ›Schnaps, das war sein letztes Wort, dann trugen ihn die Englein fort‹. Himmlisch. Selten habe ich mich so eins gefühlt mit dem Kosmos und den Kontinenten. In der letzten Stunde hat sich ein kleines Wunder in mir vollzogen. Das haben die anderen Deutschen während der letzten Fußballweltmeisterschaft durchgemacht. Leider habe ich die Katharsis damals im Ausland verpasst, all die Ausgelassenheit, Gesichtsbemalung und Völkerverständigung. Aber jetzt wird aufgeholt, mit ganz viel Häätz und Tätärätää. Hätte ich ein Deutschlandfähnchen, dann würde ich statt meines Autos auf der Stelle meine angekratzte Immigrantenseele damit dekorieren. Frieden macht sich in meinem Innern breit. Oder Sekt. Ich ziehe Otto an mich, der gähnt. Seinen Hexenbesen hat er irgendwo verloren.

»Niemals geht man so ganz«, summt Eva, und fast so schön wie Trude Herr.

»Sag mal, Eva«, ich lalle ein wenig, »bleiben wir hier?«

Sie hat mich ganz richtig verstanden.

»Klar bleiben wir hier. Aber bring mich erst mal nach Hause, falls du noch fahren kannst.«

Der Glanz in ihren Augen stammt nicht nur vom Sekt. Irgendetwas in ihrem Blick erinnert mich an das Abschiedslagerfeuer bei unserem Maori-Bootcamp. Einen Moment zögert sie, dann rutscht es ihr raus.

»Claude wartet nämlich schon.«

Ich reagiere wohl zu langsam. Sie strahlt mich an, erleichtert und glücklich.

»Anke, ich bin total verliebt. Es ist einfach nur … so völlig neu.«

Auf dem Rückweg geraten wir vor dem Tunnel nach Lyttelton in eine Alkoholkontrolle.

»Bullen«, stöhnt Eva, als sie den Polizeiwagen sieht. Mist! Wie viele Gläser habe ich gekippt? Hätte ich doch bloß einen ganzen statt eines halben Hahns gegessen, um die Promille zu verdauen. Und die Offenbarung meiner Freundin wirkt noch mal wie ein Klarer obendrauf. Der Beamte steht vor dem Autofenster und gestikuliert. Ich soll es öffnen.

»Mach einen auf Touristin«, zischt Eva, »damit kommt man durch.«

Touristin? Deutsche Touristin?! Das bringe ich nicht fertig.

Aber ich muss. Nicht nur wegen drohenden Führerscheinentzugs. Es geht um Höheres. ›Don't just talk the talk‹, hatte Haki Waiomio gesagt, ›but walk the walk.‹ Setze um, was du gelernt hast. Schluss mit der Scham. Ich lasse das Fenster herunter gleiten. Der Beamte schaut mich freundlich und fragend an.

»Gut ihwenink«, begrüße ich ihn. Dicker kann man keinen deutschen Akzent auflegen. Es tut mir fast körperlich weh. Ein Lächeln huscht über das gutmütige Gesicht unter der Polizeikappe.

»You girls are on holidays?«

O Wunder, es hat gewirkt – wir bekommen nicht nur den Frauen-, sondern den Ausländerbonus.

»Und, wie gefällt euch Neuseeland?«, fragt der Polizist noch, als er uns bereits weiterwinkt. Zum ersten Mal habe ich darauf keine Antwort. Das Fenster schließt sich.

»Alaaf!«, ruft Otto von hinten. Ich fahre los.

Gute Freunde kann niemand trennen
(Erste Zugabe)

EIN MORGEN IM späten Juni. Es ist zwei Uhr früh. Christchurchs Straßen sind dunkel, nass und winterkalt. Ganz Neuseeland liegt im Bett. Ganz Neuseeland? Nein, es gibt eine kleine Enklave der Tapferen. Die Harten, die sich den Schlaf verkneifen, die Nacht dem Großbildschirm schenken und tagsüber den Fußballgott in Südafrika einen guten Mann sein lassen. Die Leiderproben, die 23 Flugstunden, Zwischenstopp Dubai, Thrombosegefahr und vier Bordfilme nicht gescheut haben, um einst an diesen fernen Ort zu kommen. Aotearoa übersetzen sie mit Kickerdiaspora.

Echte Sportsfreunde lassen sich von Zeitzonen nicht unterkriegen. Sie haben Erkundigungen nach Live-Übertragungen bei anderen Fans eingeholt, denn Wiederholungen zählen nicht. Deutscher Klüngel hin oder her – hier geht es um Höheres. Ums Viertelfinale. Manche haben Trikots beim einzigen ›German Imports‹-Autohändler der Stadt erstanden. Das macht sie alle gleich, die Birkenstock- wie die Anzugträger. Äußerlichkeiten zählen in diesen Tagen nicht mehr. Sie haben sich die Krümel aus den Augen gerieben, Wetterjacken über die Pyjamas gestreift und sich in die einzige zu dieser Stunde offene Kneipe geschleppt. In Jägi's Brauhaus hocken sie vereint beim melittagefilterten Kaffee vor Sky TV. Ihr Doping ist Brötchen mit Thüringer Sülze. Ab jetzt gibt es nur noch Schmerz und Wonne. Steh auf, wenn du für Deutschland bist? Steh einfach früh auf.

Der Wirt spendiert eine Runde Bier zum Frühstück. Auf seinem T-Shirt steht ›We lost the World War – We'll win the World Cup‹. Seitdem seine Videoclips bei YouTube laufen, hat er einen eigenen Fanclub. Vor allem Engländer feiern Jägi, »the meister«. Morgen startet seine Talkshow beim Lokalsender CTV. Die ersten Studiogäste bei ›The Sour Kraut‹ sind eine Fotografin, die eine Kunstaktion mit Berliner Straßentauben plant, und eine Tantra-Therapeutin für Vegansexuelle.

Das Spiel ist vorbei. Es dämmert. Die Straßen sind noch immer menschenleer, nur ein paar Autos fahren durch die Nässe. Aus dem Bierlokal wanken übernächtigte Gestalten und schützen sich unter der blauweiß karierten Markise vor dem Nieselregen. Dann setzt sich der Tross in Bewegung. Er zieht an geschlossenen Geschäften vorbei Richtung Kathedrale. Eine kleine Karawane der Heimatlosen, die Arme verhakt, Regentropfen im Gesicht – schwankend, strahlend, harmlos und glücklich.

»Deutschland, Deutschland!«, ruft einer, und die anderen fallen mit ein. Sie lachen. Sie johlen. »Schla-hand, Schla-hand, Schla-hand!« Der Jubel verhallt zwischen den Andenkenläden mit Lammfellstiefeln und Jadekitsch. Ein Mann im abgewetzten Cordjackett hat die Arme um zwei andere Schultern gelegt und die Augen halb geschlossen. Der Chor um ihn herum wird lauter, aber der Urologe singt nicht mit. Nur seine Lippen bewegen sich etwas. Der Mund geht einmal kurz auf. Fast wäre ihm ein Ton aus der Brust entfahren. Aber er ist noch nicht so weit. Erst in der nächsten Runde.

Die Gedanken sind frei
(Letzte Zugabe)

DER SAAL DER Christchurch Town Hall ist gut gefüllt. Gigantische Kugellampen aus den Siebzigerjahren schaukeln über Lukas, Jakob, Otto und mir. Die Wände sind holzgetäfelt, die Stimmung festlich. 131 Menschen sitzen in den Reihen vor und hinter uns. Manche tragen Saris oder afrikanische Gewänder, viele Anzüge oder ihre besten Kleider. Dass es 131 Menschen sind, weiß ich aus der Broschüre, die ich in der Hand halte. »Citizenship Ceremony« steht darauf.

Heute werden wir eingebürgert, so wie all die anderen auf der langen Liste in dem Heftchen. Wir sind Nr. 118, 119 und 120 – die einzigen Deutschen, und demnächst mit Doppelpass. Der Rest der neuen Landsleute kommt aus Samoa, Bahrain, Irak, England, Fidschi, Korea, Südafrika, Zimbabwe, Kanada, China, Indien, Russland, Taiwan, Sri Lanka, Malaysia, Holland, Äthiopien, Schweden, Tonga, Singapur, Irland, Rumänien, Amerika und den Philippinen. In der Einladung zu der Zeremonie wurden wir ermuntert, doch in der Tracht unserer Heimat zu kommen. Das fand Jakob gut. Er trägt sein Fußballtrikot.

Wir stehen alle auf. Gemeinsam sprechen wir den Eid auf das neue Vaterland und die englische Königin. Ab sofort sind wir Untertanen der Queen. Der Spruch endet mit »So wahr mir Gott helfe«. Für die Nichtgläubigen gibt es das Ganze noch mal auf atheistisch, immerhin gehören wir jetzt zum säkularsten Land der Welt. Dann tritt eine schwergewichtige Maori-Tanztruppe auf, die sehr schön singt, klatscht und stampft. Ich habe einen Kloß in der Kehle. Wer hätte gedacht, dass mir das so nahegehen würde, nach all dem elenden Papierkram? Auch

Lukas ist gerührt, das merke ich. Er zischt mir nur ein einziges Mal etwas Sarkastisches ins Ohr. Irgendwas über die tiefere Symbolik des Leibesumfanges der Tänzer und dass Übergewichtige in Neuseeland nicht mehr einwandern dürfen. Aber sonst verhält er sich ruhig.

Wie damals bei der Abiturfeier werden wir einzeln mit Namen aufgerufen und müssen auf die Bühne kommen. Und genau wie damals bin ich sehr viel aufgeregter, als es meine offizielle Nonchalance gegenüber staatstragenden Angelegenheiten eigentlich erlaubt. Nr. 11 ist Mr. Koneferenisioletasiivafituono Falemoe aus Samoa. Nr. 126 Mrs. Samaraweera Gamaralalage Anuja Thusari Samaraweera aus Sri Lanka. Für diesen Zungenbrecher, fehlerfrei vorgetragen, bekommt der Ansager Zwischenapplaus.

Unser Bürgermeister ist neu im Amt. Er ist reizend. Er überreicht Lukas und mir eine Urkunde, schüttelt unsere Hände, macht ein Scherzchen über Otto, den gebürtigen Kiwianer. »Made in New Zealand« sei unser Kind, und dafür gibt's ein Täfelchen Schokolade mit dem Schriftzug »Christchurch«. Entzückend! Der Festfotograf der Stadtverwaltung schießt ein Familienfoto. Als Gruß aus der neuen Heimat händigt der Bürgermeister uns zwei Bäumchen zum Einpflanzen aus. Einheimische Pittosporums.

Die Parade der Urkundenempfänger geht weiter. Zwischendurch betont unser neuer Bürgermeister immer wieder, wie glücklich er sei, dass wir Menschen aus den fernen Ländern jetzt hier seien. Das sei wunderbar. Er meint es ehrlich. Er strahlt uns alle an. »Wir wollen feiern, was Sie mitbringen! Sie bereichern unsere Stadt und unser Land mit Ihrer Herkunft, Ihrer einzigartigen Kultur.« Mir geht das Herz auf und macht einen Freudensprung: Jawohl, Herr Bürgermeister!

Wir singen die Nationalhymne auf Maori und verlassen den Saal mit Pflanzentöpfen und Staatsbürgerschaftsurkunde. Am Ausgang steht ein Mitarbeiter der Stadtverwaltung, der uns zu Schnittchen und Gebäck in den Nebensaal einlädt. Er hält noch mehr von den Broschüren in der Hand.

»Sehen Sie das?«, frage ich ihn und tippe auf den Umschlag.

Er lächelt mich verständnislos an. Ich lächle zurück. »Das Datum ist falsch. Da steht 2009 statt 2010. Ein Druckfehler.«

»Ach«, sagt er ohne sichtbare Regung, »na so was. Sie sind die Erste, der das auffällt.«

Klar. Wir sind ja auch die einzigen Deutschen im Saal. Die Worte des Bürgermeisters hallen in mir nach. Ich bleibe meiner Kultur treu. Meiner bereichernden wie einzigartigen Besserwisserkultur. Aus der Tasche krame ich einen Kugelschreiber heraus.

»Entschuldigen Sie bitte«, sage ich zu dem Mann mit den Broschüren, denn als Neuseeländerin bin ich ausgesprochen höflich. Dann streiche ich das falsche Datum durch und schreibe das richtige darüber.

Wilde Gesellen, vom Sturmwind durchweht (Bonus-Track)

AM 22. FEBRUAR 2011 erlebt Neuseeland seine schwerste Katastrophe. Es ist Mittagszeit, ein stinknormaler Dienstag, die Sonne scheint, als sich die Erde unter Christchurch aufbäumt – mit der höchsten bisher gemessenen vertikalen Bodenbeschleunigung. Innerhalb von Minuten verwandelt sich die Innenstadt in ein Inferno aus einstürzenden Hochhäusern und fliehenden Menschen. 185 Tote, der Stadtkern liegt in Trümmern, es herrschen Chaos, Ausnahmezustand und Angst – ein Zustand wie im Krieg. Lyttelton ist das Epizentrum des Erdbebens der Stärke 6,3 und verliert den Großteil seiner historischen Bauten. Die Mauern stürzen ein, aber die Herzen brechen auf: Gemeinschaftsgefühl, Hilfsbereitschaft und Pioniergeist triumphieren.

Ein Jahr später hat die Zermürbung eingesetzt. Christchurch erträgt zwei weitere schwere Stöße und über 10 000 Nachbeben. Tausende Menschen halten monatelang ohne Wasser und Kanalisation aus, sie haben ihr Zuhause, ihre Zukunft und ihre Sicherheit verloren. Die meisten arrangieren sich mit der neuen Normalität. Die Innenstadt wird langsam wieder aufgebaut, andere Viertel dagegen werden komplett abgeschrieben und die Kathedrale abgerissen. Lyttelton lebt weiter, mitsamt seinen Narben, Lücken und Rissen. Auch unser Haus steht noch.

Alle aus diesem Buch haben überlebt. Aber es gibt ein Vorher und Nachher – eine Zäsur, die niemand mehr vergisst.

Lukas saß bei der Eröffnung einer Urologenkonferenz, als die Stadthalle von Christchurch zur Waschmaschine im Schleudergang wurde. Das Getöse war infernalisch. Als er es aus dem Gebäude schaffte, stürzte gerade das Dach des Cafés gegenüber ein, in dem er kurz vorher noch einen Kaffee getrunken hatte. Er setzte sich in sein Auto und kämpfte sich durch das Chaos der Innenstadt vor, bis zur Schule der Kinder, während die Straßen unter ihm aufplatzten und Schlamm hervorsprudelte. Statt der üblichen Notfallkiste – Wasser, Taschenlampe, Decke, Essen – lag hinter ihm im Auto eine alte Gasmaske aus dem Kostümverleih. Am nächsten Tag sollte für die angereisten Mediziner eine Gala mit Verkleidung im Luftwaffenmuseum steigen. Die Kriegsparty fand nie statt. Stattdessen gab es echte Tote und Staubwolken, in denen man kaum atmen konnte.

Eva startete eine Woche nach dem Beben in Sumner die Aktion ›Pimp my Longdrop‹ zur Verschönerung der unzähligen Dixieklos in den Straßen. Ihr Modell mit Gartenzwerg, Kaffeetasse und gehäkeltem Klorollenüberzug wurde später in einer Gartenschau gezeigt. Sie organisierte einen Verkleidungsball (Motto: Schutzhelme und Bauarbeiterkluft), um Spenden zu sammeln. Zuletzt strickte sie mit Leidenschaft Wollquadrate. Daraus entstand ein großer Patchworküberzug für einen der vielen Frachtcontainer, die die Straßen vor Erdrutschen und Felsbrocken schützen. Sie hat sich ein Tattoo machen lassen: Den seismischen Ausschlag auf der Richter-Skala als Zickzackkurve, einmal rund um den Bizeps.

Claude verlagerte das Szenecafé in Lyttelton mit ihren Kollegen als Kaffeestand auf die Straße. Es war unsere Anlaufstelle für Trost, Infos und Kontakt. Später zogen sie in eine offene Garage um, die noch immer floriert. Sie lässt sich die Haare lang wachsen. Statt zu fotografieren, übt sie Akkordeon, und singt dazu düstere Balladen in der Wunderbar, die nach etlichen Reparaturen wieder eröffnet wurde. Claude klingt wie Nico, tauft sich demnächst um, und nimmt eine CD auf.

Baxter wurde von herabstürzenden Ziegeln so schwer am Auge verletzt, dass er nicht mehr als Schreiner arbeiten kann. Seine Freundin starb, als das fünfstöckige CTV-Hochhaus zusammenstürzte – sie war Sprachstudentin aus Japan. Baxter entfernt kaputte Einrichtungen aus Häusern, die abgerissen werden müssen, und stößt dabei oft auf Schätze, die er im Internet versteigert. Davon kauft er sich Gras. Er kifft, surft und verdrängt.

Jägi stritt sich monatelang mit der Versicherung und der Stadtverwaltung um Kosten und Wiederaufbau von ›Jägi's Brauhaus‹. Als am 13. Juni ein erneutes schweres Beben die Stadt erschütterte, gab er auf und zog nach Berlin zurück. Er kämpft darum, dass seine Tochter nachkommt. Sie könne seit einem Jahr nicht mehr ohne Angst einschlafen.

Judy wuchs nach dem 22. Februar über sich selbst hinaus. Sie organisierte und koordinierte: eine Straßenparty mit Live-Musik in Lyttelton, freiwillige Helfer, Suppenküchen der Armee, Selbstversorgung aus den Gärten und Spielaktionen für die Kinder, die wochenlang keine Schule mehr hatten. Dazwischen nähte sie aus alten Decken Herzen zum Anstecken. Auch der Dalai Lama bekam bei seinem Beileidsbesuch eines.

Nick weigerte sich auszuziehen, obwohl ihm ein Räumungsbefehl drohte. Unser Nachbarhaus war wegen eines möglicherweise herabrollenden Felsbrockens dahinter als ›unbewohnbar‹ eingestuft worden, obwohl der Stein alle schweren Beben ausgehalten hat. Der Ingenieur Nick wurde zur öffentlichen Protestfigur. Er zog vor Gericht und gewann, aber Judy hielt den Wirbel nicht lange aus. Sie zog mit den Kindern aus. Nick baut jetzt Wohnzelte für die Schwemme europäischer Bauarbeiter, die nach Christchurch kommen, und macht sich für eine neue ›Eco City‹ stark.

Dietmar Sägel landete zwei Tage nach dem Erdbeben mit dem ersten internationalen Flug und einem Kamerateam in Christchurch. Seine Tochter war seit drei Wochen als Austauschschülerin in der Stadt. Sie gab tagelang Interviews fürs deutsche Privatfernsehen. Dann brach sie ihre Zelte ab, weil ihre Gastfamilie als Toilette ein Loch im Garten benutzte. Sägel filmte auch das. Er wurde vorübergehend festgenommen, als er sich hinter die Absperrungen der abgeriegelten ›Roten Zone‹ in der Innenstadt begab.

Tamara, Ditzes Freundin, will den Helikopter-Flugschein und dann »humanitäre Rettung in Asien oder so« machen.

Sonja Halverstamm ist seit ›Irrfahrt ins Glück‹ ein Quotenstar und zog sich für den Playboy aus.

Haki Waiomio ging mit seiner CellTel-Firma pleite. Zuletzt war er in politische Proteste verwickelt. Etliche Mitglieder des Tuhoe-Stammes sollen tief im Urewhera-Nationalpark paramilitärische Terrorcamps abgehalten haben, um den Maori-Aufstand gegen die Regierung zu proben. Manchmal sieht man ihn in den Nachrichten.

Angie vom Marae-Kurs verließ spontan Auckland und schloss sich der ›student army‹ in Christchurch an – der ständig wachsenden Gruppe von Studenten, die freiwillig mit ihren Schubkarren Schutt wegtransportierten und Straßen vom Schlamm freischaufelten. Sie verliebte sich in einen der Organisatoren und blieb.

Ashana verließ wie 9000 andere die Stadt, als ihr Tantra-Yoga-Studio zerstört wurde. Sie bietet demnächst einen Chanting-Kurs zur Chakra-Heilung nach Trauma an. Es ist das 84. Angebot dieser Art, aber das einzige, das nur Veganern offen steht.

Hamish Dickinson, der britische Chirurg, amputierte einer verschütteten Frau mit dem Taschenmesser und ambulanten Schmerzmitteln beide Beine und wurde zum Held.

Jonathan, der Jurist im Kabinett, hat sich Claude als Samenspender angeboten. Sie wünscht sich ein Kind mit Eva.

›Big Betty‹ hat ihren Alterssitz an der Westküste, mit Blick aufs Meer. Dort haben wir für unseren Housetruck ein Stück Land gekauft und machen Urlaub von der zerstörten Zivilisation. Statt auf Baustellen schauen wir auf Wellen und Farne. Die Badewanne steht im Freien, überm Feuer. Jakob und Otto gehen auf Possumjagd, Lukas schießt wilde Ziegen. Er kann dort überall im Stehen pinkeln, denn das Kompostklo muss trocken bleiben.

Millie ist im Schafhimmel, wo sie sich mit vielen Farmern vergnügt. Sie legt da oben ein gutes Wort für alle Katastrophenopfer ein.

Ich muss meinen Nachnamen in Neuseeland nicht mehr buchstabieren. Die Richter-Skala kennt jetzt jeder.

Für Euch soll's rote Pohutukawa regnen

Innigsten Dank an meinen Mann, der mich in den schlimmsten Zeiten ertragen und mir die besten geschenkt hat.

Tausend Dank an Susanne Bonnemann, Vera Leier, Martin J. Zinggl, Dankwart Bette und Volker A. Zahn für Kritik, Inspiration und Adlerblick.

Dank mit tiefer Verbeugung an Howard Reti, der mir die Maori-Brille aufsetzte, und an Andrew Paul Wood, das germanophile Genie.

Danke an Steve Braunias, Ian Steward, Jane Clifton, Leah McFall und Ben Brown für die Verwendung ihrer Texte.

Danke an Kate Duignan und meine Workshop-Crew von der Victoria University.

Danke für Informationen, Einsichten, Unterstützung und Kontakte: Tourism New Zealand, Silke Burmester, Julica Jungehülsing, Gitta Mayer, Brigitte Bönisch-Brednich, Angela Blachnitzky, Katharina Jaeger, Susanne Ledanff, Ralf Hebecker, Anna Schäfer, Arne Boecker, Mila Heckmann, Jenny Holzhaider, Tina Schäfer, Sea Rotmann, Rebecca Lee, Pauline Waru, Andrea und Peter Bay, Anja und Philipp Schacht, Julia und Dirk Heffter, Markus Benter-Lynch, Matthias Schellhorn, Finn Ole Nitzschmann, Michael Multhaup, Jens Zollhöfer, Rayner Fredrick, Bernie Schrick, Steffen Klink, Jason Larraman und Hajo Schumacher.

Allergrößten Dank an meine Agentin Barbara Wenner, an Barbara Heine von Weltreporter, an Petra Düker und Eva Betzwieser von Kiepenheuer & Witsch und besonders an meinen Lektor Martin Breitfeld, ohne dessen Sinn für meine Kolumnen es dieses Buch nie gegeben hätte.

Mein Asyl bei der taz wiederum verdanke ich Michael Ringel. Ein Hoch auf die Wahrheit.